인천사람도 다시보는

인천경제 이야기

문화의 길 II
05

인천사람도 다시보는

인천경제 이야기

김하운

글누림

우리나라에 17개 시·도가 있다. 지방자치제를 시행하고 있다. 이미 7기에 접어들고 있다. 각 시·도는 나름대로 자기만의 색을 찾아가고 있다. 지역마다 정체성을 찾아가는 과정이다. 따라서 스스로를 알아가려는 노력도 커지고 있다.

경제에서도 마찬가지다. 17개 시·도는 나름대로 경제적 구조와 특성을 갖고 있다. 하지만 각 지역경제를 쉽게 알 수 있도록 정리한 자료는 많지 않다. 거의 없다. 몇몇 지역의 연구원이나 대학에서 소재 지역의 경제에 관한 자료를 발간했지만 연구자나 수강생을 위한 자료였다. 일반인은 구하기도 쉽지 않을 뿐 아니라 이해하기도 어려운 경우가 대부분이다. 인천도 크게 다르지 않다.

그동안 한국은행 인천본부, 인천신용보증재단, 인하대학교, 인천사회적은행 (사)함께하는 인천사람들, 인천광역시청 등 인천에 근무하면서 인천경제에 관한 자료를 모으고 분류하고 나름대로 논리를 덧대며 언젠가 이를 묶어 책을 내어도 좋겠다는 막연한 생각을 하지 않은 것은 아니다. 10년이 훨씬 넘도록 인천경제에 관하여 글을 쓰고 방송을 하거나 때로는 강의를 하면서도 인천경제에 관한 참고자료가 많지 않아 늘 아쉬웠다. 더구나 일반인이 전공이나 학력에 크게 구애받지 않고 인천경제를 이해할 만한 자료는 더욱 찾기가 어려웠다. 그러니 사실상 아무런 도움을 받지 못하면서 자료나 책을 낸다는 것이 쉽게 엄두를 낼 일이 아니었다.

그런데도 굳이 이렇게 글을 내놓게 된 것은 전적으로 두 사람을 만난 때문이다.

故 김홍전 전 인천일보 논설위원

그를 처음 만나고 몇 년이 지나도록 그가 술을 마시면 안 되는 사람이라는 걸 몰랐다. 만나면 인천경제 이야기였다. 사람을 만나는 자리에는 으레 술이 있어야 한다고 믿고 있던 터라 여기저기 노포를 찾아다니며 술자리를 빌어 그를 만났다. 그냥 '피부가 좀 검은 편이려니' 늘 그렇게 생각했다. 만날 때마다 인천경제에 관한 글을 쌓아 나가야 한다며, 계속 많은 글을 써 달라 했다. 깡마른 체구에 번뜩이는 눈빛을 보며 저렇게 신경 쓸 일이 많으니 살이 붙지 못한다고만 생각했다. 그런 그가 언젠가부터는 책을 쓰라고 조르기 시작했다. 왠지 야위어 가며 힘이 없어 보였어도 눈빛만은 성성했다. 다짐을 받으려 애쓰는 그의 집요함을 늘 두고 보자고 얼버무리며 무마하곤 했다. 2013년 8월 초, 꽤 더운 날에 그가 찾아왔다. 덥지도 않은지 양복을 차려입은 채 땀도 흘리지 않았다. 여태 본 적 없는 더욱 검은 얼굴로 힘없이 웃으며 들릴

락 말락 작은 목소리로 또 같은 부탁을 했다. 그의 저서 "경제전문기자가 본 인천경제사(인천일보, 2006.10)"를 겨우 찾아왔다고 내밀며 확답을 요구했다. 피할 도리가 없었다. 그냥 알았다고만 했다. 나름대로는 모호성을 더해보려는 얕은수의 '세모 표' 답변이었다. 그런 그가 그 달을 넘기지 못하고 갔다. 아무도 모르는 부채가 그렇게 내게 남았다.

이현식 인천문화재단 한국근대문학관 관장

어느 강연에서 그는 인천의 특성을 근대도시, 산업도시, 주변도시라 했다. 놀라웠다. 그동안 뭐라 딱 꼬집어내지 못하고 흐릿하게만 짚어오던 인천의 모습이 일순 명확해졌다. 존경스러웠다. 그런 그가 강의를 부탁해왔다. 인천경제에 관한 개괄적인 얘기를 듣고 싶다고. 문학을 해왔던 그에게 경제 이야기라니. 마뜩지는 않았지만, 공적인 자리인 데다 연세 드신 분들도 꽤 모이시는 자리라 나름 성의를 다했다. 재미없을 것으로 생각했는데 들을 만했고 남들에게 권할 만도 했다며 의외란다. 얼마 지나 그가 제안했다. 그때 얘기했던 걸 좀 써 보는 게 어떠냐고. 김홍전이 떠올랐다. 해보자. 그래서 쓰기 시작한 글이 큰 암초를 만났다. 말할 때와 쓸 때 쓰임새가 다른 전문용어들 때문이다. 말할 때야 '적당히' 둘러대며 용어를 풀어써도 넘어가지만 글로 남길 때는 글 쓰는 이 스스로 '적당히'가 용납되지 않는다. 도무지 쉽게 쓰는 일이라는 게 쉽지가 않았다. 하지만 어떻게 든 글은 남겨야 한다며 그는 집요했다. 그의 사명감이리라. 무조건 쉬워야 한단다. 그래서 누구라도 읽을 수 있어야 하고, 재미있어야 하며, 게다가 시간이 지나도 두고 읽을 수 있어야 한단다. 갈피를 못 잡는 내게 장문의 질의서를 보내왔다. 인천사람이라면 듣고 싶을 만한 경제 이야기의 꼭지를 모았으니 거기에 말하듯 대답하란다. 그 후 몇 번을 만났다. 그리고 글을 정리했다. '인문학적 서술에 의한 경제 이야기'가 그의 요구라는 걸 모를 리 없지만, 끝내 그의 말을 알아들은 내색을 하지 못했다.

어수룩하다는 것을 알면서도 아쉬운 대로 글을 정리했다. 처음이라 체계도 마음대로다. 일반인도 읽게 하려는 성급함에 전문용어에 대한 풀이나 설명도 제멋대로다. 그러면서도 욕심은 산더미 같아서 많은 경제부문을 다루려 했다. 각 장의 글머리에서는 경제 전문가가 아니어도 이해할 수 있도록 가능한 한 전문용어를 풀어서 일상생활에서 쓰는 말로 대신하려 노력했다.

전체를 세 편으로 나누어 상품, 사람, 그리고 돈을 정리했다. 말하기 편한 순으로 모두 15개의 장으로 나누었다. 당초 욕심은 마지막에 정책적 대안을 제시하려 했으나 일단 현황부터 정리해야 하는 현 단계에서는 과욕이라 생각해 다음 기회로 미루었다. 글로도 어느 정도는 할 말을 할 수 있겠지만, 경제에 관한 이야기는 아무래도 표와 그래프의 도움이 있어야 편하다. 그러다 보니 정말 많은 표와 그래프가 들어가 있다. 이해를 돕기 위한 것도 있지만 통계자료 자체를 제시하고 싶은 욕심도 무시할 수 없었다. 음악가가 음표로 말하듯 경제를 다루는 사람으로서는 통계로 말할 수밖에 없는 부분도 많았다.

제1편의 실물경제 부문에서는 재화와 서비스라는 상품 시장을 중심으로 인천과 인천사람들이 얼마나 벌고 쓰는지에 대해 이야기했다. 얼마나 만들어 팔고, 얼마를 버는지, 그래서 얼마나 잘사는지, 벌어들인 것은 누가 왜 가져가는지, 어떻게 쓰며 살고 있는지를 차례대로 정리하고 싶었다. 인천을 알자면 그 안을 들여다봐야 한다. 그에 못지않게 밖에서 인천을 둘러보는 것도 중요하다. 인천경제의 과거와 현재를 살펴보면서 다른 시·도와 비교해 인천을 평가하기도 했다. 말미에는 인천경제를 큰 틀에서 조감하며 한눈에 볼 수 있도록 요약해보았다.

제2편에서는 사람과 일자리를 다뤘다. 인천의 인구는 어떤 변화를 겪고 있는지, 인천사람들의 일자리에는 어떤 문제가 있는지, 그 이유는 무엇인지를 짚어 보았다. 먼저 인천 인구의 변화를 살펴보고, 이어 인천의 일자리 사정을 따져보았다. 끝부분에서는 이를 토대로 인천사람들의 벌이가 인천사람들의 마음에 썩 들지 않는 이유를 살펴보았다.

제3편은 돈 이야기다. 인천이라는 지역 전체를 염두에 두고 자금사정이 어떤지를 먼저 살펴보았다. 이어 양대 경제주체인 가계와 기업부문의 자금사정을 짚어 보았다. 가계부문에서는 인천 가계의 자산과 부채가 얼마나 되고, 그래서 자기의 순재산은 얼마나 되며, 모자란 돈은 왜 얼마나 빚지고 있는지 들여다보았다. 기업부문에서는 금융기관이 기업에 대해 얼마나 관심을 기울이고 있는지, 어디에 무슨 용도로 지원하고 있는지, 그래서 자금융통을 받은 기업은 얼마나 덕을 보고 있는지를 함께 따져보았다.

책자를 내자면 여러 사람의 도움을 받는다. 우선 출판을 허락한 인천문화재단에 감사드린다. 출판과정에서는 출판사가 가장 고생한다. 글누림출판사의 최종숙 대표님, 실무를 맡아 진행한 이태곤 편집이사님과 안혜진 팀장님을 비롯한 관계자분들께 머리 숙여 감사드린다. 투박한 글솜씨를 그나마 독자가 읽어 낼 수 있도록 다듬어주느라 신혼 중의 귀한 시간을 내어 준 경인일보의 윤설아 기자가 누구보다도 참고맙다. 딱딱한 글과 통계 속에, 마치 사막의 오아시스처럼, 숨통이 트이는 그림을 넣느라 고생해 주신 성옥희 화백님께도 감사를 드린다. 병석에서 하루종일 아들 오기만 기다리시는 어머님께 늘 죄송하다는 말씀과 몇 달간을 묵묵히 재미없는 남편의 야근을 뒷바라지해준 아내에게 하지 못하던 말, 늘 사랑한다는 말을 전하고 싶다.

2020. 5. 김하운

차례

제1편

인천의 실물경제

제1편에서는 인천의 실물경제를 살펴보고자 한다. 실물경제 편에서 살펴보고자 하는 것을 한마디로 요약하면 '인천은 얼마나 벌고 얼마나 쓰나'다.

　'인천이 얼마나 벌고 얼마나 쓰나'를 살펴보는 이유는 궁극적으로 '인천'이 '다른 지역'에 비해 얼마나 잘 사느냐를 알기 위해서다. 보다 더 근본적으로는 '인천사람들'은 '다른 지역 사람들'과 비교해 얼마나 잘 사느냐를 알아보기 위해서다. 이를 알아보려는 저변에는 적어도 인천과 인천사람들이 평균적으로 '다른 지역과 다른 지역 사람들보다 못 살지는 않았으면 좋겠다'는 바람이 깔려 있다.

　실물경제가 다루는 실물이란 재화와 서비스이다. 물건의 형태를 가진 재화는 눈에 보이는 상품이다. 그러나 사람이 제공하는 서비스는 눈에 보이지 않는 상품이다. 옷가게는 옷이라는 재화를 판다. 세탁소는 옷 세탁 서비스를 판다. 실물경제는 눈에 보이거나 보이지 않거나를 따지지 않고, 실제로 거래되는 모든 재화와 서비스 상품시장을 다룬다.

　실물경제를 통해 인천이 얼마나 벌고 얼마나 쓰는지, 그래서 인천과 인천사람들은 얼마나 잘 사는지를 제대로 알기 위해 여러 단계를 거친다.

그 시작은 '얼마나 파느냐'다. 이에는 '얼마나 많이 파느냐'라는 양적인 측면과 '얼나마 잘 파느냐'라는 질적인 측면을 포함한다. 우선은 양적으로 많이 파는 것이 중요하다. 하지만 아무리 많이 팔아도 남는 게 없으면 소용이 없다. 따라서 똑같은 양을 팔아도 남는 게 많도록 잘 파는 것도 중요하다. 생산성과 효율성이 중요하다는 말이다.

이제 같은 정도로 잘 팔았다면 다음 중요한 것은 '얼마나 많이 버느냐'는 것이다. 생산성이 높아 잘 번다고 해도 벌어들인 양 자체가 너무 적다면 결코 바람직한 일이 되지 못한다. 인천지역 역시 다른 지역과 얼마나 많이 버느냐를 가지고 우열을 가리기도 한다. 그 결과 항간에서는 이제 서부대인(서울-부산-대구-인천 순)이 아니라 서인부대(서울-인천-부산-대구 순)가 옳다고 주장하는 이도 있다. 논란이 되는 이유는 최근 들어 인천과 부산지역의 연간 벌어들인 금액이 서로 엎치락뒤치락 하기 때문이다.

지역에 따라 '잘 버는 정도'와 '버는 양'이 차이가 난다면 왜 그럴까? 사람들이 모두 잘 버는 산업, 많이 버는 산업에 집중한다면 그 지역이 잘살게 되는 것은 아닐까? 따라서 인천사람들은 어떤 산업에서 얼마나 벌고 있는지를 살펴볼 일이다.

인천이 벌어들인 것은 누가 번 것일까? 인천 안에서 벌기도 하고 인천 밖에서 벌어 오기도 한다. 정부 등에 세금과 부담금을 내기도 하지만 4대 보험금 등 수혜금과 보조금을 받기도 한다. 경제는 가계,

기업, 정부가 각각 역할을 하며 이끌어 간다. 따라서 어디에서 벌었든 인천이 벌어들인 것을 가계, 기업, 정부가 나누어 가져갈 텐데, 얼마나 왜 가져가는지도 짚어 보아야 할 일이다.

따지고 보면 사람이 느끼는 행복은 잘 버는 데서 오는 것이 아니라 잘 쓰는 데서 온다. 반려견이 일반화된 요즘에는 않쓰는 말이지만 옛말에 "개같이 벌어서 정승같이 쓴다"라는 말이 있다. 버는 일의 고단함에도 불구하고 쓰는 일의 즐거움과 중요성을 표현한 말이다. 얼마를 버느냐에 못지않게 잘 쓰는 일이 중요하다. 오늘을 위해 소비를 할 수도 있고 내일을 위해 투자를 할 수도 있다. 같은 돈을 쓰는데 어디는 생계를 유지하는 데 주로 쓰고, 어디는 즐기는 데 주로 쓴다면 어느 지역 사람들이 더 행복할까? 많은 돈을 밖에서 나가서 쓰면 어떻게 될까? 인천은 번 돈을 어떻게 쓰는지가 궁금한 이유다.

다른 시·도에 비해 인천이 잘 살면 아마도 인천시를 대표할 인천시장이 제일 기뻐할 일이다. 하지만 인천의 일반시민들은 '인천'이 잘 살기보다는 '인천사람'이 잘 살기를 원한다. 다시 말해 인천이 얼마나 버느냐보다 인천사람 1인당 얼마나 버느냐가 더 의미가 있다는 말이다. 정부나 기업이 아닌 개인 소득이 얼마나 되는 지, 나아가 1인당 소비가 얼마나 되는지, 그래서 인천사람들은 다른 지역 사람들보다 얼마나 잘 사는지가 가장 알고 싶은 것이다.

제1장

인천은 얼마나 팔고 얼마나 버나
- 인천의 생산구조 및 생산성

       인천지역은 상품과 서비스를 얼마나 만들고 팔며, 과연 얼마나 벌까. 그리고 잘 벌고 있는 걸까. '잘 번다'는 것은 가능하면 적은 원재료를 들이고 팔아, 많은 이익을 남기는 것을 말한다. 이렇게 원재료를 써서, 만들고, 팔아서 이익을 남기는 구조는 한번 만들어지면 잘 바뀌지 않는다. 그래서 이를 '생산구조'라고 한다. 생산의 효율 정도를 나타내는 것을 '생산성'이라고 한다. 이익을 많이 남길수록 '생산성이 높다', 즉 '잘 번다'는 뜻이다. 제1장에서는 인천의 '생산구조'와 '생산성'을 알아본다.

인천은 얼마나 팔고 버나

    기업과 지역을 비교해보자.

    동네 편의점은 여러 가지 상품을 판매한다. 엄청나게 큰 대기업도 대부분은 상품을 판다. 하지만 동네 세탁소가 옷이나 다리미를 팔지는 않는다. 옷 수선이나 다리미질이라는 서비스를 판다. 대형병원도 의료기구나 약을 팔지는 않는다. 치료라는 서비스를 판다. 상품이나 서비스도 똑같이 모두 매출액에 포함된다.

거래를 목적으로 1년 동안 만들어 판 상품이나 제공한 서비스의 총액을 기업에서는 총매출액이라고 하는데, 지역경제에서는 이를 '산출액'이라고 한다.

기업의 총매출액에는 원료비 등의 매출원가가 포함된다. 따라서 매출이익을 계산하려면 총매출액에서 매출원가를 빼야 한다. 지역경제에서는 이러한 매출원가를 '중간투입' 또는 '중간소비'라고 한다. 기업에서 매출이익을 계산하듯이 지역경제가 벌어들인 것을 계산하기 위하여 지역경제의 산출액에서 중간투입을 뺀다. 이를 '총부가가치'라고 한다.

조그만 가게나, 인천이라는 광역시나, 나아가 대한민국이라는 국가가 번 돈을 계산하는 방식은 같다. 광역시나 국가의 경우는 훨씬 더 다양하고 광범위한 생산 활동이 포함되므로 기업 단위에서 쓰는 매출액, 매출원가, 매출이익이라는 말보다는 좀 더 큰 거시적 개념의 산출액, 중간투입(또는 중간소비), 총부가가치라는 단어를 쓰는 것이 다른 점이다. 또한, 생산과정에서 정부에 내는 세금 부분을 좀 다르게 취급한다. 기업이 벌어들이는 과정에서 정부에 세금을 냈다면 기업이라는 경제주체에서 빠져나가 정부라는 경제주체에 귀속되는 것이므로 기업이 번 것으로 계산하기 어렵다. 하지만 지역이 생산과정에서 정부에 내는 세금 역시 지역에서 생산된 것이다. 따라서, 지역이 벌어들인 총부가가치에 정부에 낸 세금을 더하여 계산한, 지역에서 생산한 모든 부가가치를 '지역내총생산'이라고 한다.

지역경제 내에서 경제활동을 하는 정부는 생산과정에서 세금을 받기도 하지만 생산장려금 등 보조금을 지급하기도 한다. 따라서 위에서 말한 정부에 낸 세금을 좀 더 정확히 따지자면 정부가 받은 세금에서 정부가 지급한 보조금을 뺀 것으로서 지역경제에서는 '순생산물세[01]'라고 한다. 따라서 지역이 '산출액'에서 '중간투입'을 뺀 것이 '총부가가치'이고 다시 '총부가가치'에 '순생산물세'를 더한 것이 '지역내총생산'이 된다.

하나의 지역경제가 1년간 벌어들인 '지역내총생산'은 그 지역경제의 크기를 나타내는 가장 중요한 개념으로서 앞으로 자세하게 설명되고 자주 이용된다.

그렇다면 인천지역경제가 1년간 만들어 판 상품이나 제공한 서비스를 모두 더하면 얼마나 될까. 즉 인천의 '산출액'은 얼마나 될까.

통계청 통계[02]에 따르면 2017년[03] 인천에서 이뤄진 모든 상품과

---

01 순생산물세는 생산과정 중 생산기업이 정부에 낸 세금에서 정부가 생산기업에 보조금 등으로 지급한 금액을 차감하여 계산한다. 예로 정부가 생산과정중에 세금으로 13억원을 받고 4억원을 보조금으로 지급하였다면 9억원이 순생산물세가 된다.

02 이하에 나오는 통계자료는 별도로 언급하지 않는 한 통계청 통계이며 특히 지역경제에 관한 대부분의 통계자료는 통계청 국가통계포털의 국내통계〉주제별통계〉국민계정〉지역소득(2015년 기준)의 통계자료를 참고하였다.

03 산출액 통계는 보통 2년 내지 3년 정도의 시차를 두고 발표되며 이 글을 작성하고 있는 2020년 5월 현재의 최신 산출액 통계 자료는 2017년 통계이다.

서비스의 거래 금액을 다 더한 산출액은 203조원이다. 인천을 하나의 기업이라고 가정하면 총매출액이 203조원이라는 말이다.

매출액이 다 번 돈은 아니다. 번 돈을 계산하려면 총매출액에서 매출원가를 빼야 한다. 마찬가지로 지역경제에서 총부가가치를 계산하려면 '산출액'에서 '중간투입' 또는 '중간소비'를 빼야 한다.

2017년 인천의 중간투입(중간소비)은 123조원이다. 따라서 인천이 2017년 한 해 동안 벌어들인 총부가가치는 203조원에서 123조원을 뺀 '80조원'이다.

다만, 중간투입 123조원에는 정부에 낸 세금인 순생산물세 9조원이 포함돼 있다. 따라서 인천이 벌어들인 지역내총생산은 총부가가치 80조원에, 지역에서 생산하여 정부에 낸 순생산물세 9조원을 더한 89조원이다.

요약하면 2017년 1년간 인천이 만들어 판 상품이나 제공한 서비스인 산출액은 203조원이며, 이 과정에 123조원의 매출원가에 해당하는 중간투입을 통해 80조원의 총부가가치를 거두었으며, 여기에 정부에 낸 순생물세 9조원을 더한 지역내총생산은 89조원이다.

이를 간단히 표로 정리하면 다음과 같다.

2017년 인천 지역경제 규모

산출액	203조원
− 중간소비	123조원

= 총부가가치	80조원
+ 순생산물세	9조원

= 지역내총생산	89조원

화분+씨앗+흙=중간투입

꽃:총부가가치
+
흙:순생산물세
=
지역내 총생산

산출액

'많이 파는 것'과 '잘 버는 것'

지역경제에서 볼 때 '많이 파는 것'과 '잘 버는 것' 중 어느 것이 중요할까. '많이 파는 것'은 '산출액이 얼마나 되느냐'를 말하는 것이고 '잘 버는 것'은 '팔아서 남긴 이익이 얼마나 되느냐', 그러니까 '산출액 중 총부가가치가 얼마나 되느냐'[04]를 말하는 것이다. 생각하기에 따라 두 가지가 모두 중요하다고 할 수 있을 것이다.

우선, '많이 파는 것'이 중요하다는 견해다. 거래 규모가 커서 다른 곳보다 많이 파는 곳이 외형상 잘 사는 곳이라고 생각할 수 있기 때문이다. 밖으로 드러나는 외형상의 비교이므로 계산하기도 쉽고 이해하기도 쉬운 장점이 있다. 즉, 산출액 규모가 큰 지역이 아무래도 경제력이 큰 곳으로 보인다. 기업으로 치면 연간 총매출액이 10억원인 가게와 100억원인 중소기업, 1,000억원인 중견기업, 1조원의 대기업은 총매출액 규모만으로도 크기와 위세를 짐작할 수 있다. 지역도 마찬가지로 산출액 규모가 중요하다고 생각할 수 있다.

이에 비해 '잘 버는 것'이 중요하다고 보는 견해도 있다. 거래 규모는 작더라도 이익이 큰 곳이 잘 사는 곳이라고 생각되기 때문이다. 아무리 많이 팔아도 이익이 적다면 무슨 소용이 있겠느냐는 것이다. 100원을 들여 200원을 받아 100원을 버는 사람과 1,000원을 들여 1,100원에 팔아 100원을 버는 사람이 있다면, 앞의 사람이 실속 있게 잘 버는 사람이다. 총매출액만 커 봐야 그만큼 고생만 더하는 것이므

---

04 '산출액 중 부가가치' 또는 '산출액 대비 부가가치비율'을 줄여서 '부가가치율'이라고 한다.

로 당연히 '잘 버는 것'이 더 중요하다고 할 수 있다. 지역경제의 경우도 마찬가지라고 할 수 있다.

인천은 얼마나 잘 팔고, 얼마나 잘 버나

간편하게 우리나라 주요 5개 광역시·도를 비교해 보자. 각 지역이 얼마나 만들어 팔고, 그 과정에 원재료는 얼마나 들어가며, 그래서 얼마를 남기는지, 각 지역의 '생산성' 또는 '생산구조'를 비교해보자는 말이다.

다음의 표는 2017년을 기준으로 서울, 부산, 대구, 인천과 경기도의 산출액, 중간투입, 총부가가치 등을 요약해 정리한 것이다. 인천지역을 다른 지역과 비교할 때 흔히 이들 지역을 비교 대상으로 삼기 때문이다.

인천지역은 앞에서 본 것처럼 2017년 한 해 동안 약 123조원의 중간투입 원료를 사용해 약 203조원의 산출액을 거두었다. 그래서 얻은 총부가가치가 약 80조원이다. 여기에 순생산물세 약 9조원을 더하면 지역내총생산은 약 89조원이다. 따라서 인천의 산출액 대비 총부가가치비율, 즉 부가가치율은 39.4%이다. 인천의 생산성을 나타내는 지표다. 즉, 인천은 100을 팔면 39.4의 부가가치를 얻는 생산구조를 갖는다는 말이다.

■ 주요 시·도의 생산구조

(2017년 당해년가격, 조원, %)

	서울	부산	대구	인천	경기
산출액(A)	743.5	185.0	112.2	202.7	988.7
중간투입(B)	374.4	104.0	61.4	122.9	571.4
순생산물세(C)	34.9	6.8	4.1	8.7	34.1
총부가가치(D=A-B)	369.2	81.0	50.8	79.8	417.3
지역내총생산(E=D+C)	404.1	87.8	54.8	88.5	451.4
부가가치율(D/A)	49.7	43.8	45.3	39.4	42.2
산출액 대비 총생산율(E/A)	54.3	47.5	48.9	43.7	45.7

　경기도는 비교 대상 5개 시·도 중 총매출액에 해당하는 산출액이 가장 커 1위를 차지하고 있다. 그렇지만 생산성에 해당하는 부가가치율은 42.2%로 4위에 머무르고 있다. 서울의 경우, 산출액은 경기도보다 작지만 부가가치율이 49.7%로 1위를 기록하고 있다. 서울은 생산성, 즉 생산의 효율성이 가장 높다는 뜻이다. '많이 팔기'에서는 경기도가 서울을 앞서지만 '잘 벌기'에서는 서울이 경기도를 크게 앞서고 있음을 알 수 있다.

　규모가 비슷해서 자주 비교되는 인천과 부산을 보자. 산출액 규모는 인천이 크다. 중간투입 규모도 인천이 크다. 하지만 총부가가치는 부산이 크다. 더 큰 중간투입을 해서 더 큰 산출을 하고도 인천의 이익 규모가 부산보다 작음을 나타낸다. 인천이 부산보다 더 많은 재료를 들여 더 많이 만들어 팔았지만, 부산보다 잘 벌지는 못했다는 뜻이다. 부가가치율이 인천은 39.4%로 5개 시·도 중 가장 낮은 데 비해 부산은 43.8%로 인천보다 4.4%p가 더 높다. 100을 팔면 부산이 인천보다 4.4가 더 남는다는 말이다.

생산성이 가장 높은 서울과 인천을 비교하면 서울의 부가가치율은 49.7%인데 비해 인천은 39.4%이다. 같은 100을 산출하면서 서울은 중간투입 50으로 거의 50의 부가가치를 얻는 데 비해 인천은 60을 중간 투입해야 40에 좀 못 미치는 부가가치를 얻는다는 뜻이다. 만일 서울이 40을 중간투입하면 40의 부가가치를 얻을 수 있다. 즉, 인천이 60의 중간투입으로 40의 부가가치를 얻을 때 서울은 40의 중간투입으로 인천과 같은 40의 부가가치를 얻을 수 있게 된다. 따라서 같은 부가가치를 얻기 위해 인천은 서울의 1.5배(=60/40)에 해당하는 중간투입물을 들여야 한다는 말이다. 같은 중간투입으로 서울은 인천의 1.5배의 부가가치를 얻는 것이므로 서울은 생산성이 인천보다 50%나 높다는 것이다.

요약하면 인천은 서울에 비해 부가가치가 낮은 업종이 그만큼 많다는 뜻이다.

전국 평균수준을 밑도는 인천의 생산성

인천의 부가가치율은 오랫동안 전국의 평균수준을 밑돌아 왔다. 다음 그래프에서 보는 것처럼 제조업의 부가가치율은 전국과 인천이 큰 차이를 보이지 않고 있다. 반면, 전 산업 평균수준을 대비해보면 인천이 전국보다 크게 낮은 수준이다. 그나마 다행인 것은 전국과 인천의 격차가 점차 줄어들고 있고, 최근에는 거의 비슷한 수준이라는 점이다. 아울러 전 산업에서와 마찬가지로 부가가치율이 상승 추세를 나타내고 있다.[05]

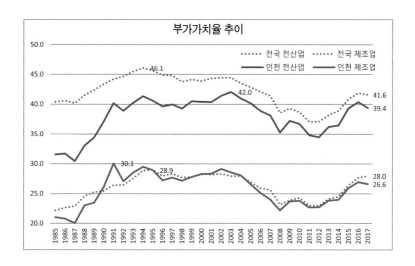

왜 인천은 전국 평균만큼도 못 버는 걸까

그렇다면 인천은 왜 부가가치율이 낮을까. 서울은 원재료인 중간투입물을 50만 들여도 50을 버는데 인천은 왜 60을 들이고

---

05 산출액 대비 총부가가치비율을 산업별, 업종별 및 지역별로 비교하여 산업별 및 업종별 생산성의 격차와 변화를 확인할 수 있다. 인천 시내에서도 이와 같은 비교를 통해 군·구별 격차와 변화를 함께 확인할 수 있으며 이를 바탕으로 향후 인천의 산업정책 방향을 설정할 수 있다. 뒤의 '제3장 인천은 어떻게 버나'에서 산업구조를 따지면서 부가가치율을 확인한다.

도 40밖에 못 벌고 있느냐는 것이다.

■ 제조업 생산의 중간투입구조

		인 천	수도권	전 국
중간투입률		63.4	54.6	58.8
	국 산	46.4	44.5	46.0
	(지역생산)	(18.0)	(33.0)	-
	수 입	17.1	10.2	12.8
〈국산화율〉		〈73.1〉	〈81.4〉	〈78.2〉
〈지역생산화율〉		〈27.7〉	〈59.4〉	-
총중간투입		100.0	100.0	100.0
	物的투입	71.5	58.3	68.4
	서비스투입	28.5	41.7	31.6

그것을 따져본 것이 위의 표다. 대표적으로 제조업만 따져보았
다. 아쉬운 것은 이 표가 인천에서 구할 수 있는 가장 최근 자료[06]이

06 이 자료는 한국은행이 작성하는 산업연관표(Input-Output Table)에서 나온다. 투입
산출표라고도 하는데 한국은행은 매 5년마다 작성한다. 이후 5년 사이에 일부를 수
정한 연장표를 작성하기도 한다. 지방자치제 정착을 위한 기초여건을 조성한다는
차원에서 우리나라를 6개 권역으로 나누어 2007년 처음으로 '2003년 지역산업연관
표'를 만들었다. 이에 한국은행 인천본부는 같은 해에 '2003년 인천산업연관표'를
작성하여 공표하였다. 이후 지역통계 확충과 통계서비스 강화를 위해 간접추정식
을 이용하여 우리나라를 16개 시·도로 구분한 '2005년 지역산업연관표'를 작성하여
2009년 발표하였다. 이에 따라 한국은행 인천본부는 '2005년 지역산업연관표'를 바
탕으로 인천, 서울, 경기 및 그 외 지역으로 지역추출 및 재분류를 통해 '2005년 인천
산업연관표'를 작성하여 이를 2010년에 공표하였다. 하지만 지역산업연관표의 작
성에 많은 노력이 들어가는데 비해 이용도가 낮다는 이유로 이후에는 작성되지 않
고 있는 상황이라 아쉽지만 이 자료가 최신의 자료인 셈이다.

면서도, 데이터가 2010년에 발표된 2005년 현재의 자료라는 점이다. 좀 시간이 지난 자료임에도 불구하고 이 자료를 쓰는 이유는 생산의 중간투입구조가 쉽게 바뀌지 않기 때문에 지금도 크게 다르지 않으리라고 생각되기 때문이다. 이 자료는 인천의 생산구조와 생산성에 대하여 많은 것을 보여준다.

1) 원재료가 너무 많이 들어가서

첫째, 인천이 잘 벌지 못하는 이유는 다른 곳에 비해 같은 양을 만들어 파는데 원재료가 너무 많이 들어가기 때문이다. 즉, 부가가치율이 낮은 것은 중간투입물이 산출액에서 차지하는 비중, 즉 중간투입률이 높기 때문이라는 말이다. 표에서 보는 것처럼 제조업의 경우에 한정되기는 하지만 100을 산출하는데 인천은 중간투입물이 63.4가 필요하다. 이에 비해 전국은 58.8만 필요하다. 서울을 포함한 수도권은 이보다도 더 작은 54.6이다. 원재료가 너무 많이 들어간다는 것은 인천이 전국 평균보다 부가가치가 낮은 업종에 더 치중하고 있거나 평균적으로 생산효율이 낮다는 의미다.

2) 외국에서 사 오는 원재료가 많아서

두 번째는 제품생산에 들어가는 원재료를 외국에 의존하고 있어 원재료 의존 비중이 높기 때문이다. 예를 들어 해외의 원유를 들여와야 하는 석유정제업이나 가스 또는 원유를 써야 하는 발전이나 가스업의 경우는 원재료를 국내에서 만들 방법이 없다. 국내산보다 상대적으로 값비싼 수입원재료의 비중이 높으면 산출에서 얻는 부가가치 비중이 작아질 수밖에 없다.

인천의 제조업에 들어가는 원재료 중에서는 수입품의 비중이 높다. 게다가 원자재의 외국의존이 높은 전기, 가스업 등의 산업 비중이 높다. 아울러 국산 소재 및 부품의 개발이 여의치 않아 외국산 원자재를 들여와 가공 후 납품해야 하는 중간제품 생산의 비중도 높다. 표에서 보듯이 중간투입물중 수입품의 비중이 전국은 12.8%, 수도권은 10.2%인데 비해 인천은 17.1%나 된다. 인천 제조업체의 부가가치율이 평균적으로 낮아지는 중요한 이유다.

3) 국산도 인천 밖에서 사 오는 원재료가 많아서

세 번째 이유는 국산조차도 인천 밖에서 사 오는 원재료의 비율이 높은 데 있다. 인천에서 생산하는 원재료를 쓰면 그 원재료를 만들면서 벌어들이는 부가가치가 인천에 남을 터인데 이를 인천 밖에서 사 오면 원재료의 생산과정에서 발생하는 부가가치가 인천에서 밖으로 빠져나가는 것이나 다름없기 때문이다. 표를 보면 인천이 100을 산출하려면 중간투입물이 63.4가 필요한데 이 중 46.4는 국내에서 사 오고 나머지 17.1은 외국에서 수입한다. 그런데 국산 원재료 46.4 중 인천에서 만들어내는 원재료는 17.5로 국산원재료의 27.7%만 인천에서 만든다는 말이다.

국산 원재료가 들어갈 때 자기 지역에서 생산한 중간투입물의 비중을 '지역생산화율'이라고 한다. 이 지역생산화율이 수도권은 59.4%인데 비해 인천은 27.7%에 불과하다. 인천이 필요한 국산 원재료 중 72.3%를 인천 밖에서 사와야 하니, 그 72.3%의 중간투입물을 생산하면서 발생한 부가가치는 인천의 생산에 투입되었어도 인천의 몫이 아니므로 다른 지역에 떨어지는 것이다. 인천의 제조업체들이 원재료에서 판매제품까지 지역 자체적으로 만들어내는 가치의 비중, 즉 제품생산의 역내 완성도가 낮으면 부가가치율도 낮다. 그만큼 인천의 기초 원자재 산업이 상대적으로 낙후되어 있다는 뜻이기도 하다.

4) 원재료가 덜 드는 서비스업 비중이 작아서

네 번째는 같은 원재료를 쓰면서도 인천은 부가가치율이 높은 서비스업의 비중이 낮은 탓이다. 인천은 산출액에 비해 원재료의 투입 비중이 높은 제조업 비중이 높아 전체적으로 부가가치율이 낮게 나타난다. 서비스업종은 물적 투입보다는 아이디어, 기술이나 노동을 위주로 하는 서비스투입이 많다. 노동력에 주로 의존하는 서비스투입 업종은 도소매, 운수 및 보관, 통신 및 방송, 금융 및 보험, 부동산 및 사업서비스, 공공행정 및 국방, 교육 및 보건, 사회 및 개인서비스 등이다. 이들은 물적 투입이 많은 농림어업, 광업, 제조업, 전기·가스업, 건설업 등에 비해 상대적으로 부가가치가 높다. 또한 인천은 특히 물품으로 된 원자재가 많이 들어가는 기초소재업종의 비중이 높다. 표에서 보는 것처럼 인천의 중간투입액 비중을 보면 부가가치 비중이 높은 서비스 투입 비중이 전국 31.6%나 수도권 41.7%보다 훨씬 적은 28.5%이다. 평균적으로 인천의 부가가치율이 낮을 수밖에 없는 이유다.

인천의 '잘 팔기' 순위는 전국의 중간쯤

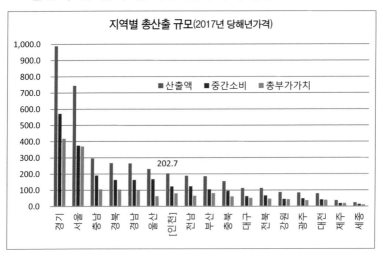

위의 그래프에서는 얼마나 '잘 버느냐'에 앞서 우선 인천이 얼마나 '많이 파느냐', 즉 산출액을 살펴볼 수 있다. 앞의 설명에서 본 것과 같이 5개 시·도 중 인천의 산출액은 3위였지만, 위의 그래프에서 보는 것처럼 전국 광역시·도를 놓고 보면 인천은 2017년 현재 7

위에 해당한다. '많이 파는 정도'를 기준으로 하면 인천은 우리나라 전체 광역시·도의 중간쯤이다. 수도권의 경기도와 서울뿐만 아니라 충청남도와 경상남·북도, 울산광역시가 인천을 앞서고 있다. 산출액만 보면 부산과 대구는 인천보다 작은 9위와 11위로 순위가 뒤처져 있다.

인천의 산출액 증가율은 점차 하락

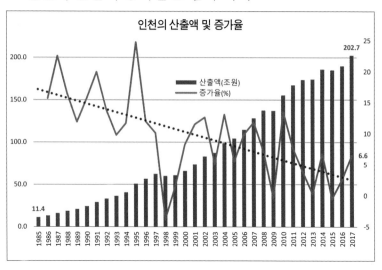

인천의 산출액 순위가 기대에 미치지 못한다고 해 규모가 증가하지 않았던 것은 아니다. 위의 그래프에서 보는 것처럼 인천의 산출액은 지역별 산출액 통계가 편제된 1985년 약 11조원에서 2017년

에는 약 203조원에 이르러 30여 년간 약 18배나 증가했다.[07] 그러나 산출액의 증가율은 다른 시·도와 마찬가지로 그동안 경기에 따라 크게 등락을 보여 왔다. 과거 외환위기 이전에는 15% 안팎의 높은 증가율을 보였다. 하지만 점선으로 보여주는 추세선과 같이 하락하면서 점차 낮은 증가율을 보여주고 있다.

그래서 인천은 얼마나 잘 버나?[a]

중요한 것은 산출액에서 차지하는 총부가가치 비율로 나타낼 수 있는 '얼마나 잘 버느냐' 하는 것이다. 결국 '얼마나 많이 파느냐' 보다는 '얼마나 잘 버느냐'가 중요하기 때문이다. 앞의 표에서 본 것처럼 인천의 산출액 대비 총부가가치비율은 39.4%다. 지역에서 생산해 납부한 세금을 포함하면 산출액 대비 지역내총생산 비율은 43.7%다. 다시 말해 100만큼의 산출액에서 얻을 수 있는 인천의 총부가가치는 39.4, 지역내총생산은 43.7이라는 말이다.

예로 중앙정부가 지역경제 활성화를 위해 100억원씩 교부해 지역산출물의 매입을 지원하였다고 하자. 지역에서 100억원어치를 매입해야 하므로 지역의 산출액이 100억원 증가한다. 인천의 경우 100억원의 재정지출을 통해 산출액이 100억원 증가하면 총부가가치는 39억4천만원, 지역내총생산은 43억7천만원이 증가한다.

그런데 같은 금액을 교부한 대구에서는 총부가가치가 45억3천만

---

07 2015년 기준 당해년 가격에 의한 산출액으로서 전 산업의 총부가가치 금액이다.

원이 발생하고, 서울에서는 49억7천만원이 발생한다. 지역내총생산
도 대구에서는 48억9천만원, 서울에서는 54억3천만원이 증가한다.
모두 인천의 총부가가치나 지역내총생산 증가보다 크다. 결국, 국가
의 재정지원효과[08]도 지역의 생산성에 따라 다르게 나타나게 된다.
인천 사람으로서는 속상하는 일이 아닐 수 없다.

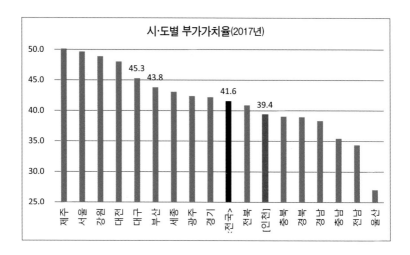

08 지역경제학은 '공간'을 함께 다룬다. 그동안의 경제학이 '누가, 누구를 위해 생산하느
    냐'에 관심을 두고 있다면 공간개념을 포함하는 지역경제학은 '누가, 누구를 위해 생
    산하느냐'에 더해 '어디에서 생산하느냐'에도 관심을 둔다. 지역경제학이나 국가의
    입장에서는 생산성이 높은 지역에서 생산하는 것이 경제전체 또는 국가의 생산성을
    높이는 일이다. 따라서 보다 많은 중앙정부의 지원을 받기를 원하는 지역의 입장에
    서는 지역의 생산성을 높이는 일이 중요하지 않을 수 없다.

'잘 버는 정도'를 지역별로 보면 앞의 그래프와 같다. '잘 버는 정도'란 결국 산출액 대비 총부가가치비율인 부가가치율로 지역별 생산성이다. 인천은 전국 평균 41.6%보다 낮아 전국 17개 시·도중 11번째에 위치한다. 많이 파는 정도에서는 인천이 부산, 대구를 앞섰지만 잘 버는 정도에서는 부산, 대구가 인천을 훨씬 앞서고 있다.

즉, 인천은 부산, 대구보다 많이 만들어 팔아도 부산, 대구보다 그리 잘 벌지는 못하고 있음을 보여주고 있다.

인천의 생산구조와 생산성, 어떻게 해야 할까

앞에서 인천의 부가가치율이 낮은 원인을 어느 정도 언급했다. 이제 어떻게 생산구조를 바꾸어 생산성을 높일 것인가가 과제다. 지역 내에서의 산출액 중 부가가치의 비율을 높이기 위해서는 다음과 같은 방안을 생각해 볼 수 있다.

1) 원재료의 지역 내 생산을 강화해야

인천에서 만드는 제품의 원재료는 70% 이상이 외지에서 들어온다. 수도권의 다른 지역은 이 비율이 40% 정도다. 기왕이면 인천에서 만들어진 원재료를 이용하고, 나아가 원재료도 인천지역에서 만드는 것이 제품을 만드는 과정에서 부가가치를 더 높이는 방안이다. 이를 위해서는 인천지역 내 생산업체 간의 연계 관계를 강화해 생산과정에서 업체 간 분업화, 협동화, 계열화가 원활해지도록 지원할 필요가 있다. 또한, 생산업체가 서로 생산과정에서 협업하는 관계를 구축하도록 인터넷 플랫폼을 만드는 것도 고려할 수 있다.

2) 완성도 높은 제품의 생산비율을 높여야

인천에서 생산하는 제품 중 많은 비중을 차지하고 있는 것이 하도급업체가 만든 중간재다. 최종 소비자가 쓰는 물건을 만드는 것이 아니라 그 전단계에 있는 원청업체에 납품할 원재료와 중간제품을 만드는 것이다. 최종소비재를 만든다면 생산의 전 과정에서 발생하는 부가가치가 인천에 남는데, 중간재 상태에서 외부로 빠져나가면서 마지막 가공 과정의 부가가치가 외부로 나가는 것이다. 따라서 가능한 한 최종소비재에 가까운 물건을 생산하도록 제품의 완성도를 높여야 할 것이다. 이를 위해서는 관련 시설투자와 연구개발이 뒷받침돼야 한다.

3) 서비스 산업의 고부가가치화

인천은 흔히 제조업 도시라고 말한다. 하지만 많은 부분에서 서비스화가 진전되고 있다. 제조업의 생산방식은 원재료가 대부분 물품이고 만들어진 제품 역시 대부분 물품이기 때문에 무형의 노동력이나 기술 등에 의존하는 서비스업의 생산방식에 비해 부가가치가 상대적으로 작을 수밖에 없다. 이 때문에 부가가치의 확대를 위해 경제가 서비스화되고, 제조업이 서비스화되는 동시에 제품이 서비스화되고 있다.[09] 그러나 인천 제조업체의 원재료 중 서비스 투입 비중은 다른 지역에 비해 낮다. 이러한 점을 고려해 서비스 산업을 활성화하는 동시에 서비스 산업의 고부가가치화가 추진돼야 한다. 따라서 원재료의 투입에도 물적 투입 비중보다 서비스 투입 비중이 높아지도록 상품과 서비스 개발을 위한 R & D 투자를 확대해야 한다. 서비스 산업을 4차 산업화와 연계하고 고부가가치화시키는 한편 제조업도 스마트 공장화, 첨단산업화해 부가가치 비율을 높여 나가야 한다.

4) 소재부품 국산화

인천에서 생산하고 있는 제품을 만드는 데 들어가는 원재료의 국산 비중은 70%에 불과하다. 다른 지역에 비해 10% 정도가 낮다. 같은 원재료를 쓰더라도 수입산보다는 국산을 사용하는 경우 생산 환경 변화에 따른 유연한 대처가 가능하며 생산이 안정적이다. 원재료

---

09 같은 물건을 만들더라도 인공지능(AI ; artificial intelligence), 사물인터넷(IoT ; internet of things) 등 최신의 기능과 기술, 소프트웨어가 장착되어 인간과 소통이 가능한 제품이 소비자의 눈길을 끌고 있다. 제조업 제품에 첨단기술이 첨가됨으로써 제조업 제품이 점차 서비스 제품화되고 있는 현상을 '제품의 서비스화'라고 한다. 과거 굴뚝산업에 주로 의존하였던 제조업체가 이제는 연구개발(R&D)을 비롯해 설계, 디자인 등 서비스 부문에 대한 의존을 높이고 있다. 제조업체 내부에서 서비스 부문에 대한 투자 비중이 커지면서 전체적으로는 '제조업의 서비스화'가 진행되고 있다. 그뿐만 아니라 지역이 도시화되고, 경제가 선진화되면서 점차 광공업보다는 서비스업에 대한 의존이 커지면서 서비스업의 비중이 커지고 있다. 이러한 트렌드가 '경제의 서비스화'이다.

생산에 들어가는 부가가치의 국외 유출을 막을 수 있고, 원재료 사용 업체의 생산성을 높이기도 쉽다. 특히 원재료의 지역 내 생산을 강화하기 위해서라도 외국으로부터 수입하고 있는 기초·소재부품의 국산화가 절실하다. 소재부품의 국산화는 인천 제조업체 원재료의 국산화에 그치는 것이 아니라 같은 원재료를 사용하는 우리나라 전체 업체의 원재료 국산화를 의미한다. 이렇게 되면 인천에서 원재료를 생산해 다른 지역으로 공급해 인천의 부가가치를 더 높일 수도 있다. 원재료 국산화는 원재료 수급 안정화를 위해서라도 절실한 노력이 필요한 부분이다.

a 생산성을 평가하는 다른 방법

지역경제의 생산성을 평가하는 중요한 방법에는 앞에서와 같이 산출액 대비 총부가가치 비율을 비교하는 방법도 있지만 지역별 산출액 대비 지역 내 요소소득의 비율을 비교하는 방법도 있다.

지역내 요소소득의 의미

요소소득이란 생산요소의 소득이다. 즉, 생산요소인 노동과 자본을 투입한 결과로 얻는 소득을 말한다. 기업회계에서는 기업의 총매출액에서 매출원가를 빼면 매출이익이 나온다. 매출원가에는 노동의 대가로 지급한 인건비가 포함돼 있다. 기업 매출이익에서 영업이익에 대한 세금과 감가상각비를 빼고 나면 경영주가 가져갈 수 있는 이익금이다. 앞의 인건비는 투입된 노동의 대가에 대한 요소소득이고, 이익금은 경영주가 투입한 자본의 대가에 대한 요소소득이다. 따라서 기업에서의 요소소득은 인건비와 이익금이다.

■ 지역내총생산과 지역내요소소득

지역내총생산			
지역내총부가가치			생산물세
고정자본소모	지역내순생산		
	지역내 요소소득	기타생산세	
	피용자보수	영업잉여	순생산 및 수입세

지역경제에서는 지역내총생산에서 정부에 낸 세금(순생산물세)을 빼서 얻은 지역내총부가가치에서 다시 기타생산세와 고정자본소모를 제외하면 지역내 요소소득이 나온다. 지역내 요소소득은 근로자의 노동의 대가인 급여와 경영자의 자본의 대가인 영업잉여와 재산소득을 포함한다. 순생산물세와 기타생산세는 정부부문의 분배소득에 해당한다. 고정자본소모는 기업의 자산이 감소한 결과다. 지역경제의 생산성을 측정할 때 사람이 노력한 결과로 얻는 요소소득은 중요한 의미를 갖는다. 따라서 지역 또는 산업별로 중

요성을 평가할 때 부가가치율로 평가하는 것보다 더 의미를 갖는 것이 산출액 중 요소소득의 비중이다.

인천의 요소소득 순위는 전국 중간 수준

결국, 물건을 만들고 팔아 돈을 버는 것은 근로자든지 경영자든지 '사람이 돈을 벌자'는 것이다. 지역경제에서 산출액 중 근로자와 경영자에게 귀속된 요소소득이 차지하는 비중이 중요한 의미를 갖는 이유다. '산출액 대비 요소소득 비율'이 이를 판단하는 비율이다. 이 비율이 2017년을 기준으로 하면 인천은 전국 17개 시·도 중 11위이다. 도시별 순위를 보면 일부 시·도를 제외하고는 대체로 부가가치비율 순위와 같다.

인천의 요소소득 비율은 전국보다 낮아

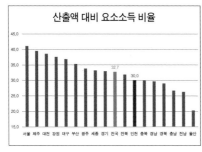

인천의 산출액 대비 요소소득 비율을 보면 전 산업의 경우 통계편제가 시작된 1985년 이후 지속적으로 전국 평균에 비해 크게 낮은 모습을 보이고 있다. 그러나 제조업은 1991년 이후 전국 평균보다 높게 나타나고 있다. 인천의 제조업이 전국 평균보다 요소소득 비중이 높은 이유는 다른 지역에 비해 노동에 크게 의존하고 있어 그만큼 인건비의 비중이 높게 나타났다는 뜻이기도 하다. 근로자가 사용하는 산업설비에 대한 투자가 작아 결과적으로 같은 제조업인데 산업설비에 의존하기보다 사람의 노동력에 의존해 생산성이 떨어진다는 것이다.

제2장

인천은 잘 사나
- 인천의 지역내총생산

이 장에서 알고자 하는 것은 '인천'이 얼마나 잘 사느냐 하는 것이다. 특히 다른 지역과 비교했을 때 인천이 사는 정도는 어느 수준인지가 궁금하다. 서울을 포함한 특·광역시와 비교하면 몇 등이나 될까? 전국 시·도 중에서는 몇 등일까? 그리고 인천경제가 전국 경제에서 차지하는 비중은 얼마나 되며 계속 상승하고 있을까? 혹시 양적으로는 분명히 성장하고 있는데 오히려 순위는 점점 더 뒤처지는 것은 아닐까?

'잘 사느냐'의 판단기준 : 지역내총생산

인천이 잘 사는지 못 사는지는 무엇을 보면 알 수 있을까? 이를 판단하는 기준을 정하는 것은 쉬운 일이 아니다. 기본적으로 지역이란 '그 지역에 사는 지역주민들의 구성이나 그들이 살아왔던 전통 등 여러 가지 사회·문화·경제적인 특성이 혼재된 영역[01]이다. 동시에 공간적·지리적 배경을 가지고 역사적 과정을 거쳐 결합된 형성체이다. 그 때문에 어떤 특정한 몇 가지의 가치기준만으로 지역을 평가하려고 하는 것은 올바른 일이라고 할 수 없다.

행복하다고 느끼는 것이 잘 사는 것이라고 전제하면 대단히 주관적인 판단이 된다. 그런데도 행복을 기준으로 삼아 평가를 하기도 한다. 부탄이 세상에서 가장 행복한 국가라는 조사결과가 있다. 이 조사결과에 따르면 우리나라의 행복한 정도는 143개 조사 대상 국가 중 68위이다. 이에 비해 부탄은 국민의 97%가 스스로 행복하다고 답하며 당당히 1위를 차지하고 있다.[02]

'지역경제'는 이와 같은 주관적인 판단기준으로 측정하기는 곤란하다. 따라서 가능한 한 객관적인 수치를 기준으로 삼는다. 여기에는 여러 가지 측정기준[03]이 있다. 총매출액인 산출액도 중요한 판단 기준이 될 수 있다. 하지만 아무리 산출이 많아도 원재료인 중간투입 비중이 변하면 정확한 판단이 어렵게 된다.[a] 그래서 통계 이용이 쉬우면서도, 비교기준이 명확하고 경제 구조를 잘 나타내는 '지역내총생산(GRDP ; gross regional domestic product)'을 기준으로 삼는 경우가 대부분이다. 국제적으로도 큰 이견이 없다. 지역내총생산은 앞의 장에서 언급한 것처럼 지역의 총산출에서 원재료에 해당하는 중간투

01 정홍렬, 지역경제학, 시그마프레스, 2017
02 이승선, "세상에서 가장 행복한 나라 부탄, 어떻길래?", 프레시안, 2011.8.30
03 지역총산출, 지역내총생산, 지역총소득, 총처분가능소득 등의 기준이 있다.

입을 뺀 금액인 총부가가치에 다시 정부에 낸 세금을 더한 것이다. 이 장에서도 지역내총생산을 판단기준으로 삼고자 한다.

'인천'이 잘 사느냐 vs '인천 사람'이 잘 사느냐

'인천'이 잘 사느냐와 '인천 사람'이 잘 사느냐는 다른 문제이다.

■ 2018년 국민총소득과 1인당 국민소득

	한국	중국	일본	부탄
국민총소득(단위: 10억달러)	1,725.4	13,556.8	5,159.8	2.3
상대크기	100.0	785.7	299.0	0.1
1인당국민소득(단위: 달러)	33,434	9,496	40,563	3,093
상대크기	100.0	28.4	121.3	9.3

'행복한 나라' 부탄의 국민총소득 크기는 우리의 0.1% 수준이다. '부탄사람'의 1인당 소득은 우리의 1/10보다 작다.

'중국'은 '대한민국'보다 경제 규모가 훨씬 크다. 2018년 기준으로 중국은 우리보다 7.8배가 넘는 규모이다. 경제 규모가 큰 만큼 '나라'는 '중국'이 '대한민국'보다 잘 산다고 할 수 있다. 하지만 한 사람이 1년 동안 벌어들이는 금액인 1인당 국민소득을 비교하면 '중국사람'은 연간 평균 9,496달러를 번 데 비해 '한국사람'은 1인당 33,434달러를 번다. '한국사람'이 '중국사람'보다 3.5배 이상 잘 산다. 경제 규모는 중국이 대한민국보다 큰 것이 분명하지만 사람을 기준으로 하면 평균적으로 한국 사람들의 1인당 소득은 중국 사람들의 1인당 소득을 크게 앞지르고 있다[04].

마찬가지로 우리나라 안에서도 지역별로 비교해보면 경제 규모는 인천보다 작은데 1인당 소득은 더 높은 지역도 있고, 반대로 경제 규모는 커도 1인당 소득이 인천보다 더 작은 지역도 있다. 핵심은 '지역'이 잘 사는 것과 그 '지역사람'들이 잘 사는 것은 별개라는 점이다.

앞에서 말한 대로 이 장에서는 우선 인천이라는 '지역'에 국한해 인천이 잘 사느냐 못 사느냐를 먼저 파악하고 '사람'을 기준으로 인천 사람이 잘 사느냐 못 사느냐는 마지막 장에서 다시 다루기로 한다.

---

04 물론 무조건 1인당 국민소득만 비교하여 1인당 국민소득이 큰 나라 사람들이 더 잘 산다고 말하기도 어렵다. 나라마다 삶의 환경이 다르기 때문이다. 예로 일본과 우리나라를 비교해 보자. 위 본문의 표에서도 보듯이 2018년 기준으로 우리나라의 1인당 국민소득 33,434달러이다. 일본의 1인당 국민소득은 40,563달러이다. 두 나라의 1인당 국민소득을 비교해 보면 이제 우리의 국민소득은 일본 국민소득의 82%를 넘고 있다. 1인당 국민소득을 기준으로 하면 일본 사람이 평균적으로 우리나라 사람에 비해 잘 산다고 할 수 있다. 하지만 일본이라는 나라에서의 삶과 우리나라 대한민국에서의 삶을 비교해보면 사람에 따라 판단이 다를 수도 있다. 가령 소득이 좀 높다고 하더라도 틀에 박혀 빈틈없이 돌아가는 팍팍한 삶을 살아야 하는 점이나 생활물가를 감안한 구매력을 고려한다면 일본이 꼭 잘 산다고 할 수는 없기 때문이다. 이에 따라 일본을 다녀 온 한국 사람은 일본인의 생활정도를 별로 부러워하지 않는다. 반대로 한국을 다녀간 일본인은 한국인의 생활 수준에 대해 적잖이 놀란다. 더구나 전후 한국의 생활을 언론을 통해 막연히 듣고 있던 중장년 층의 일본인은 더욱 그렇다. 이들은 한국인이 사사건건 일본에 당당히 맞서며 경쟁적인 태도를 갖는데 대하여 심리적인 저항감을 갖고 있는 것도 사실이다. 같은 이유로 한국인이 무작정 부탄인보다 잘 산다고 말하기 어렵다. 1인당 소득이 우리의 1/10에도 못 미치는 부탄의 국민은 스스로 가장 행복하다고 하지 않는가? 마찬가지로 국내에서도 지역별로 1인당 평균 지역소득만을 비교해 잘 살고 못 사는 것을 정하기는 어렵다. 그러나 대체로 국내에서의 생활환경이 서로 크게 차이가 나지 않는다는 점을 받아들인다면 가장 쉽게 비교할 수 있는 수단은 역시 1인당 소득이라는 데 큰 이견은 없는 상태이다.

지역내총생산 : 실질기준과 명목기준

인천이 얼마나 잘 사느냐를 판단하는 측정기준으로 지역 내총생산을 이용하기로 한다.

그런데 지역내총생산에도 두 가지 개념이 있다. 명목 지역내총생산(nominal GRDP)과 실질 지역내총생산(real GRDP)이다. 명목 지역내총생산은 생산이 이루어진 그 해의 가격, 즉 당해년가격으로 계산한 지역내총생산이다. 따라서 이를 '당해년가격 지역내총생산'이라고도 한다. 이에 비해 실질 지역내총생산은 명목 지역내총생산에서 물가상승분만큼을 제외하고 계산한 지역내총생산이다. 예로 1년간 명목 지역내총생산이 5% 늘었는데 그동안 물가가 전반적으로 3% 올랐다면 실질 지역내총생산은 2%가 증가된 것이란 계산이다. 반대로 명목 지역내총생산이 2%가 늘었는데 그동안 물가가 전반적으로 5%가 오른 결과라면 실질 지역내총생산은 오히려 3%가 줄었다는 뜻이다.[05] 이와 같이 물량거래의 가중치와 물가변화를 제외한 실질 지역내총생산을 기준년가격(연쇄) 지역내총생산[06]이라고도 한다.

---

05 지역경제 수준의 변화를 가격변화는 빼고 순수하게 물량 면에서 파악하고자 하는 경우에는 실질 지역내총생산을 이용하는 것이 정확한 방법이다. 그러나 그 해의 거래금액을 기준으로 지역내총생산을 계산하는 경우라면 물가상승분도 포함하여야 하므로 명목 지역내총생산을 기준으로 판단하는 것이 맞다. 일반적으로 경제성장률을 계산할 때는 실질 지역내총생산을 기준으로 하고 소비지출 금액 등을 계산할 때는 명목 지역내총생산을 기준으로 계산한다.

06 2018년의 실질 지역내총생산은 2015년도 가격을 기준으로 한다. 이 경우 2015년을 기준년도라고 한다. 기준년도는 명목금액과 실질금액이 같은 해를 말하는데 우리나라는 매5년마다 기준년도를 변경하며 2019년에 2015년으로 기준년도를 변경하였다. 매년의 실질 지역내총생산은 기준년도의 가격을 계속 적용하는 대신 기준년도의 금액에 매년 재화와 서비스의 가중치와 물량변화를 감안한 연쇄물량지수를

다음의 표는 2018년의 우리나라 16개 시·도별 지역내총생산과 성장률을 보여주고 있다.[07] 왼쪽은 명목 지역내총생산(당해년가격)을 기준으로 한 것이고 오른쪽은 실질 지역내총생산(기준년가격)을 기준으로 한 것이다.

■ 2018년 시·도별 지역내총생산

(조원, 등, %)

	당해년가격	순위	성장률	순위	기준년가격*	순위	성장률	순위
전국	1,900.0		3.2		1,811.6		2.8	
서울	422.4	2	4.5	4	402.7	2	3.4	4
부산	89.7	6	2.2	10	86.7	6	1.5	11
대구	56.7	11	3.3	7	53.9	11	2.2	9
인천	**88.4**	**7**	**-0.2**	**15**	**86.1**	**7**	**0.4**	**14**
광주	39.8	15	5.5	2	38.3	15	5.2	2
대전	41.2	14	1.6	12	39.1	14	0.8	12
울산	75.6	9	-0.2	14	73.0	9	0.0	15
세종	11.1	17	4.5	5	10.4	17	2.6	6
경기	473.8	1	5.0	3	446.9	1	4.9	3
강원	47.0	13	3.2	9	44.5	13	1.6	10
충북	69.7	10	6.7	1	65.8	10	6.3	1
충남	117.7	3	1.8	11	112.9	3	2.5	7
전북	51.0	12	3.3	8	48.6	12	2.2	8
전남	76.5	8	3.7	6	73.6	8	3.1	5
경북	109.0	5	-0.9	17	103.3	5	-1.1	16
경남	110.5	4	1.0	13	107.0	4	0.4	13
제주	19.9	16	-0.4	16	18.8	16	-1.7	17

※ 2015년 기준년가격(연쇄)

곱하여 실질 지역내총생산을 산출한다. 이를 통해 기술혁신의 변화에 따른 상대가격의 변화 등 경제현실의 변화를 반영하는데 이러한 방식을 연쇄가중방식이라고 한다.

07 잠정치 기준이다. 특정 연도의 지역내총생산 등 지역소득통계는 그 다음 해 12월에 먼저 잠정치로 발표되고 확정치는 다음다음해 8월에 발표된다. 즉, 2018년 지역내총생산 잠정치는 2019년 12월에, 확정치는 2020년 8월에 발표된다.

2018년 인천의 지역내총생산은 당해년가격으로 산출한 명목 지역내총생산을 기준으로 보면 88.4조원이다. 전년에 비해 0.2%가 떨어졌다. 지역내총생산이 마이너스 성장을 보였다는 것은 경제규모가 줄었다는 뜻이다. 그런데 이 명목 지역내총생산에서 물가상승분을 제외한 실질 지역내총생산 전년대비 0.4%가 성장했다. 2018년중 물가가 하락한 것을 감안하면 실질기준 지역내총생산은 오히려 증가한 때문이다.

옳고 그르고를 떠나 지역내총생산을 기준으로 어느 지역이 얼마나 '잘 사는가'를 판단하면 인천은 2018년 현재 경기도와 서울, 충청남도, 경상남도와 경상북도보다는 못 사는 편이다. 자주 경쟁 도시로 비교되는 부산[b]에는 뒤지지만, 규모는 거의 비슷한 수준이다. 인천의 시·도별 순위를 보면 전국 17개 시·도 중에서 7위를 차지하고 있으며 8대 특·광역시 중에서는 서울, 부산에 이어 3위를 차지하고 있다.

전국에서 차지하는 인천의 비중 추이

인천의 지역내총생산이 전국의 지역내총생산에서 차지하는 비중은 2018년 현재 4.7%이다[08]. 그동안의 인천의 비중 변화를 보면 지역내총생산 실적이 공표되어 있는 1985년 이후 30여 년간 대체로 4.5%에서 5.3% 수준을 유지하고 있다. 인천광역시가 인구 100

---

08 2015년 가격기준에 의한 명목 지역내총생산(당해년가격)이다.

만 명을 돌파하여 직할시로 승격하던 1991년 인천의 비중은 전국의 5.3%로 지금까지의 인천 비중 가운데 가장 높았었다. 이후 등락을 보이면서 비중이 점차 하락해 2012년에서 4.6%로 가장 낮아졌다. 1985년부터 2017년까지 인천 비중의 평균은 4.8%이다. 그렇게 보면 2013년 이후 인천의 비중이 증가하기는 하였지만, 아직 과거 평균수준을 크게 벗어나지는 못하고 있다.

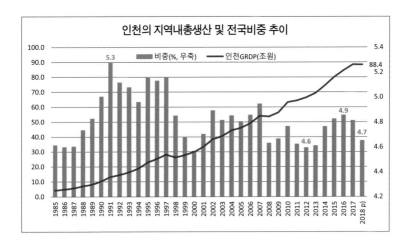

그래도 인천 잘 했다

현재의 인천비중이 과거 30여 년간의 평균수준에서 별로 벗어나지 못하고 있다면 인천은 성장이 부진한 편일까? 인천이 경쟁상대로 생각하고 있는 주요 시·도와 비교해보면 어느 정도 판단이 설 것 같다. 결론부터 말하면 "그래도 인천은 잘 하고 있다."

다음의 그래프는 인천의 지역내총생산이 전국의 지역내총생산에서 차지하는 비중을 보여주고 있다. 1985년 이후 2017년까지 주요 시·도의 전국비중 추이다.

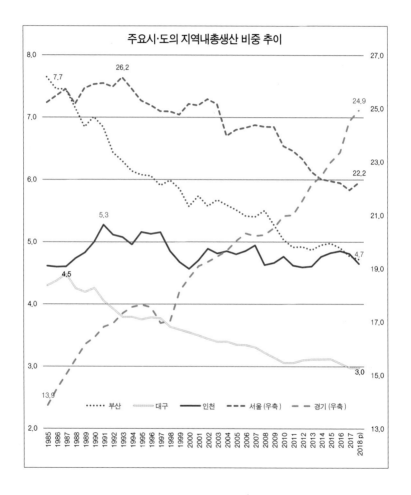

그래프에서 보는 것처럼 서울, 부산, 대구의 지역내총생산 비중은 지난 30여 년간 전반적으로 하락세를 보여 왔다. 경기도만 급격한 상승세를 보여주고 있는 가운데 인천은 과거 평균 수준을 꾸준히 유지하고 있으니, 그래서 '그래도 인천 잘 했다'고 하는 것이다.

서울은 1993년 전국 지역내총생산의 26.2%를 차지하고 있었지만 2017년에는 그 비중이 21.5%로 4.7%p가 줄었다. 2017년 부산의 지역내총생산 비중이 전국의 4.8%이니까, 지난 24년간 서울에서 부산 정도 규모의 경제력이 빠져나간 셈이다. 부산도 마찬가지이다. 1985년 부산의 비중은 전국의 7.7%였다. 그러던 것이 2017년 4.8%로 줄어 2.9%p가 줄었다. 2017년 대구의 지역내총생산이 전국의 2.9%이니까, 지난 32년간 부산에서 대구만큼의 경제력이 줄어든 것이다. 그러는 동안 경기의 경제력비중은 1985년 전국의 13.9%에서 23.9%로 10.0%p가 늘었다. 우연이지만 서울, 부산, 대구, 인천의 전국비중 최대치에서 최저를 뺀 격차(4.7%p, 2.9%p, 1.6%p, 0.8%p)를 모두 더한 만큼이 경기도 비중 증가분과 같다. 그런 와중에 인천은 경제흡인력이 그렇게 막강한 경기도의 곁에 있으면서도 지역내총생산 비중을 유지하고 있었으니 "그래도 인천 잘했다"고 하는 말이 틀린 말은 아니다. 또한, 경제력의 '수도권 집중'이라는 말은 사실 경제력의 '경기도 집중'이 인천에까지 확장돼 과장된 표현이라고 할 수 있음을 알 수 있다.

a 경기판단시 산출액과 지역내총생산의 개념 활용

지역경제 동향을 파악하면서 지역내총생산(GRDP)과 산업생산지수는 빼놓을 수 없는 매우 중요한 자료이다. 지역내총생산 자료는 1년에 한 번씩 발표된다. 그것도 거의 1년이 지나야 발표된다. 이에 비해 산업생산지수는 다음 달 말일쯤에 발표된다. 물론, 경기의 정확한 흐름은 지역내총생산에 의해 파악하여야 한다. 하지만 지역내총생산 지표는 속보성 없어 시의성 있는 경기 흐름을 파악하기 위해서는 속보성을 갖춘 산업생산지수에 주로 의존하게 된다. 그러나 두 자료를 이용하다보면 두 지표의 방향이 서로 달라 혼선을 초래하는 경우가 있다. 왜 그럴까?

우선, 지역내총생산은 지역의 산출액에서 중간투입을 빼고 순생산물세를 더하여 산출하지만 기본적으로는 부가가치(value added)의 개념이다. 이에 비해 산업생산지수는 앞장에서 설명한 산출액을 바탕으로 산출되는 지수이다. 기준시점의 산출액을 100이라고 보고 비교시점의 산출액을 지수로 나타내는 것이 산업생산지수이다. 따라서 산업생산지수는 부가가치 개념인 지역내총생산에 중간투입을 더한 산출액(output)의 개념이라는 점을 이해해야 한다.

이제, 두 자료가 서로 다른 방향을 나타내는 예를 들어 보자. 인천에서 산업비중이 매우 높은 전기업의 발전부문을 생각해 보자. 실제로 심심치 않게 일어났던 사례이기도 하지만 전 세계적인 불황에 따른 수요 감소로 국제원유가격이 급격히 하락하면서 국내 경기도 냉각된 경우를 가정하자. 경기불황으로 전력수요가 줄어들면서 발전부문의 산출액(output)이 감소할 것이다. 하지만 수요가 줄더라도 전기가격은 거의 변화가 없는데 발전부문의 중간투입 원재료인 원유가격의 급락으로 부가가치(value added)는 크게 증가한다. 즉, 산출액은 감소하였는데도 지역내총생산은 증가한다. 이 경우 산업생산으로 보면 인천의 경기는 침체되고 있는 것으로 보이지만 지역내총생산은 성장을 보이는 것으로 나타난다.

인천에서의 산업비중이 높은 운수업에 포함되어 있는 항공과 항만산업도 같은 현상을 보인다. 국제유가가 급격히 하락하더라도 항공이나 항만 운임은 급격히 하락하지도 않을 뿐 아니라 항공, 항만운수업이 크게 침체를 보이지도 않는다. 따라서 이 경우 이들 산업의 부가가치, 즉 지역내총생산이 크게 증가하게 된다. 이에 따라 산업생산지표에 의한 매월의 경기판단으로는 국제유가하락 등으로 계속 침체를 보이고 있다고 생각하지만 시간이 지난 다음 지역내총생산 지표가 발표되어 확인해보면 경기가 오히려 크게 호전되고 있었음을 알게 된다.

또한, 산업동향 자료는 매월 표본 사업체를 대상으로 조사(survey)한 통계를 기초로한다. 이에 비해 지역내총생산 자료는 산업동향이나 통관자료 등 기초통계자료 등을 활용한 추계(estimate) 결과이다. 첨단산업의 급격한 성장 등으로 산업의 구성이 빠르게 변화하는 경우 기존의 표본에 의한 조사가 실제와 괴리를 보이는 경우가 실제로 발생되기도 한다.

따라서, 실제 경기판단에 있어서는 각 산업의 비중과 이들 산업의 중간투입물 가격동향을 함께 고려하는 한편 중간투입물의 비중 변화 가능성 등을 염두에 두고 신중을 기할 필요가 있다.

b 인천과 경상도는 서로 밉상?

정도의 차이는 있겠지만 누구나 자기가 속한 지역에 애착을 갖는다. 다른 지역에 비해 자기 지역이 좋아지면 자랑스럽다. 대표적으로 이를 자주 드러내는 것이 지역 언론이다. 인천의 지역내총생산이 어느 지역을 앞서게 되면 인천지역 언론이 한동안 이에 대하여 크게 보도한다. 이를 보는 상대 지역은 편할 리 없다. 그러다 다시 뒤지게 되면 누가뭐라 할 것도 아닌데 자탄을 한다.

다음의 표는 글로벌 금융위기 이후 2010년부터 9년간 세종시를 제외한 16개 광역시·도의 지역내총생산(명목)의 순위와 금액을 보여준다. 어떤 의도가 있는 표가 아니지만, 인천에 관심을 두고 보면 순위 변화가 눈에 띈다. 2010년 인천은 이미 '대구'를 앞서고 있었다. 그러던 것이 2014년에 들어서면 공업도시 '울산'에 앞선다. 조금 시간이 지난 2017년에는 '부산'에 앞선다.

인천이 순위를 올리는 동안 2014년 서울과 경기가 순위가 바뀌는가 싶었는데 2017년 '경북'과 '경남'의 순위가 충남에 밀려 내려왔다. 그 사이 '경남'은 3위에서 5위로 내려와 '인천'과 순위가 바짝 가까워졌다. 인천은 가만히 있는데 순위가 밀려 내려온 경남과 경북이 인천에 신경을 쓴다. 이러다 보니 '인천'의 순위 변화의 주변에 늘 경상도가 있었다.

인천과 자리를 바꾸어 경상도의 눈으로 보면 늘 순위 경쟁을 함께하는 인천이 밉상이 아닐 수 없다. 그러던 인천의 지역내총생산이 2018년에 들어와서는 다시 부산에 뒤졌다. 이제 인천의 눈으로 보면 정상을 회복했다고 자랑하는 부산이 밉상이다.

■ 시·도별 지역내총생산(당해년가격) 순위변동 추이

(조원)

	2010		2011		2012		2013		2014		2015		2016		2017		2018 p)	
1	서울	313.3	서울	326.4	서울	334.3	서울	340.7	경기	351.7	경기	382.0	경기	407.4	경기	451.4	경기	473.8
2	경기	278.5	경기	292.8	경기	311.4	경기	333.4	서울	350.3	서울	370.2	서울	387.4	서울	404.1	서울	422.4
3	경남	90.2	경남	94.3	경남	98.4	경남	99.7	경북	103.5	경남	106.6	경남	109.3	충남	115.6	충남	117.7
4	경북	87.7	충남	92.2	충남	94.2	경북	97.2	경남	101.1	경북	103.1	경북	107.4	경북	110.0	경남	110.5
5	충남	85.1	경북	91.0	경북	93.0	충남	93.9	충남	96.8	충남	101.3	충남	106.9	경남	109.5	경북	109.0
6	부산	66.8	울산	68.7	부산	71.2	부산	73.3	부산	77.6	부산	82.7	부산	85.5	인천	88.5	부산	89.7
7	인천	63.3	부산	68.5	울산	70.0	울산	71.3	인천	74.6	인천	80.1	인천	84.7	부산	87.8	인천	88.4
8	전남	61.8	인천	64.4	인천	66.4	인천	69.4	울산	70.1	울산	72.9	울산	74.7	울산	75.8	전남	76.5
9	울산	61.1	전남	63.2	전남	64.5	전남	66.5	전남	66.2	전남	68.9	전남	71.6	전남	73.7	울산	75.6
10	대구	40.6	충북	43.3	충북	45.5	충북	47.7	충북	50.1	충북	55.2	충북	59.7	충북	65.3	충북	69.7
11	충북	40.3	대구	42.6	대구	44.8	대구	46.9	대구	48.8	대구	51.8	대구	53.2	대구	54.8	대구	56.7
12	전북	37.7	전북	40.0	전북	41.2	전북	43.5	전북	45.2	전북	47.0	전북	47.9	전북	49.3	전북	51.0
13	강원	31.7	강원	33.1	강원	34.6	강원	36.3	강원	38.8	강원	40.9	강원	43.1	강원	45.5	강원	47.0
14	대전	30.2	대전	31.7	대전	32.9	대전	33.7	대전	34.9	대전	37.2	대전	39.3	대전	40.5	대전	41.2
15	광주	27.9	광주	28.7	광주	29.8	광주	31.3	광주	33.0	광주	34.8	광주	36.8	광주	37.7	광주	39.8
16	제주	11.2	제주	12.2	제주	13.2	제주	14.0	제주	15.1	제주	16.9	제주	18.7	제주	20.0	제주	19.9

제3장

인천은 어떻게 버나
- 인천의 산업구조

　　　　인천은 무엇으로 살고 있을까? 공장에서 물건을 만드는 제조업으로 사는 사람은 얼마나 될까? 건설업으로 벌어들이는 돈은 얼마나 될까? 물건을 사다 파는 인천의 도소매업 비중은 얼마나 될까? 그래서 인천은 어느 업종, 어느 산업에 가장 의존하고 있을까?

　　"인천은 과연 제조업 도시인가?" 이 질문은 인천의 과거와 현재에 대해 어느 정도는 아는 사람이라야 던질 수 있을 법한 질문이다. 인천은 근대 산업도시로 출발했다. 우리나라의 개발 초기 1960년대부터 인천지역에는 많은 공장이 들어섰다. 인천이 근대 산업도시라 불리는 이유다. 원자재를 들여오고 생산품을 수송하기 위해 우리나라 최초의 고속도로가 건설되기도 했다. 이 도로를 타고 인천을 오가다 보면 자주 눈에 띄는 것이 대단위 산업단지와 공장지대이다. 그래서 대부분은 인천이 여전히 제조업 도시라는 데 별 의심을 하지 않고 있다. 그러나 대단위 아파트단지가 수없이 들어서면서 상권도 대규모로 커지는 등 도시의 풍경이 변하여 공장들이 눈에 띄는 정도가 아무래도 예전만 못하다.

　그래도 인천이 제조업 도시라면 인천의 여러 산업 중 제조업의 비중이 얼마나 되어야 할까. 전국에서 가장 높은 정도는 아니더라도 절반은 넘어야 하지 않을까. 아니면 산업별 비중에서 제조업의 비중이 가장 높기만 하면 되는 걸까. 인천은 여러 산업 중 제조업으로 가장 많이 벌고 있는 걸까.

　이 장에서 알고자 하는 것을 요약하면 '인천은 어떻게 버느냐'하는 것이다. 인천은 어떤 산업으로 얼마만큼을 벌고 있고, 그동안 어떠한 변화를 겪으며 어떻게 성장을 이어 왔는지를 알고자 하는 것이다. 즉, 인천의 산업구조와 그 변화를 파악하고, 그러한 변화가 인천에 미치는 영향은 어떤 것이며, 산업구조 변화에 따른 인천의 과제는 무엇인지, 그리고 앞으로 인천의 산업구조는 어떻게 변화해 나가는 것이 바람직한지를 짚어 보고자 한다.

어떻게 버는지는 무얼 보고 판단하나

　　　인천이 어떤 산업을 통해 얼마나 만들어 팔고 버는지는 각 산업이 전체 산업생산에서 차지하는 비중, 즉 산업구조를 보면 알 수 있다.

　산업구조를 알아보는 방법에는 두 가지가 있다.

　첫 번째는 산출액을 기준으로 하는 방법이다. 인천의 전체 산출액에서 각 산업의 산출액이 차지하는 비중을 알아보는 것이다. 각 산업에 원재료가 얼마나 들어가고 얼마나 남겼는지는 따지지 않고 인천지역에서 만들어 판 전체 금액인 산출액을 기준으로 판단하는 방법이다.

두 번째는 총부가가치를 기준으로 하는 방법이다. 각 산업에서 얼마나 벌었는지, 즉 각 산업에서 만들어 판 전체 금액에서 원재료 금액을 빼고 난 후 벌어들인 부가가치가 인천의 총부가가치에서 차지하는 비중을 기준으로 알아보는 방법이다.[01]

첫 번째 산출액을 이용한 방법은 가령 인천이 만들어 판 산출액이 100이라면 각 산업은 그중 얼마씩의 산출액을 만들어 팔았는지를 측정하는 것이다. 두 번째 총부가가치를 이용한 방법은 인천이 100만큼의 부가가치를 벌었다면 각 산업에서 각각 얼마만큼의 부가가치를 벌었는지를 알아내면 된다.[02]

두 방법은 각각 나름대로 의미가 있으므로 어느 쪽이 더 적합하다고 단정 짓기는 곤란하다. 다만, 일을 하는 것은 돈을 벌기 위함인데 아무리 많이 팔아도 이익이 없으면 헛고생을 하는 것이므로 이익

---

01 산업구조는 산출액 또는 총부가가치를 기준으로 개별 산업이 경제 전체에서 차지하는 비중으로 파악한다. 통계청 통계를 이용하는 경우 국가통계포탈(KOSIS ; Korean Statistical Information System)의 지역계정에 포함되어 있는 지역소득 중 시·도별 경제활동별 지역내총부가가치 및 요소소득을 이용한다. 산업별로 산출액과 함께 총부가가치를 구할 수 있으므로 산출액 기준 산업구조와 총부가가치 기준 산업구조를 모두 파악할 수 있다. 중간투입 등 세부적인 자료가 필요한 경우에는 산업연관표를 이용하여 산업구조를 파악한다. 그러나 실제 지역경제 연구시에는 지역별 산업연관표를 구하기 어려워 통계청의 지역계정의 지역소득 통계를 주로 이용한다.

02 2019년말 현재까지 활용하고 있는 통계청 지역계정 지역소득 통계자료의 기준년은 2010년과 2015년이다.

을 기준으로 산업의 크기를 판단하는 경우가 많다. 즉, 산출액을 기준으로 하기보다는 총부가가치를 기준으로 산업구조를 파악하는 경우가 많다는 말이다. 또한, 통계를 다루는 입장에서 보면 총부가가치는 지역내총생산에 가까운 개념[03]일 뿐 아니라 '지역내총생산에 대한 지출'이나 '지역총소득'과 비교[04]하면서 지역의 경제 활동을 다양한 측면에서 분석할 수 있어 총부가가치를 기준으로 산업구조를 파악하는 것이 일반적이다.

한편, 산업을 나누는 방법에도 여러 가지가 있다. 통계가 작성될 때는 산업의 종류가 비교적 상세하게 분류[05]된다. 그러나 일반인의 이해를 위해 산업구조를 설명하는 경우에는 크게 농림어업, 광공업, 전기·가스·증기업[06], 건설업, 서비스업의 5가지로 구분[07]한다. 다만,

---

03 지역소득 통계에서의 총부가가치는 지역내총생산에서 순생산물세를 제외한 금액이다. 순생산물세는 각 산업에서 생산과정중 정부에 납부한 순세금이므로 정부부문을 제외한 민간부문의 산업구조를 파악하기 위해서는 지역내총생산에서 순생산물세를 제외한 지역내총부가가치를 기준으로 한다.

04 '지역내총생산'은 '지역내총생산에 대한 지출'이나 '지역분배소득'과 같은 금액이어야 한다. 이를 삼면등가의 원칙 또는 삼면등가의 법칙이라고도 한다. 다만, 현실적으로는 '지역분배소득' 통계를 작성하지 않고 '지역내총생산'에 다른 지역에 가서 벌어 온 '지역외순수취본원소득'을 더한 '지역총소득' 통계를 작성하고 있다. 이에 따라 '지역내총생산'과 '지역내총생산에 대한 지출'은 같은 금액이지만 '지역총소득'과는 지역외순수취본원소득만큼 차이가 난다.

05 2019년 현재 경제활동별 지역내총생산은 한국표준산업분류(10차)를 준용하여 추계하고 있다.

06 2019년에 실시한 2015년 기준년 개편시 이전의 전기·가스·수도사업중 수도사업이 수도하수폐기물처리 및 원료재생업으로 재분류되어 이후 전기·가스·증기업으로 변경되었다.

07 통계청의 지역계정에서는 우리나라의 산업을 16개 산업으로 구분하고 그 중 제조업

광공업중 제조업은 대부분 지역에서 산업비중이 커 별도로 표시한
다. 인천의 경우 서비스업에 포함되는 운수업도 산업비중이 커 제조
업처럼 별도로 표시한다.

인천은 제조업 도시가 아니라 서비스업 도시다

　　　　　다음의 표는 최근 인천의 산업구조를 보여주고 있다. 가장
흔하게 쓰이는 판단 기준은 당해년가격[08]에 의한 총부가가치 비중이
다. 이 기준에 의하면 2018년 현재 인천의 제조업 비중은 27.6%에 불
과하다. 기준년인 2015년 가격으로 계산한 2018년 인천의 제조업 비
중이 27.2%이다. 이에 비해 2018년 당해년가격 기준 서비스업의 비중
은 전 산업의 절반을 훨씬 넘는 62.5%를 차지한다. 어떤 기준으로 계
산하든 서비스업의 산업 비중이 제조업 비중의 2배도 넘는다. 따라
서 부가가치 비중이 가장 높은 산업을 위주로 도시를 정의한다면 인
천은 더 이상 제조업 도시가 아니다. 인천은 이제 서비스업 도시다.
　　　　　산업별 비중을 총부가가치로 따지지 않고 만들어 판 전체 금액인

　　　은 7개 업종으로 구분한다. 한국은행의 국민계정이나 산업연관표에서 산업을 대분
　　　류로 구분하는 때에는 농림어업, 광업, 제조업, 전기·가스·증기업, 건설업 및 서비스
　　　업의 6개로 나누는 것이 일반적이다.

08　지역경제는 지역경제는 생산물량이 증가하여 성장할 수도 있고 단순히 물가가 상승
　　　하여 성장할 수도 있다. 생산물량에 그 해의 가격을 적용하여 경제규모를 측정하는
　　　방식을 당해년가격 기준이라고 한다. 물가상승분을 제외하기 위해서는 생산물량에
　　　기준년도의 가격을 적용해 경제규모를 산출한다. 이러한 계산방식을 기준년가격 기
　　　준에 의한 것이라고 한다. 최근의 기준년은 2015년이다.

산출액을 기준으로 하면 좀 다른 결론이 나올 수 있다. 아래 표의 왼쪽에서 보는 것처럼 2017년 당해년가격에 따른 산출액 기준으로는 인천의 제조업 비중이 41.4%이다. 서비스업 46.0%에 비해 아주 큰 차이는 아니다. 즉, 제조업이 만들어 판 금액이나 서비스업이 제공한 서비스의 매출액이 큰 차이가 없다는 뜻이다. 하지만 차이는 작아도 인천의 가장 큰 산업은 서비스업이다.

■ 인천의 산업구조

(조원, %)

	산출액기준(2017년)				총부가가치기준(2018년)			
	당해년가격		기준년가격		당해년가격		기준년가격	
전산업	202.7	100.0	199.5	100.0	79.8	100.0	78.2	100.0
농림어업	0.5	0.3	0.5	0.2	0.3	0.3	0.3	0.3
광공업	84.3	41.6	83.5	41.9	22.1	27.7	21.4	27.3
제조업	84.0	41.4	83.3	41.7	22.0	27.6	21.3	27.2
전기, 가스, 증기업	11.5	5.7	12.2	6.1	2.6	3.3	3.9	5.0
건설업	13.2	6.5	12.8	6.4	4.9	6.2	4.4	5.6
서비스업	93.3	46.0	90.5	45.3	49.9	62.5	48.3	61.7
운수 및 창고업	24.2	12.0	23.9	12.0	8.3	10.4	9.2	11.8

한편, 인천의 제조업이 산출액 비중은 크면서도 부가가치 비중이 그리 크지 않다는 말은 그만큼 제조업 산출액에 들어가는 원재료인 중간투입이 차지하는 비중이 크다는 뜻이다. 따라서 인천의 제조업이 서비스업보다 생산성이 낮아 산출액에서 차지하는 부가가치도 작아진다는 것을 의미한다.

그래도 인천은 제조업 도시

다음의 표는 2018년 중 17개 광역시·도의 산업구조를 비교한 것이다. 전국의 제조업 평균 비중은 29.1%이다. 그동안 제조업 도시로 불려왔던 인천은 제조업 비중이 27.6%로, 전국 평균에도 미치지 못한다. 이에 비해 인천공항과 인천항을 기반으로 하는 운수업의 비중은 10.4%로 그야말로 인천이 독보적인 물류 중심도시임을 보여준다. 전국의 3.2%는 물론, 부산의 6.6%를 크게 앞질러 비교를 불허한다. 그런 점에서 인천은 가히 전국에서 가장 활발한 물류 중심도시라고 할 만하다. 전기·가스·증기사업의 경우도 수도권에 전력을 공급하는 발전소가 인천에 집중돼 있어 다른 광역시를 크게 앞서는 3.3%를 차지하고 있다. 이런 점을 종합하면 인천은 이미 제조업 중심의 공업도시라고 하기는 어렵다. 다만, 전형적 공업도시로서 제조업 비중이 61.6%를 차지하고 있는 울산광역시를 제외하면 인천의 제조업 비중이 그래도 광역시·도 중에서는 가장 높다. 광주시가 엇비슷한 비중을 보이고는 있지만, 인천의 인구나 제조업 생산 총량의 크기를 고려하면 인천 제조업의 중요성은 월등하다. 따라서 서울을 포함한 특·광역시를 중심으로 판단하면 어렵지 않게 '그래도 인천은 제조업 도시'라고 할 만하다.

■ 시·도별 산업구조 현황

(2018년 당해년가격, %)

	농림어업	광업	제조업	전기가스	건설업	서비스업	(운수업)
전국	2.0	0.2	29.1	1.4	5.9	61.5	3.2
서울	0.1	0.0	4.1	0.3	3.5	**92.0**	2.6
부산	0.5	0.0	17.6	1.5	6.5	**73.9**	6.6
대구	0.3	0.0	22.2	0.5	5.0	**71.9**	3.5
인천	**0.3**	**0.1**	**27.6**	**3.3**	**6.2**	62.5	**10.4**
광주	**0.4**	0.0	26.9	0.8	5.0	66.9	2.8
대전	0.1	0.0	16.6	0.8	4.1	**78.4**	2.6
울산	0.2	**0.2**	**61.6**	2.1	5.5	30.4	2.3
세종	**1.9**	**0.2**	22.1	1.3	**15.8**	58.8	1.0
경기	**0.8**	0.1	38.2	0.9	**6.9**	53.1	2.5
강원	**5.1**	**2.0**	10.4	2.1	**8.9**	71.5	3.5
충북	**3.2**	**0.4**	48.5	0.6	**7.1**	40.2	2.2
충남	**4.1**	0.1	54.9	3.5	5.7	31.8	2.0
전북	**8.0**	**0.3**	24.4	1.8	**7.5**	58.0	2.7
전남	**8.0**	**0.2**	36.3	3.4	**7.2**	44.8	3.8
경북	**5.6**	**0.2**	46.1	2.5	5.7	40.0	2.4
경남	**4.1**	0.1	38.4	2.2	**6.4**	48.8	2.6
제주	**10.2**	0.1	4.0	1.3	**10.7**	**73.7**	4.8

※ 굵은 글씨는 인천보다 산업별 비중이 높은 지역, 붉은 바탕색은 산업별 상위 5개 지역

농업 건설업 제조업 서비스업

산업구조가 중요한 이유

예를 들어보자. 똑같이 저축을 하더라도 수익률이 높은 예금 상품에 저축한 사람이 그렇지 않은 사람에 비해 수익률이 높다. 예금 수익률이 얼마나 높으며, 그 높은 수익률의 예금에 얼마나 투자하고 있느냐가 그 사람의 수익을 결정하는 것이다.

산업구조 역시 마찬가지이다. 상품과 서비스를 팔더라도 상대적으로 더 많이 버는, 즉 매출액 대비 부가가치비율이 높은 산업의 비중이 큰 지역이 그렇지 않은 지역에 비해 생산성이 높다. 즉, 산업구조를 보면 그 지역의 생산성을 판단할 수 있게 된다. 따라서 각 지역은 가능한 한 생산성이 높아지도록 산업구조를 구성하는 것이 바람직하다.

같은 산업이라고 하더라도 지역의 특성에 따라 생산성은 다르게 나타날 수도 있다. 예를 들어 같은 운송업이더라도 인천의 운송업은 다른 시·도의 운송업에 비해 생산성이 높다. 인천은 대규모의 물동량이 수반되는 수도권을 배후지역으로 하면서 항구와 공항을 동시에 갖고 있어 지리적·환경적으로 유리하기 때문이다. 즉 인천은 운송업 인프라가 훨씬 잘 갖추어져 있다는 말이다. 따라서 산업구조를 분석하고 판단해 정책을 선택하는 데 있어 산업구조 자체뿐만 아니라 각 지역이 처한 여건을 고려하는 것도 중요하다.

인천 산업구조 변화의 주요 특징

1) 제조업 비중이 계속 하락하고 있다

우리가 기억하는 인천은 분명 수도권을 대표하는 공업 중심의 제조업 도시다. 인천을 오래 연구해온 한 전문가는 인천의 특징을 근대도시, 산업도시, 주변도시라고 했다. 1960년대 이후 급격한 개발과정을 거치면서 인천은 말 그대로 수도권의 근대 산업도시로서 제조업 위주로 성장했다. 이에 따라 1988년에는 인천의 제조업 비중이 전 산업의 47.0%에 달하였고 전국 제조업 중 인천의 제조업이 차지하는 비중도 1991년에는 8.7%를 차지했다.[09]

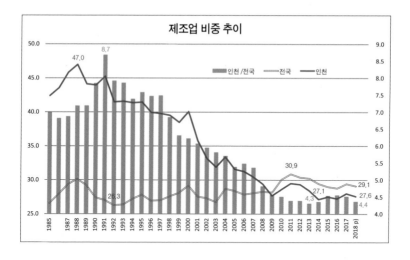

제조업 비중 추이

---

09 이후 산업구조를 설명하면서 나오는 산업비중은 당해년가격에 의한 총부가가치를 기준으로 한다.

인천의 제조업 비중은 2009년 27.1%까지 하락했다. 1988년 전 산업의 1/2 정도를 차지했던 인천의 제조업이 거의 1/4로 줄어든 것이다. 언제부터 제조업 비중이 하락했을까. 인천의 제조업이 전국의 제조업에서 차지하는 비중은 인천이 직할시로 승격한 1991년 이후 계속 줄어들어 2013년에는 4.3%까지 줄었다. 1991년의 절반에도 미치지 못하는 정도로 줄어들었다. 그동안 인천의 제조업을 이끌어 왔던 인천지역의 산업단지ᵃ는 영세화, 임차화, 노후화, 하도급화를 겪으며 쇠락해 온 것이 사실이다. 이 때문에 2009년부터 인천의 제조업 비중이 반등하고 있지만 여전히 전국의 제조업 평균 비중에도 미치지 못하고 있다. 2018년 역시 전국의 제조업 평균 비중은 29.1%인데, 인천의 제조업 비중이 27.6%에 그쳤다.

2) 경제가 '서비스화' 되고 있다

인천의 산업구조 변화를 가져온 큰 요인은 인천의 도시화, 그리고 산업 발전에 따른 경제의 '서비스화'다. 어느 도시나 인구밀집과 함께 대도시가 되면 도시 자체인구의 수요에 부응하기 위한 개인 및 사회서비스업, 부동산업 등 서비스업의 비중이 확대된다. 지방자치제 시행 이후로 확대된 보건, 사회복지 분야의 서비스 경제활동 증가도 한 몫 한다. 게다가 인천의 경우는 광역도시화와 함께 추진된 경제자유구역을 중심으로 한 대규모의 아파트단지 건설과 함께, 때마침 불어 닥친 해외 이전 열풍으로 산업단지 입주 기업의 상당수가

중국으로 옮기면서 제조업 비중이 줄어드는 동시에 서비스업 비중
은 크게 증가하게 됐다.

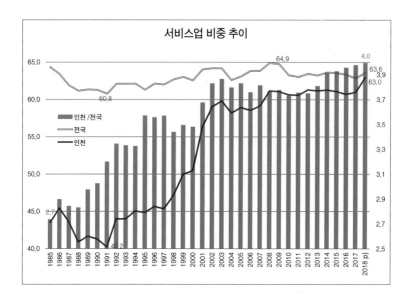

서비스업 비중 추이

위의 그래프에서 보듯이 전산업에서 제조업, 전기가스업, 건설업
을 제외한 서비스업이 인천의 전 산업에서 차지하는 비중은 1991년
인천이 직할시로 승격하던 당시만 해도 40.2% 수준에 불과했다. 그
러던 것이 2018년에는 63.0%로 상승하였다. 이에 따라 인천의 서비
스산업이 전국의 서비스산업에서 차지하는 비중도 1985년 2.7%에서
2018년에는 4.0%로 상승했다.

인천의 제조업 비중을 하락시키는 큰 요인중의 하나는 제조업 제
품의 서비스화 진행이다. 아날로그 기술을 바탕으로 하는 전통적 제

조 산업의 비중이 줄어드는 대신 디지털 요소를 많이 지닌 제조업의 비중이 커지고 있다는 점이다. 같은 제조업 제품이라고 하더라도 서비스 산업적 요소인 디자인, 설계, 인공지능 등의 첨단기술을 내재하는 제품의 비중이 크게 증가하면서 소위 '생산자 지원 서비스업'의 중요성이 커지고 있다. 과거에는 제조업을 영위하는 기업의 한 부서에 속했을 사업이 서비스 업체로 별도 분리되거나 외주화(outsourcing)돼 다른 서비스 업체와 협업 관계를 맺으면서 그만큼이 서비스업 증가로 나타나는 것이다. 제조업 비중이 축소할 수밖에 없다.

3) 인천공항 덕에 운수업 비중이 갑자기 커졌다

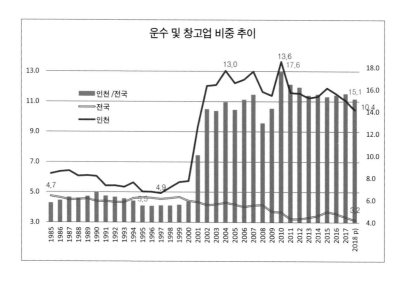

인천의 서비스업 비중 증가와 함께 제조업 비중의 감소를 가져온 또 하나의 큰 요인은 인천공항이다. 전국의 운수업은 전 산업의 4% 전후 수준에서 장기적으로는 비중이 감소하는 추세를 보이고 있다. 이에 비해 인천에 자리를 잡고 본 궤도에 오른 인천공항은 인천 전 산업에서의 운수업 비중을 1997년 4.9%에서 2004년 13.0%로 급격히 끌어 올린 후 2010년에는 13.6%까지 증가시켰다. 이와 함께 인천의 운수업이 전국 운수업에서 차지하는 비중 역시 과거 5% 안팎의 수준에서 2018년 현재는 15.1%에 이르고 있다. 2000년에서 2004년 사이 전 산업에서 운수업이 차지하는 비중의 급격한 증가는 그만큼 인천 제조업의 비중을 급격히 하락시키는 요인으로 작용했다.

4) 발전소 때문에 전기·가스·수도·증기업의 비중도 높다

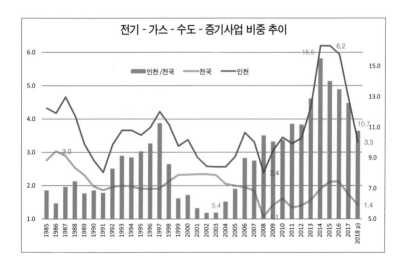

인천에는 수도권에 전기를 공급하기 위한 발전소가 많다. 국가기반시설로서 영흥, 인천, 서인천 발전본부가 있다. 아울러 민간의 일반전기판매시설로서 여러 발전소가 자리하고 있다. 이들 발전소를 포함한 전기·가스·수도 및 증기업이 인천의 전체 산업에서 차지하는 비중이 2008년 2.4%에서 2016년에는 6.2%에 달하고 있다. 인천의 전기·가스·수도 및 증기업이 전국의 전기·가스·수도 및 증기업에서 차지하는 비중도 2003년 5.4%에서 2014년에는 15.5%까지 상승하기도 했다. 물론, 발전부문의 산업 비중은 국제원유가격의 변동에도 크게 영향을 받는다. 전기요금은 변함이 없는데 원자재에 해당하는 국제원유가격이 크게 하락하면 매출액에서 차지하는 중간투입 비중이 감소해 부가가치의 비중이 크게 증가한다. 그렇기는 해도 하나의 산업으로서 전기·가스·수도·증기업이 인천에서 차지하는 비중은 평균적으로 대단히 큰 편이다.

산업구조 변화가 인천에 미치는 영향

인천의 산업구조 변화는 엄격히 말해 지역 스스로의 선택으로 지역 차원에서 특별히 의도된 것이라고 하기는 어렵다. 일관된 전략 목표 없이 중앙정부가 다양한 산업정책을 산발적으로 추진해 온 결과일 수 있다. 이러한 산업정책의 결과는 의도했든 그러지 않았든 인천 경제에 긍정적 측면 못지않게 많은 부정적 영향도 남기고 있다.

1) 수도권정비계획법 적용

1960년부터 1980년 초반에 이르는 우리나라의 개발시대를 지나면서 인천은 제조업의 급격한 성장을 보였다. 그 가운데 1982년 인구와 산업을 통한 경제력의 지나친 수도권 집중을 억제하기 위한 수도권정비계획법이 제정되었다.

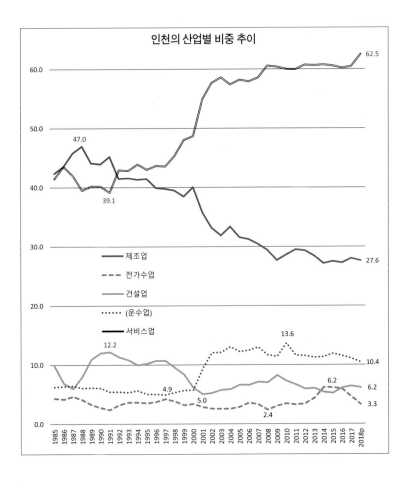

인천의 산업별 비중 추이

이후 중앙정부는 수도권으로의 인구와 산업의 집중을 억제하기 위해 다양한 형태의 산업공간 배치와 공업의 지방분산 정책을 추진하였다. 1990년대에 들어와서는 산업 및 기업의 입지수요에 부응하고 다양한 서비스를 갖춘 복합단지를 개발하면서 광주, 오송, 오창 등 수도권 외의 지역에 여러 형태의 중소규모 산업단지를 개발하는 데 치중하였다.

이에 따라 1990년 이후 인천의 제조업 비중은 감소를 지속해왔다. 수도권에 경제력이 집중된 것이 인천 때문이 아님에도 불구하고 인천이 수도권에 포함되어 있다는 지리적, 행정적 이유로 인천은 이후 동 법의 제약을 집중적으로 받아왔다. 그 결과 현재는 1인당 지표 등이 전국 평균 수준에도 미달하거나 심지어 전국에서 가장 낮은 수준임에도 불구하고 성장과 배분 면에서 다양한 규제를 받고 있는 것으로 나타나고 있다.

2) 경기변동성 증대 및 대응력 약화

인천의 제조업 비중 축소에 따라 제조업이 갖는 인천에서의 장점도 그만큼 축소됐다. 제조업은 다른 산업에 비해 경기 변동의 영향을 덜 받는다. 서비스업의 경우 경기가 나빠지면 수요가 급격히 위축될 수 있지만, 제조업의 경우 대부분은 크게 위축되지 않는 특징이 있다. 따라서 한 지역경제의 제조업 비중 축소와 서비스업 비중의 확대는 그만큼 경기대응력 약화를 가져온다. 즉 인천의 경기대응능력이 과거와 비교하면 현저하게 줄어들었다는 말이다. 앞에서도 일부 언급된 것처럼 인천은 하도급을 받아 반제품이나 중간제품을 대기업에 공급하는 경우가 많다. 아울러 인천은 운수업의 비중이 높다. 하도급을 받아 생산하는 제품은 원도급자가 경기를 나쁘게 전망하는 경우 주문이 줄어든다. 주문이 줄어들면 운송업의 일거리가 줄어든다. 이에 따라 인천은 실제 경기하강이 시작되기도 전에 타지역 원도급자의 경기하강 전망만으로도 경기가 훨씬 더 나빠진다. 이후 경기가 호전되더라도 원도급자가 보유하고 있는 재고가 소진돼야 주문을 하게 되므로 인천은 뒤늦게 경기가 상승하게 되고 경기 상승 기간도 짧아진다. 인천 경기를 요약하여 정리하면 경기하강기에는 전국에 선행하여 더 큰 폭으로 하강한다. 그러나 경기 상승기에는 전국에 후행하며 경기 상승 기간이 짧다. 이에 같이 경기변동이 심하기도 하지만, 예측하기도 어려운 특성이 있다.[10]

3) 지역경제의 양극화 심화

도시화가 진전되는 기간 중 부동산업이 활황을 보이면서, 산업단지공단 등의 제조업체가 떠난 자리에는 임차 형태의 영세 업체로 채워졌다. 겉으로 보기에 업체 수와 종업원 수는 크게 늘었지만, 업체는 영세 하도급화되고 종업원은 임시 또는 일용근로자로 지위가 하락했다. 경제의 양극화가 다른 시·도에 비해 빠르게 진전됐다. 당시

---

10 인천의 경기변동에 대하여는 뒤의 '제2편 제7장 알기 힘든 인천의 경기'에서 보다 자세히 다룬다.

추진되었던 경제자유구역의 개발은 구도심의 부유층과 핵심생산계층이 신도심으로 이동해 신·구도심 간 경제력 격차를 확대하는 요인으로 작용하기도 했다. 그 결과 업종 간, 업체 간, 종업원 간, 지역 간 경제력 격차는 인천시 전체의 경기대응력과 정책 추진력을 약화하는 원인이 되고 있다.

산업구조 변화에 따른 인천의 과제

근대도시, 산업도시, 주변도시라는 특성을 갖고 있는 인천의 산업구조 변화는 인천에 많은 과제를 던져주고 있다.

1) 산업구조 고도화와 재도약

130년 전 개항 이후 명실상부한 근대도시로 출범한 인천이 이제 주요산업의 탈인천화, 공단의 영세·임차·하청·노후 단지화, 주요 도심의 공동화 등의 문제를 안고 있다. 따라서 어떻게 산업구조를 고도화해 첨단제조업과 함께 생산자 지원서비스업의 국제적 기지로 재도약할 것인지를 고민해야 할 때가 됐다.

2) 첨단서비스 도시

60년대의 개발연대를 거치며 인천은 수도권의 생산기지이자 제조업 중심 산업도시로 발전을 거듭해왔다. 그러나 이제는 정체성 상실과 폐기·공해 산업으로 인한 비효율, 주민과의 갈등으로 겪는 고통이 작지 않다. 어떻게 고부가가치의 청정서비스 도시로서 국가의 인재를 양성하고, 노후를 보장하는 휴양도시로 발전해 나갈지도 풀어야 할 과제다.

3) 수도권 서부의 지역중심도시

부산, 대구 사람들 정도는 시골 사람쯤으로 여기면서도, 수도권은 고사하고 경기도의 중심이 되기도 어려웠던 주변부 도시 인천은 중앙정부의 서울 중심 발전 전략과 폐기물 이전 대상지로서의 인식으로 역차별도시의 상징이 됐다. 앞으로 그야말로 균형 잡힌 수도권의 성장발전을 위한 수도권정비계획법의 전면개정과 아울러 어떻게 수도권 서부지역의 중심도시로 커나갈 것인지도 역시 인천이 안고 있는 과제다.

인천산업의 여건과 성장전략

인천의 비효율적·비생산적 산업구조의 개편과 관련해 인천이 안고 있는 많은 문제 가운데 가장 큰 문제는 '인천의 꿈'이 없다는 데 있다. 인천은 무엇을 위해, 어디로, 어떻게 가기를 바라는지 본격적으로 논의한 적이 드물다. 이제는 우선, 모여서 희망을 말하고 꿈을 그려야 할 일이다. 정기적인 검토와 수정이 수반되겠지만 전략과 로드맵에 관한 공감대 형성을 위한 노력이 필요하다.

1) 경제의 서비스화를 고려한 제조자 지원서비스 확대

더욱 현실적인 문제로는 첫째, 앞으로도 경제의 서비스화는 계속 진전될 것이라는 점이다. 전통적인 아날로그 기반의 제조업 비중은 계속 줄어들게 된다는 뜻이다. 인간의 감성에 기반을 두면서 소비자가 더욱더 만족할만한 디자인을 갖추고, 지능을 대신하면서 소통이 가능한 디지털 S/W가 탑재되지 않는다면 같은 제조업 제품이라도 경쟁력을 갖기 어렵다. 이러한 제조자 또는 생산자 지원과 관련된 설계, 정보, 디자인 등 각종의 서비스업은 다른 서비스업과는 달리 제조업 제품에 대한 수요에 연동돼 있어 경기 변화의 충격에도 비교적 안정된 대응을 할 수 있다는 장점을 지닌다. 4차 산업화, ICT, AI, 블록체인 등의 새로운 영역이 이에 해당한다. 따라서 인천의 산업이 제조업의 위축을 감수할 수밖에 없다면 첨단지식과 정보에 기반을 둔 기술제품, 제약 등 첨단제조업과 함께 제조자 지원 서비스업의 확대에 초점을 두는 것이 바람직하다고 하겠다.

2) 저출산 지속에 대응한 노동생산성 증대

두 번째로는 저출산을 문제점으로 들지 않을 수 없다. 저출산 현상이 계속돼 핵심생산가능인구가 계속 감소하면 가용노동력의 부족은 더욱 커지게 된다. 다른 한편으로는 근로자와 가족의 노령화가 단위당 노동비용의 상승을 부추기는 요인이 돼 노동생산성의 저하가 가속화된다. 여기에 대한 근본적 대책은 노동생산성을 높이기 위한 교육과 장비, 시설을 개선하는 것이다. 즉 인천은 산업생산의 유지를 위해서라도 생산성 향상을 위한 산업설비 투자를 확대하고, 노동생산성 향상을 목표로 하는 고급인재 양성도시로 거듭나지 않으면 안 된다는 말이다. 나아가 '수도권 산업 인재의 산실' 그 자체가 인천의 주요한 산업 전략이 될 수 있다. 아울러 노동 장비율을 높이기 위해서는 시설투자뿐 아니라 지식재산 생산물에 대한 투자가 뒷받침돼야 한다. 이를 산업화하는 노력과 동시에 인천 기업들의 투자를 유인하는 전략이 수반돼야 할 사항이다.

3) 노령화에 대비한 노령인구 지지산업 육성

셋째, 저출산과 아울러 제기되는 것이 노령화 문제이다. 인천 인구가 노령화됨과 동시에 외부 노령인구가 인천으로 유입되면서 인천의 사회적 비용 증가를 수반하게 된다. 그러나 경제적 기반을 갖춘 안정적 소비계층으로서의 노령인구를 부양할 중심도시가 없다는 점을 고려할 필요가 있다. 인천은 2,500만 인구의 노후 휴양도시로서 노령인구 지지산업의 전진기지로 성장할 가능성을 갖고 있다는 말이다.

4) 신·구도심 간 경제력 격차의 해소

넷째, 국민의 생활이나 문화 수준의 정도를 나타내는 국민의 민도가 높아지면서 경제의 민주화 요구는 계속 제기될 문제다.

아래의 표는 2016년 당해년가격 기준으로 본 인천의 군·구별 총부가가치 비중의 분포를 보여준다. 중구, 연수구 및 서구의 경제자유구역과 중구 및 남동구의 5개 도심지역에 경제력이 집중되어 있는 한편 산업 면에서도 제조업, 전기가스업, 운수업을 포함한 서비업이 특정 군·구에 집중되어 있음을 볼 수 있다.

■ 군·구별 산업별 총부가가치 비중

(2016년 당해년가격, %)

	전산업	농림어업	광업	제조업	전기가스	건설업	서비스업	(운수업)
인 천	100.0	0.3	0.1	27.6	7.7	5.9	58.3	12.8
중 구	16.8	0.0	0.1	1.1	0.2	1.4	14.1	10.1
동 구	3.5	0.0	0.0	2.3	0.0	0.0	1.2	0.2
남 구	7.2	0.0	0.0	1.6	0.0	0.4	5.2	0.4
연수구	10.8	0.0	0.0	1.9	0.1	1.4	7.5	0.4
남동구	19.1	0.0	0.0	8.2	0.2	0.6	10.1	0.3
부평구	11.7	0.0	0.0	3.5	0.1	0.2	7.9	0.3
계양구	4.8	0.0	0.0	1.1	0.0	0.1	3.5	0.3
서 구	24.1	0.0	0.0	7.8	6.9	1.6	7.7	0.9
강화군	1.3	0.2	0.0	0.2	0.0	0.1	0.8	0.0
옹진군	0.5	0.1	0.0	0.0	0.0	0.1	0.3	0.0

지역경제 차원에서 보는 경제민주화 요구의 요지는 개인 간, 지역 간 경제력 격차의 해소다. 인천의 경우 시 내의 군·구간 경제력 격차는 단순하게 구도심과 신도심 간의 격차로 볼 수 있지만, 그 근저에는 인구이동의 결과로 군·구간 경제력 격차가 벌어지면서 사회

적 비용분담이 불평등하다는 인식이 깔려있다. 다행인 것은 상대적으로 열위에 있는 군·구가 지역적으로 물류 산업의 배후지역에 해당해 향후 황해권 물류의 광역 허브로서 글로벌 물류 혁신도시의 건설이 본격 추진되는 경우 이들 군·구가 주요 수혜지역으로 부상할 수 있다는 점이다. 신·구도심 간의 경제력 격차 해소를 위해 인구정책뿐만 아니라 군·구별 산업 정책을 모색하고 실행해야 하는 이유다.[b]

인천의 산업구조 개선을 위한 고려 기준

성장전략의 추진을 위해 산업구조를 개선하고자 하는 때에는 어느 산업을 선택하여 어떻게 개선해야 할지 선택기준을 먼저 정해야 한다.

가장 먼저 고려할 수 있는 선택기준은 산업별 부가가치이다. 부가가치가 높은 산업은 같은 금액의 매출을 올렸을 때 상대적으로 원가투입 비중이 작아 매출액 대비 부가가치비율이 높은 산업을 말한다. 산출액 대비 부가가치로 평가한 산업별 생산성이다. 일반적으로 제조업 생산에는 서비스업에 비해 많은 생산설비가 필요하다. 생산설비는 시간이 지나면서 가치가 하락해 고정자본소모가 발생한다. 이에 따라 제조업은 서비스업보다 부가가치율이 낮다. 하지만 대량생산의 가능성은 서비스업보다는 제조업이 높다. 산업생산의 안정성도 서비스업보다는 제조업이 월등히 높다. 부가가치율이 낮은 데도 제조업을 선택하는 이유다.

■ 주요 시·도의 부가가치율 및 요소소득비율(2017년)

최고 최저

	산출액 대비 부가가치 비율						산출액 대비 지역내요소소득 비율					
	전국	서울	부산	대구	인천	경기	전국	서울	부산	대구	인천	경기
전산업	41.6	49.7	43.8	45.3	39.4	42.2	32.7	41.1	35.2	36.9	30.0	32.9
농림어업	55.1	42.2	42.5	52.9	50.1	52.1	48.2	36.9	37.3	48.7	46.9	47.8
광업	48.9	50.9	53.6	51.4	52.0	51.4	41.0	30.7	46.2	43.4	44.4	43.6
제조업	28.0	24.6	26.5	28.6	26.6	32.0	20.5	19.6	20.2	22.4	20.0	23.0
음식료품담배	18.5	17.4	17.5	18.1	16.9	17.8	14.5	12.3	13.5	14.0	13.3	13.7
섬유의복가죽제품	21.5	17.9	21.5	26.9	21.1	24.0	18.1	14.9	18.2	22.8	17.8	20.3
목재종이인쇄복제	30.0	36.7	30.5	30.6	27.2	30.2	27.1	33.3	27.6	27.6	24.7	27.2
석탄석유화학제품	24.8	29.5	28.9	30.7	23.7	30.7	18.9	19.0	20.8	22.1	18.2	23.3
비금속광물금속제품	27.1	32.7	27.2	32.5	26.8	30.3	21.6	27.6	21.9	28.2	21.2	25.1
전기전자정밀기기	37.9	37.4	34.5	35.1	36.9	38.9	24.9	24.4	23.3	23.6	24.4	25.2
기계운송장비기타	24.7	30.2	26.2	25.5	25.4	25.8	17.9	26.7	19.5	19.0	19.2	19.9
전기가스증기업	32.6	21.6	38.3	37.6	32.0	30.8	17.0	9.9	19.3	15.8	16.8	16.3
건설업	38.9	38.6	38.7	38.7	38.7	38.6	36.9	36.5	36.6	36.7	36.7	36.5
도매 및 소매업	52.0	51.2	52.0	52.6	52.7	52.2	48.1	47.5	48.1	48.7	48.5	48.2
운수 및 창고업	39.1	41.8	31.7	45.9	36.4	42.1	24.5	27.4	19.0	29.8	20.1	26.8
숙박 및 음식점업	30.5	31.1	30.5	29.6	30.2	29.6	27.8	27.9	27.8	27.6	27.6	27.6
정보통신업	53.6	55.4	46.2	46.9	47.0	53.9	37.1	40.2	26.0	27.1	25.9	36.9
금융 및 보험업	57.3	57.6	56.1	56.1	57.4	58.1	51.7	51.9	50.8	50.9	52.1	52.5
부동산업	71.7	70.1	71.8	71.7	72.7	72.7	45.6	44.2	46.1	45.9	44.6	45.8
사업서비스업	54.6	48.1	60.5	59.2	61.5	57.5	49.0	43.6	55.3	53.3	55.4	51.2
공공국방사회행정	73.3	69.2	80.6	78.3	72.1	74.6	46.4	49.7	58.5	58.8	49.8	51.2
교육 서비스업	67.8	65.1	69.6	66.3	68.5	68.0	59.3	56.6	61.0	58.0	59.9	59.5
보건복지 서비스업	52.5	47.2	56.7	51.2	54.2	56.6	47.0	42.8	51.7	46.7	49.0	51.3
문화기타서비스업	45.7	46.3	45.4	44.8	44.4	46.3	35.5	37.0	35.8	35.4	34.9	35.1

다음은 산출액 대비 지역내요소소득의 비율이다. 산출액에서 중간투입을 제외한 지역 내 총부가가치는 고정자본소모, 요소소득 및 기타 생산세로 구성돼 있다. 고정자본소모와 기타 생산세는 인위적으로 변경할 수 없다. 산출액이 같다면 당연히 인건비와 영업이윤으로 구성돼 있는 요소소득이 커져야 부가가치가 커진다. 따라서 지역 내 총부가가치의 확대를 위해서는 산출액대비 요소소득의 비율이 높은 산업을 선택하는 것이 바람직하다. 지역내요소소득비율로 산업별 생산성을 평가해 선택기준을 정하는 셈이다.

앞의 표 왼쪽 부분은 산출액 대비 부가가치비율, 즉 부가가치율을 산업별 및 업종별로 보여준다. 오른쪽은 산출액 대비 요소소득비율을 보여주고 있다.

부가가치율을 기준으로 인천의 산업별 생산성을 주요 경쟁시·도와 비교해 보면 인천 제조업의 생산성은 대부분 업종에서 전국 평균보다 떨어진다. 주요 시·도와 비교하면 가장 낮은 수준이다. 요소소득 비율을 기준으로 비교하더라도 결과는 마찬가지이다. 이에 비해 일반의 예상과는 달리 인천의 건설업, 도소매업 및 사업서비스업의 경우 부가가치 기준이나 요소소득 기준으로도 주요 시·도에 비해 가장 높은 생산성을 보여주고 있다. 투입재원의 제약을 고려하면 부가가치율이 높은 서비스업에의 과감한 투자를 통한 지역의 산업 생산성을 높여 나가는 전략을 택할 여지가 있음을 보여주고 있다.

부가가치율은 높은데 요소소득비율이 상대적으로 낮은 산업은 소위 대규모 장치산업에 해당한다. 예를 들어 발전소가 포함된 전기·가스·수도·증기업의 경우 인천의 부가가치율은 2017년 당해년 가격 기준으로 32.0%이지만 요소소득비율은 16.8%에 불과하다. 대규모의 산업설비를 사용하고 있어 부가가치 중 고정자본소모의 비중이 커 상대적으로 요소소득의 비중이 작아지기 때문이다.

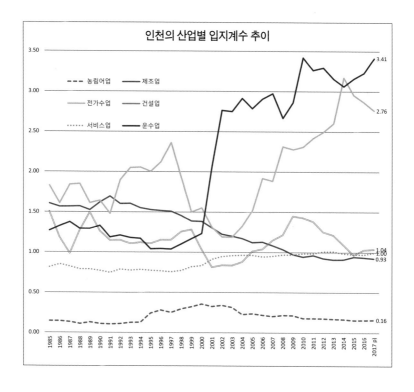

이와 함께 산업구조 개선 시 고려해야 할 주요한 기준이 산업별 입지계수[11]다. 산업별 입지계수는 한 지역이 특정산업에 얼마나 특화

11　산업별 입지계수는 어느 지역의 특정 산업 비중이 전국의 그 산업 비중의 몇 배인지

돼 있는지를 보여준다. 인천이 산업별 균형성장 전략을 취해 왔다면 입지계수는 산업별로 큰 차이를 보이지 않아야 한다. 앞의 그래프는 부가가치 비중을 기준으로 한 인천의 산업별 입지계수 추이를 보여 주고 있다. 2000년대 이후 산업별 입지계수가 서로 크게 벌어져 차이가 확대된 것은 그만큼 특정 산업 위주의 인위적인 불균형 성장전략을 추진하여 왔음을 나타내 주는 한편 산업별로 인프라 격차도 크게 벌어져 있음을 보여주고 있다.

예로 다음의 표에서 보면 인천의 운수창고업은 공항과 항만이 위치한 인천의 지리적 이점으로 인해 부가가치 비중이 전 산업의 11.1%를 차지하고 있다. 이와 함께 입지계수가 전국의 3.29배에 달하고 있다. 그만큼 인천의 운수창고업은 단위 산업으로서 인천에서의 중요성이 높을 뿐 아니라 산업적 인프라가 잘 갖춰져 있다는 뜻이다. 반대로 4차 산업시대에 정보통신업의 중요성이 강조되고 있음에도 불구하고 인천에서의 정보통신업 비중은 1.7%에 불과하다. 입지계수도 0.37에 불과한 실정이다. 주요 시·도 중 최하위일 뿐 아니라 동 산업이 밀집돼있는 서울의 13% 수준에 불과한 것으로 나타나고 있다.

를 나타내는 지수이다. 예를 들어 제조업이 인천의 총부가가치 생산에서 차지하는 비중이 29.24%인데 비해 전국에서는 제조업의 총부가가치 비중이 31.55%라면 인천 제조업의 산업별 입지계수는 29.24/31.55인 0.93배이다. 즉 인천의 산업별 입지계수가 1보다 크다면 그 산업은 인천에서의 부가가치 생산 비중이 다른 지역에서의 부가가치 생산 비중보다 크다는 것을 의미하여 다른 지역에서보다 인천지역에서 부가가치 생산 면에서 경쟁력을 갖는다는 것을 의미한다.

■ 주요 시·도별 산업구조 및 입지계수

최고   최저

	총부가가치 비중(산업구조)						입지계수					
	전국	서울	부산	대구	인천	경기	전국	서울	부산	대구	인천	경기
전산업	100.0	100.0	100.0	100.0	100.0	100.0	1.00	1.00	1.00	1.00	1.00	1.00
농림어업	2.0	0.1	0.6	0.3	0.3	0.8	1.00	0.05	0.31	0.17	0.16	0.40
광업	0.2	0.0	0.0	0.0	0.2	0.1	1.00	0.01	0.20	0.03	1.13	0.55
제조업	29.4	4.4	18.2	22.2	28.0	38.4	1.00	0.15	0.62	0.76	0.95	1.30
음식료품담배	1.3	0.1	0.8	0.8	1.3	1.2	1.00	0.08	0.62	0.64	1.02	0.93
섬유의복가죽제품	1.0	1.8	1.4	2.7	0.4	0.8	1.00	1.84	1.50	2.78	0.40	0.84
목재종이인쇄복제	0.8	0.5	0.4	1.2	1.1	1.2	1.00	0.63	0.52	1.45	1.40	1.45
석탄석유화학제품	5.4	0.2	2.0	2.0	4.8	4.3	1.00	0.04	0.36	0.37	0.89	0.79
비금속광물금속제품	4.7	0.2	4.8	5.4	5.7	4.3	1.00	0.05	1.02	1.14	1.21	0.91
전기전자정밀기기	9.8	1.0	2.2	3.5	6.4	19.5	1.00	0.10	0.22	0.35	0.65	1.98
기계운송장비기타	6.3	0.5	6.6	6.7	8.2	7.1	1.00	0.08	1.04	1.05	1.29	1.12
전기가스증기업	1.7	0.4	1.7	0.6	4.6	1.1	1.00	0.25	0.96	0.36	2.65	0.63
건설업	6.0	3.4	6.3	5.4	6.4	6.9	1.00	0.57	1.06	0.90	1.07	1.16
도매 및 소매업	8.0	16.4	10.2	9.4	7.1	6.4	1.00	2.04	1.27	1.17	0.88	0.79
운수 및 창고업	3.4	2.7	6.9	3.6	11.1	2.7	1.00	0.82	2.06	1.07	3.29	0.79
숙박 및 음식점업	2.5	3.0	3.4	3.0	2.5	2.1	1.00	1.23	1.38	1.21	1.00	0.84
정보통신업	4.7	12.8	2.3	2.4	1.7	3.9	1.00	2.73	0.48	0.52	0.37	0.84
금융 및 보험업	5.8	12.0	7.0	7.2	4.2	3.7	1.00	2.09	1.22	1.25	0.73	0.64
부동산업	7.9	11.7	10.4	11.1	8.2	7.8	1.00	1.48	1.31	1.41	1.03	0.99
사업서비스업	9.4	15.7	8.7	7.5	6.8	10.6	1.00	1.68	0.93	0.80	0.73	1.14
공공국방사회행정	6.4	4.3	6.5	8.0	6.1	4.5	1.00	0.67	1.01	1.24	0.95	0.69
교육 서비스업	5.2	5.1	6.7	8.2	5.1	4.4	1.00	0.97	1.29	1.57	0.97	0.84
보건복지 서비스업	4.5	4.7	7.5	7.2	4.6	3.8	1.00	1.05	1.67	1.60	1.02	0.85
문화기타서비스업	3.0	3.3	3.5	3.8	3.2	2.8	1.00	1.11	1.17	1.29	1.08	0.95

단계적 산업구조 개선방안

1) 단기적 방안

산업별 부가가치나 요소소득 또는 입지계수 등을 종합적으로 감안하면 단기적으로는 비교적 입지여건이 좋은 산업에 성장여력을 집중하는 것이 유리한 것으로 볼 수 있다. 즉, 공항과 항만, 도로망을 활용한 운수업을 비롯하여 물류산업의 활성화에 치중하는 한편 전기, 가스, 증기 및 수도업종의 관련 산업에도 기회가 있어 보인다. 다만 업종별 입지계수의 추이에서 보듯이 뚜렷한 하락세를 보이고 있는 제조업과 농림어업에서는 보다 신중한 접근이 필요하다 할 것이다.

2) 중기적 방안

인천은 운수업과 전기·가스·수도업의 비중이 매우 커 계수 상으로 돋보이지 않지만, 입지계수가 0.9를 웃도는 업종이라면 긴 안목에서 육성해볼 만하다.

대표적인 사례 중의 하나가 도소매, 음식 및 숙박업과 문화 및 기타서비스업이다. MICE산업의 육성과 연관 지어 생각해보면 이들에 대한 육성의 필요가 클 뿐 아니라 인근 시·도에 비해 뒤질 이유가 크지 않은데도 입지계수가 뒤처져 있어 오히려 성장의 가능성이 보인다. 그러한 차원에서 보건 및 사회복지 서비스업은 노령인구 지지산업과 관련하여, 교육서비스업의 경우는 산업인재의 양성에 연관 지어 업종별 산업 전략을 수립할 필요가 있다.

3) 장기적 방안

하지만 장기적인 관점에서는 인천의 새로운 성장동력 산업을 전략적으로 발굴한다면 오히려 입지계수가 낮은 금융 및 보험업이나 출판·영상·방송·통신 및 정보서비스 업종 등을 블루오션으로 적극적으로 개발하는 방안도 검토할 수 있겠다.

a 인천의 산업단지 현황과 과제

• 업체와 고용비중은 높지만 생산성은 떨어져

인천 제조 산업의 성장성과 생산성을 파악하는 데 중요한 가늠자의 하나가 산업단지다. 아래 표에서 보듯이 인천에는 15개의 산업단지가 있다. 인천은 전통적으로 대규모의 산업단지가 밀집되어 있는 지역으로 생각하지만 실제로는 전국 산업단지의 1.2%가 인천에 있는 셈이다. 산업단지 지정면적으로도 전국의 1.5%에 불과하다. 이에 비해 고용은 전국 산단의 7.6%를 차지하여 상대적으로 높은 고용수준을 유지하고 있다. 이에 비해 생산액은 비중은 4.7%에 불과하다. 그만큼 노동생산성이 떨어짐을 보여주고 있다. 더군다나 지역 내에 대규모의 공항과 항만이 있으면서도 수출액 비중은 2.2%에 불과하다. 인천의 산업단지가 중간제품 위주의 하도급 방식의 생산에 의존하고 있음을 상징적으로 보여주고 있다.

■ 전국 및 인천의 산업단지 현황(2019. 1/4)

(개, 백만㎡, 천명, 10억원, 백만달러)

구분		단지	지정면적	입주업체	고용	생산	수출
전국	국가	44	787.03	54,543	1,097	130,688	43,845
	일반	664	546.27	39,266	968	96,096	38,361
	도시첨단	27	7.34	628	10	366	119
	농공	471	76.75	7,413	148	14,694	3,128
	계(A)	1,206	1,417.39	101,850	2,224	241,845	85,452
인천	국가	2	11.36	8,985	130	8,949	1,540
	일반	11	8.63	2,279	39	2,432	356
	도시첨단	2	1.40	24	-	-	-
	계(B)	15	21.40	11,288	169	11,381	1,896
B/A(%)		1.2	1.5	11.1	7.6	4.7	2.2

■ 산단의 지역내 제조업 비중

(%)

	전국	인천
업체수 비중	18.7	39.4
고용 비중	47.8	54.6
생산액 비중	65.6	52.5
수출 비중	74.2	25.8

산업단지가 지역 내 제조업에서 차지하는 비중을 보면 인천은 산업단지 내에 상대적으로 많은 업체가 밀집되어 많은 인원을 고용하고 있지만, 생산이나 수출 면에서는 높은 비중을 차지하지 못하고 있는 것으로 나타나고 있다. 위의 표에서 보듯이 2016년 현재 인천 제조업체의 40% 정도가 산업단지에 입주하여 인천 제조업 인구의 55% 정도를 고용하고 있는 데 비해 전국적으로는 제조업 업체의 18.7%가 산업단지에 입주해 48% 정도의 인원을 고용하고 있다. 즉 인천은 상대적으로 많은 업체가 산업단지에 입주해 있지만, 업체당 고용은 전국에 비해 크게 떨어지고 있음을 보여주고 있다. 생산액이나 수출액 역시 인천은 전국보다 상대적으로 많은 업체가 입주해 있으나 생산액, 특히 수출액 비중이 전국에 비해 크게 낮아 생산성이 낮은 한편, 지역 내에 항구나 공항을 두고도 생산 물품을 국내의 다른 지역에 납품하는 하도급 위주의 생산구조를 그대로 보여주고 있다.

· 인천 산업단지의 문제점

1) 심각한 노후화

■ 주요 산업단지 설립년도

( )내 년도

	국가산업단지	일반산업단지
1960	부평주안('65)	인천기계('69)
1970		인천일반('70)
1980	남동('85)	인천서부('84)
1990 이후		강화하점('92),
		청라1지구('97),
		송도지식('00),
		검단일반('06)

이러한 인천 산업단지를 국내 타 시·도와 비교하여 특징을 찾아본다면 첫째, 노후화를 들 수 있다. 부평, 주안의 국가산단은 이미 50년 전에 설립됐다. 남동공단도 설립된지 30년을 넘어서고 있다. 그동안 산업단지의 구조고도화 노력이 없었던 것은 아니다. 2009년 남동공단이 구조고도화 시범단지로 지정되면서 일부 변화가 있었다. 하지만 근로자의 삶의 질 향상을 위한 근로자회관, 주차장, 주유소 건설 및 일부 도로정비 정도에 그치는 수준이었다. 이후 2014년에 이어 2015년 주안, 부평, 남동공단의 구조고도화를 위해 많은 계획이 추진되고 있으나 아직은 입안단계에 불과하다. 이에 따라 그동안 산업단지 근로자의 자가용 출퇴근 등 근로 생활 방식의 변경, 대형 트레일러 수송 등 물류 방식의 변경 등에 대처하지 못한 채 노후화하여 생산의 차질을 초래하는 요인이 되고 있다.

2) 소규모 영세화

두 번째의 특징은 산업단지 입주업체의 소규모 영세화를 들 수 있다. 2019년 2/4분기 현재 인천의 산업단지에 입주해 있는 가동업체 수는 경기에 이어 2위를 차지하면서도 업체당 고용인원은 15.4명으로 전국 평균 23.2명보다도 훨씬 낮은 고용수준을 보이고 있다. 이러한 이유는 수도권정비법에 따른 규제를 피하기 위한 공장 이전이나 1990-2000년대 부동산 개발시대를 거치며 인천 내 산업단지의 대규모 제조업체가 부동산 차익을 거두며 인천을 떠난 데에도 큰 원인이 있다. 이들이 다른 지방이나 중국으로 향하면서 그 자리에 다수의 소규모 임차업체가 입주하면서 산업단지 입주업체의 소규모 영세화를 가속화하였다.

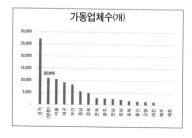
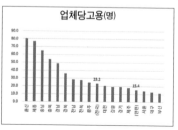

이에 따라 임차업체 비중은 2003년 카드 사태에 따른 불황을 겪으면서 잠시 주춤하기는 했다. 그러나 이후 부동산 붐과 넓은 토지를 보유하고 있던 대규모 제조업체의 지속적인 이탈과 그 자리를 메운 임차업체 수의 비중이 급격히 증가해, 최근 임차업체 수는 산업단지 입주업체의 70% 수준에 이르고 있다. 이에 따라 인천의 산업단지 내 입주업체당 관리면적은 산업단지가 고층건물로 구성된 서울지역을 제외하고는 전국 시·도 중 인천이 가장 작은 것으로 나타나고 있다.

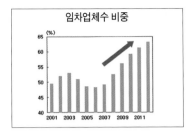

임차업체수 비중

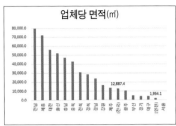

업체당 면적(㎡)

3) 하도급화

세 번째 큰 특징은 소규모 영세화 및 임차 업체화와 맥을 같이하는 것으로서 인천의 산업단지 입주업체의 국내 하도급화를 들 수 있다. 인천 지역 내 항구와 항만이 있다면 당연히 지역 내 산업단지 생산물품의 수출로 이어져야 할 것이나 소규모 영세화에 따라 자력으로 수출하기보다는 다른 지역에서의 조립과 임가공을 통해 수출이 이뤄지고 있는 것으로 나타나고 있다. 이에 따라 인천 산업단지 입주업체의 종업원 1인당 생산이나 업체당 수출비중이 크게 떨어져 전국 최하위 수준을 면치 못하고 있다.

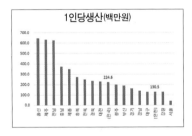

1인당생산(백만원)

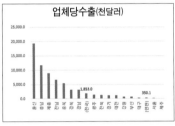

업체당수출(천달러)

• 산업단지의 낙후로 지역경제에도 악영향

결국, 인천 제조업의 퇴조는 인천 산업단지의 후진적 운영구조의 영향도 크다. 거시경제정책적인 면에서 볼 때 인천 산업단지의 노후화, 입주업체의 영세 소규모화와 하도급화는 지역 내 제조업 낙후에 그치는 것이 아니라 지역경제의 변동성과 불안정성을 확대한다. 또한, 경제위기 등 경기변동에 대응한 지역경제의 대처를 어렵게 해 지역경제 자체의 불가측성을 높이는 요인이 되기도 한다.

또한, 인천 제조업체의 임차화, 소형화, 영세화는 제조업 생산의 역외의존을 심화시킨다. 같은 물건을 만들어도 원자재를 지역에서 조달해야 부가가치가 지역에 귀속된다. 그러나 업체의 소규모 영세화로 지역 내 생산이 어려워 외부지역에서 이입(移入)에 의존하거나 해외로부터의 수입에 의존하게 된다. 이러한 경향은 시간이 지남에 따라 더욱 악화되어 인천의 제조업 기반을 와해시키게 된다.

따라서 지역경제의 안정과 지속성장의 기반마련을 위해서도 첨단 수출산업단지로의 탈바꿈을 위한 산업단지 운영의 구조고도화가 필요하다. 물론 여기에는 수도권정비계획법의 전면적인 개정과 함께 인천산업단지의 현대화를 위한 관리주체의 정비, 산업단지공단의 거버넌스 체계에 대한 혁신적인 변화도 수반돼야 한다.

b 신·구도심 간 불균형 시정을 위한 군·구별 산업정책의 필요성

국가의 정책은 각 시·도를 대상으로 중앙정부에 의해 주도된다. 시·도간에는 우열이 발생한다. 이에 따라 중앙정부의 정책에 대하여는 늘 시·도간 균형적 발전을 위해 힘써달라는 목소리가 높다. 지역의 산업정책은 시·도 지방정부에 의해 주도되는 것이 보통이다. 시·도 안에서도 잘 사는 지역과 상대적으로 못 사는 지역이 생긴다. 인천에서도 신·구도심간 격차 해소에 대한 목소리가 높다. 시 당국도 이를 고려해 지역 간 균형성장을 위한 여러 정책적 노력을 기울이고는 있다.

아래의 표는 2010년부터 2016년까지 6년간 인천 각 군·구의 산업별 비중이 얼마나 늘고 줄었는지를 보여준다. 2010년부터 2016년 사이의 증감을 따로 떼어 보는 특별한 이유는 없다. 최근 통계청의 기준년 개편에 따라 새로운 통계 기준으로 과거 시계열을 연장해 볼 수 있는 최대의 기간이 2010년부터 2016년이라는 단순한 이유뿐이다. 우연이지만 이 기간 중에도 신도시 구도심 간 격차는 여전히 크게 진행되고 있다는 것을 볼 수 있다. 2010년부터 2016년 사이 6년 동안 연수구와 서구는 부가가치 비중은 각각 3.9%p와 5.9%p 증가했다. 옹진군은 보합세를 보였지만 나머지 7개 군·구는 6년 동안 거의 10%p의 부가가치 비중 감소를 보인 것이다. 경제자유구역이 포함돼 있는 지역으로서 연수구와 서구가 집중적으로 개발됐음을 보여주는 단적인 예로, 군·구별 격차가 확대되고 있는 이유를 알 수 있다.

■ 인천의 군·구별 총부가가치 비중 변화(2010년 대비 2016년)

(%, %p)

	인천	중	동	남	연수	남동	부평	계양	서	강화	옹진
2010년(A)	100.0	17.5	3.8	8.7	6.9	22.2	14.3	5.4	18.2	2.5	0.5
2016년(B)	100.0	16.8	3.5	7.2	10.8	19.1	11.7	4.8	24.1	1.3	0.5
B-A	0.0	-0.7	-0.2	-1.5	3.9	-3.0	-2.6	-0.6	5.9	-1.2	0.1

신도시와 구도심 간 성장 격차를 산업별 부가가치 비중 변화로 보면 격차의 원인과 시정을 해야 할 필요성이 눈에 띈다. 연수구의 경우 대부분 산업비중이 증가했다. 의약품과 제조업을 비롯해 대규모 상권 형성에 따른 서비스업 비중이 두드러졌기 때문이다. 인천 전체의 부가가치에서 연수구의 제조업이 차지하는 비중은 2010년부터 2016년 사이 1.48%p가 높아졌고 도소매업은 1.0%p가 높아졌다.

서구는 발전부문을 중심으로 전기가스수도업의 비중이 무려 5.62%p가 높아졌다. 인천의 총부가가치의 1/20이 발전부문의 확장으로 서구의 부가가치 비중이 크게 증가하였다는 말이다. 이에 반해 그동안 제조업을 중심으로 인천의 성장을 이끌어 왔던 남동, 부평, 계양구뿐만 아니라 중구, 미추홀구 등은 제조업 비중이 하락하면서 부가가치 비중이 떨어졌다.

■ 인천 각 군·구별 산업구조 변화(2010년 대비 2016년)

(%p)

	인천	중	동	남	연수	남동	부평	계양	서	강화	옹진
농림어업	-0.11	0.02	-0.01	-0.00	-0.02	-0.04	-0.05	-0.04	0.01	-0.07	0.08
광업	-0.07	-0.05	0.00	0.00	0.00	-0.02	0.00	0.00	-0.01	0.01	0.00
제조업	-1.45	-0.44	0.43	-0.23	1.48	-1.66	-1.35	-0.11	-0.44	-0.02	-0.00
전기,가스,수도사업	3.76	-0.75	0.04	0.01	-1.37	0.20	0.14	-0.05	5.62	0.00	-0.06
건설업	-1.39	1.11	-0.23	-0.35	0.32	-1.55	-0.95	-0.36	0.53	0.00	0.08
도매및소매업	-0.01	-0.15	-0.14	-0.23	1.00	-0.26	-0.25	-0.03	0.06	-0.01	0.00
운수업	-0.43	0.09	-0.09	-0.23	0.12	-0.09	0.13	0.03	-0.23	-0.14	0.00
숙박및음식점업	0.14	0.01	-0.01	-0.03	0.11	0.05	-0.03	-0.03	0.07	-0.01	0.01
방송통신정보서비스업	-0.24	-0.01	-0.02	-0.01	-0.06	0.07	-0.33	0.07	0.07	-0.01	-0.01
금융및보험업	-1.01	0.19	0.03	-0.33	0.09	0.39	-0.08	-0.01	-0.17	-0.97	-0.14
부동산업및임대업	-0.34	-0.31	-0.03	-0.06	0.07	-0.25	-0.16	-0.12	0.56	-0.03	-0.00
사업서비스업	0.59	-0.10	-0.05	-0.25	1.50	-0.16	-0.18	-0.16	-0.01	-0.00	-0.00
공공,행정,국방사회보장	0.45	-0.39	-0.16	0.05	0.19	0.85	0.71	-0.05	-0.92	0.07	0.10
교육서비스업	-0.36	-0.03	-0.00	-0.07	0.17	-0.04	-0.42	-0.07	0.08	0.01	0.00
보건사회복지서비스업	0.67	-0.40	0.09	0.29	-0.13	-0.15	0.28	0.25	0.38	0.04	0.01
문화및기타서비스업	-0.20	0.10	-0.05	-0.08	0.13	-0.10	-0.06	-0.04	-0.10	-0.00	0.00
총부가가치	0.00	-0.71	-0.23	-1.52	3.95	-3.02	-2.61	-0.65	5.87	-1.17	0.08

건설업의 경우는 인천의 산업비중이 1.39%p가 감소하는 가운데 경제자유구역을 포함하고 있는 중구, 서구, 연구수의 건설업 비중은 증가한 한편 동구, 미추홀구, 남동구, 부평구, 서구 등은 건설 부문이 취약해지면서 건설업 비중이 하락하였다. 결과적으로 건설업 비중의 변화도 신도시와 구도심 간 격차를 확대하는 요인으로 작용했다.

대체로 신도시와 구도심 간 격차 해소를 위한 도시균형발전방안은 주로 도로, 공공건물 등 사회간접자본 위주의 시설물 분산 배치에 치중한다. 그러나 군·구별 생산성 격차는 인프라 격차에 그치는 것이 아니라 산업별 부가가치 비중의 격차로 나타난다.

물론 모든 군·구가 모든 산업에서 균형을 이뤄야 하는 것은 아니다. 시 전체의 부가가치를 확대하는 차원에서 지역별 산업배치가 중요하다. 하지만 적어도 군·구별로 인구에 비례해 각 군·구의 부가가치 비중이 균형을 이루어야 군·구 간 빈부격차가 해소된다. 따라서 시가 광역 차원의 균형 발전 방안을 마련하려면 군·구 간 경제력 격차를 낮추는 산업정책이 뒷받침돼야 한다.

제4장

인천이 번 돈, 누가 왜 가져가나
- 인천의 소득 및 분배구조

　　많은 이유가 있겠지만 어찌됐든 일을 하는 이유 중 하나는 돈을 벌기 위한 것이다. 그 돈은 쓰기 위해서 번다. 그런데 하나의 지역경제 전체로 보면 지역경제가 번 돈을 다 지역주민의 소비에 쓸 수 있는 것은 아니다. 세금을 내기도 하고, 사회보장분담금을 부담하기도 하며, 때로는 이웃을 위해 성금을 내기도 한다. 그런가 하면 지역경제는 지역에서 번 돈만 쓰는 것도 아니다. 아무 대가 없이 중앙정부에서 보조금을 받기도 하고 사회보장지원금을 받기도 하며 때로는 비영리기관의 후원을 받는다. 한마디로 지역경제가 버는 돈과 쓰는 돈은 다르다. 따라서 지역경제가 번 돈을 누가 가져가느냐 이전에 지역경제가 쓸 수 있는 돈이 무엇인지를 알아야 한다.

　　인천 지역경제는 과연 어떤 모습일까? 인천 지역경제가 번 돈이 인천 지역경제가 쓸 수 있는 돈보다 많을까, 아니면 쓸 수 있는 돈이 번 돈보다 많을까? 인천 지역경제가 번 돈과 쓸 수 있는 돈의 구조, 즉 인천의 소득구조를 알아보고자 하는 것이 이번 장의 목적이다.

지금까지 인천은 얼마나 만들어 팔았는지[총산출], 그래서 얼마나 벌었는지[총생산]를 알아보았다. 그리고 그 번 돈은 어떤 일을 통해 벌었는지[산업구조]를 살펴보았다. 그렇게 번 돈을, 누구는 돈을 버는 데 기여한 정도에 따라 가져가는 게 좋겠다고 생각하고, 누구는 어느 정도는 필요에 따라 가져가는 것이 바람직하다고 주장한다. 누구 말이 맞고 틀린지를 따지자는 것이 아니라, 실제 현실에서는 그렇게 번 돈을 누가 무슨 이유로 가져가는지, 인천의 분배구조도 함께 알아보자는 것이다.

'인천이 번 돈'과 '인천사람이 번 돈'은 다르다

• 소득구조

사람이나 지역이나 고립상태로 살지는 못한다. 인천 사람이 서울이나 경기도에 가서 벌어 오기도 하고 서울이나 경기도 등 타지 사람이 인천에 와서 벌어가기도 한다. 서로 어울리며 산다. 인천의 경제주체가 나누어 가져야 할 '번 돈'도 꼭 '인천이 번 돈'만은 아니다. 우선 '인천이 번 돈'이란 인천이라는 땅(territory)에서 생산 활동을 통해 벌어들인 것을 말한다. 이에는 인천의 산출액, 지역내총생산 등의 개념이 포함되며 여기에서는 주로 지역내총생산을 말한다.

그런데 인천이라는 땅, 즉 '인천'이라는 행정구역에서 벌어들였다고 모두 '인천사람들'의 것은 아니다. 인천에서 벌어들였지만 인천 거주자가 아닌 다른 지역 거주자가 인천에 와서 경제활동에 참여하고 번 돈은 당연히 자기 지역으로 가지고 간다. 마찬가지로 인천사람이 인천이 아닌 다른 지역으로 나가서 번 돈은 인천으로 가져온다. 따라서 '인천에서 번 돈'에 '밖에서 벌어 온 돈'을 더하고 '안에서 벌어 나간 돈'은 빼야 인천의 경제주체가 나눠 가질 수 있는 '인천사람들이 번 돈'이다. 즉 거주성(residency)을 따져 '인천지역에 속하는 사람들'이 번 돈이 인천의 지역총소득, 총처분가능소득 등의 개념이다. 이렇게 개인이든 법인이든 경제주체가 생산과정에 참여하거나, 생산을 위해 제공된 자산을 소유함에 따라 발생하는 소득을 본원소득이라고 한다. 여기서는 특히 지역총소득을 의미한다. '지역총소득'은 인천의 '지역총생산'에 '외지에서 벌어들인 본원소득'을 더하고 '외지인에게 내준 본원소득'을 뺀 것이다. '외지에서 벌어들인 본원소득'에서 '외지인이 벌어간 본원소득'을 뺀 것을 '지역외순수취본원소득'이라고 한다. 따라서 '지역총소득'은 '지역총생산'에 '지역외순수취본원소득'을 더한 것으로 요약된다.[01]

---

01 지역총소득은 총본원소득이라고도 한다. 총본원소득은 법인, 개인, 정부 등 생산주체가 벌어들인 본원소득에 고정자본소모를 더한 개념이다. 따라서 총본원소득에서 고정자본소모를 뺀 것을 순본원소득이라고 한다.

인천은 밖에서 벌어 오는 돈이 적어 아쉽다

• 지역총소득

■ 2018년 시·도별 지역총소득

(조원)

	지역내총생산	지역외순수취 본원소득	지역총소득 (총본원소득)
전국	1,900.0	5.0	1,905.0
서울	422.4	42.8	465.2
부산	89.7	6.3	96.0
대구	56.7	9.6	66.3
인천	88.4	3.5	91.9
광주	39.8	4.6	44.4
대전	41.2	5.5	46.7
울산	75.6	-14.4	61.2
세종	11.1	0.2	11.3
경기	473.8	34.5	508.4
강원	47.0	-3.6	43.4
충북	69.7	-15.0	54.6
충남	117.7	-30.5	87.2
전북	51.0	-1.8	49.2
전남	76.5	-13.8	62.7
경북	109.0	-16.7	92.4
경남	110.5	-6.5	104.0
제주	19.9	0.2	20.1

지역 내에서 아무리 많이 벌어도 외지인에게 더 많이 내준
다면 지역의 총소득은 줄어든다. 반면에 지역 내에서 버는 돈은 같아

도 외지에서 벌어들이는 돈이 많다면 지역총소득이 늘어 그만큼 잘 사는 지역이 된다. 이런 점에서 인천을 다른 지역과 비교해 보면, 특히 특·광역시끼리 비교해 보면 인천으로서는 서운함을 감출 수 없다.

앞의 표에서 보면 2018년 중 인천의 지역총생산은 88조 4천억 원이다. 여기에 인천사람이 인천 밖에 나가서 벌어온 돈에서 외지 사람이 인천에서 벌어간 돈을 뺀 지역외순수취본원소득이 3조 5천억 원이다.[02] 따라서 인천사람들이 번 돈, 즉 인천의 지역총소득은 이 둘을 합친 91조 9천억 원이다. 인천과 비슷한 규모의 지역내총생산을 갖는 부산을 보자. 지역 내에서는 인천과 비슷한 89조 7천억 원을 벌면서 밖에서 벌어온 지역외순수취본원소득이 6조 3천억 원이다. 인천이 밖에서 벌어 온 돈 3조 5천억 원의 두 배에 가깝다. 지역내총생산이 인천보다 훨씬 작은 대구는 밖에서 벌어들인 돈이 9조 6천억 원으로 인천의 3배 가까이 된다. 그나마 2018년에 들어 인천의 지역외순수취본원소득이 크게 증가하여 격차가 줄어든 결과가 이 정도이다.

---

02 지역외순수취본원소득을 계산하기 위해서는 지역외 수취본원소득과 지역외 지출본원소득이 먼저 산출되고 지역외 수취본원소득에서 지역외 지출본원소득을 차감하여 최종적으로 지역외 순수취본원소득이 계산되어야 할 것이나 현재 통계청의 지역외 순수취본원소득 산출방식은 지역총소득에서 지역총생산을 차감하여 구하는 방식이어서 지역외 수취본원소득과 지역외 지출본원소득을 따로 구할 수 없다는 아쉬움이 있다.

■ 시·도별 지역외순수취본원소득 추이

(조원)

	2010	2011	2012	2013	2014	2015	2016	2017	2018
전국	2.0	8.6	15.1	9.6	7.6	5.2	6.4	7.5	5.0
서울	53.5	62.1	59.2	54.6	54.5	45.9	46.8	52.2	42.8
부산	1.7	5.9	7.6	7.9	8.7	6.3	7.1	6.7	6.3
대구	5.3	7.0	7.5	7.5	9.1	9.1	9.7	10.4	9.6
인천	-0.8	1.5	2.0	2.7	2.6	0.7	1.7	2.1	3.5
광주	1.4	2.2	3.0	3.3	4.1	3.8	4.3	5.3	4.6
대전	1.4	2.4	3.4	3.2	4.4	4.7	3.9	5.5	5.5
울산	-7.8	-13.4	-14.5	-15.9	-17.2	-15.4	-13.8	-15.2	-14.4
세종	0.0	0.0	0.0	-2.0	-1.8	-0.9	-0.4	0.2	0.2
경기	29.7	22.9	34.7	38.1	27.7	28.3	28.4	29.2	34.5
강원	-3.0	-2.8	-2.7	-3.3	-3.7	-3.3	-4.6	-4.1	-3.6
충북	-6.3	-7.0	-6.7	-6.9	-7.3	-9.4	-10.8	-13.9	-15.0
충남	-25.3	-27.7	-27.8	-26.1	-28.2	-26.7	-27.0	-30.8	-30.5
전북	-3.2	-3.5	-3.0	-4.0	-3.2	-2.7	-2.6	-2.3	-1.8
전남	-15.3	-16.2	-16.0	-16.6	-14.9	-10.1	-10.9	-11.7	-13.8
경북	-16.8	-14.1	-19.0	-19.7	-20.9	-16.3	-17.0	-19.5	-16.7
경남	-12.2	-10.8	-12.4	-13.0	-6.1	-8.3	-8.0	-5.9	-6.5
제주	-0.4	0.2	-0.2	-0.3	-0.3	-0.6	-0.6	-0.4	0.2

　　8대 특·광역시와 경기도 중 인천보다 밖에서 버는 돈이 적은 지역은 공장도시인 울산과 행정도시인 세종시뿐이다. 이들 두 지역에서 일하는 사람들의 상당수는 다른 지역에 살면서 이 지역에 출근해서 일하고 저녁이 되면 자기의 주거지역으로 퇴근하는 사람들이다.

　　대부분 광역시의 경우 주민의 상당수가 일터는 주변의 도 지역이지만 주거지는 광역시이다. 즉 직주분리 현상이 일반화돼 있다. 이에 따라 생산은 주변 도에서 이루어지지만 소득은 주거지인 광역시에 포함된다. 예를 들어 대구의 지역외순수취본원소득이 큰 이유는 많은 주민이 경상북도의 일터에서 생산 활동을 하지만 실제 주거지는 대구이기 때문이다. 이러한 현상은 대구가 경북보다 생활터전으로서의 경쟁력이 크기 때문에 발생하는 현상이다.

하지만 인천시는 인근의 서울특별시나 경기도보다 생활터전으로서의 경쟁력이 더 크다고 하기는 어렵다. 게다가 사람의 경쟁력으로 보면 인천에서 돈 벌러 밖으로 나가는 사람들에 비해 인천으로 돈 벌러 들어오는 사람들의 경쟁력이 훨씬 높다. 밖에서 벌어오는 돈이 적은 이유 중 하나다. 실제로 2015년을 기준으로 보면 인천에서 일어나 출근하는 인원 164만 명의 1/4 정도인 39만 명이 서울이나 경기도 등 인천 밖으로 일하러 나간다. 같은 시간 인천에서 밖으로 나가는 인원의 절반 정도 되는 20만 명의 인원이 인천 밖에서 인천으로 일하러 들어온다.[03] 문제는 인천 밖으로 나가서 벌어온 돈에서 인천 안으로 들어와 벌어나간 돈을 뺀 인천의 지역외순수취본원소득이 2018중 3조 5천억원에 불과하다는 점이다. 대략 100명중 25명이 나가서 벌어온 돈이나 13명이 들어와서 벌어간 돈이 별 차이가 없다. 이러한 현상은 해가 바뀌어도 큰 변화를 보이지 않는다. 인적자원의 역량과 환경의 지역 간 경쟁력에 관한 것이기 때문이다. 앞의 표에서 보는 것처럼 경쟁력 격차가 구조화돼 있다는 말이다. 그러니 인천은 밖에서 벌어 오는 돈이 적은 점이 늘 아쉬운 도시라고 하는 것이다.

---

03 보다 자세한 통계치는 다음 장에 나오는 지역별 통근통학인원 통계를 참고하기 바란다.

외지인   인천시민

• 분배구조

　　지역 안에서 벌든 밖에 나가서 벌어오든 사람에 따라 버는
방법이 다르다. 누구는 공장이나 건설현장 등에 고용돼 노동력을 제
공하고 일하면서 돈을 번다. 누구는 법인이나 가게를 운영하여 돈을
번다. 그런가 하면 어떤 이는 노는 것처럼 보이지만 회사 등에 돈을
대고 대가로 이자나 배당 등을 받아 돈을 번다. 정부는 법률적인 힘
으로 돈을 번다. 즉, 법에 따라 고지서를 발부하거나 신고를 받아 세
금을 받는 방식으로 돈을 번다. 이렇게 돈을 버는 방법 또는 그 이유
를 나누어 정리한 것을 소득계정이라고 한다. 피용자보수, 영업잉여,
순생산 및 수입세, 재산소득, 고정자본소모가 그것이다. 차례로 보면
우선, 피용자보수[04]는 개인이 어딘가에 고용되어 육체노동이든 정신
노동이든 노동력을 제공하고 받는 소득이다. 영업잉여[05]는 법인[06]을
운영하거나 자영업 등 사업을 운영하면서 버는 돈이다. 순생산 및 수

04　피용자보수(compensation of employee)는 일정기간동안 근로자가 고용주에게 제공
　　한 근로의 대가로 고용주가 지급한 현금 및 현물형태의 모든 보상을 말하며 임금이
　　나 급여뿐만 아니라 국민연금이나 건강보험 등 사회보장기금, 연금기금, 보험 등에
　　납부하는 고용주의 모든 분담금을 포함한다.

05　영업잉여란 생산과정에서 발생된 잉여로 기업의 이윤에 해당한다. 이중 이자나 임
　　료 등은 금융자산이나 토지 등을 제공한 경제주체에게 분배되는 재산소득이다. 때
　　에 따라서는 재산소득을 영업잉여에 포함하여 영업잉여와 재산소득을 구분하지 않
　　기도 한다.

06　법인은 크게 금융기관에 해당하는지 여부에 따라 금융법인과 비금융법인으로 나누
　　어진다. 비금융법인은 개인이 운영하는 자영업을 포함한 민간법인뿐만 아니라 공기
　　업 등 정부에 속하는 법인도 포함된다.

입세는 정부가 버는 돈이다. 재산소득은 사업체에 돈을 대고 버는 이자나 배당 등을 말한다. 그런데 이렇게 돈을 버는 동안 법인이 목돈을 들여 사 둔 건물이나 생산설비는 시간이 지나면서 가치가 떨어진다. 이를 고정자본소모라고 한다. 한 지역이 벌어들인 지역총소득에는 그 지역사람이 노동력을 제공하거나 경영참여, 조세 또는 이자 등으로 벌어들인 것뿐 아니라 고정자본소모[07]를 모두 포함한다.

한편 번 돈을 가져가는 경제주체를 기준으로 요약하면 결국 개인, 법인, 정부로 나누어진다. 이와 같이 생산주체[08]별로 정리한 것을 제도부문이라고 한다. 다시 말해 제도부문은 개인, 법인, 정부로 나누어지며 필요에 따라 법인은 금융법인과 비금융법인으로 구분한다. 따라서 지역총소득을 누가 가져갔는지 제도부문별로 구분하고 다시 각 제도부문을 왜 가져갔는지 소득계정별로 구분하여 정리하면 지역총소득을 누가 왜 가져가는지를 파악할 수 있게 된다. 즉 분배구조를 파악하게 된다.

---

07 수명 2년의 10만원짜리 기계로 제품을 만들어 파는 데 매년 100만원의 부가가치가 생기면 기업회계에서는 매년 5만원어치의 기계가 없어지는 것으로 보아 당기순이익을 95만원으로 한다. 만약 당기순이익 중에 주인이 40만원을 가져가고 종업원이 45만원을 가져가고 세금을 10만원 낸다고 하면 지역경제에서는 어떻게 총부가가치를 분배할까? 우선 지역총소득은 100이다. 소득계정별로는 피용자보수 45만원, 영업잉여 40만원, 순생산세 10만원, 고정자본소모 5로 배분된다. 감가상각으로 당기순이익에서 차감된 당해년도의 생산설비 가치하락분 5만원을 고정자본소모로 배분한다는 말이다.

08 대부분은 법인기업이지만 개인도 자영업 등을 통해 영업잉여를 벌어들일 수 있고, 정부도 공기업을 통해 영업잉여를 얻을 수 있으므로 이들 모두를 포함하여 생산주체라고 한다.

인천사람들이 번 돈, 누가 왜 얼마나 가져가나

2018년에 인천사람들이 벌어들인 돈(인천의 지역총소득)은 위에서 설명한 것처럼 인천 안에서 번 돈(지역내총생산) 88조 4천억원에다 인천 밖에서 벌어 온 돈(지역외순수취본원소득) 3조 5천억원을 더해 91조 9천억원이다. 이 돈을 누가 각각 무슨 명목으로 얼마나 가져 갔는지를 정리한 것이 다음의 표이다. 표의 윗부분은 10억원 단위의 금액을 나타내고 아랫부분은 인천의 지역총소득을 100이라고 보았을 때 제도부문별 소득계정별 비중을 %로 나타낸 것이다.

우선, 개인은 인천의 연간 지역총소득 91조 9천억원의 65.5%인 60조 2천억원을 벌어간다. 노동의 대가로 개인이 받아가는 피용자보수가 47조 8천억원으로 대부분이다. 인천 지역총소득의 절반을 넘는 52.1%이다. 개인이 금융기관, 법인 등에 맡기거나 빌려주고 받은 이자 등의 수익과 주식 등에 투자하고 얻은 배당금 등 재산소득은 4조 6천억원이다. 개인이면서 자영업 등 사업을 수행하여 영업잉여로 벌어들이는 소득도 5조원에 달한다. 아울러 개인이 운영하는 자영업 등 개인사업에서 쓰는 각종 시설물에 대한 고정자본소모도 2조 7천억원에 이른다.

■ 2018년 인천의 제도부문별 소득계정(지역총소득)

(10조원)

	계	법인	정부	개인
피용자보수	47,839	0	0	47,839
영업잉여	17,148	12,078	71	4,999
순생산 및 수입세	9,722	0	9,722	0
재산소득	-958	-6,079	518	4,603
이자, 임료	-1,839	-1,825	215	-229
법인기업분배소득	-798	-4,292	302	3,192
배당금	-584	-1,471	302	585
준법인기업소득인출	-214	-2,821	0	2,606
기타투자소득	1,713	71	1	1,641
국외직접투자에 대한 재투자수익	-33	-33	0	0
고정자본소모	18,139	13,176	2,222	2,740
총본원소득	91,891	19,176	12,534	60,181

(%)

	계	법인	정부	개인
피용자보수	52.1	0.0	0.0	52.1
영업잉여	18.7	13.1	0.1	5.4
순생산 및 수입세	10.6	0.0	10.6	0.0
재산소득	-1.0	-6.6	0.6	5.0
이자, 임료	-2.0	-2.0	0.2	-0.2
법인기업분배소득	-0.9	-4.7	0.3	3.5
배당금	-0.6	-1.6	0.3	0.6
준법인기업소득인출	-0.2	-3.1	0.0	2.8
기타투자소득	1.9	0.1	0.0	1.8
국외직접투자에 대한 재투자수익	0.0	0.0	0.0	0.0
고정자본소모	19.7	14.3	2.4	3.0
총본원소득	100.0	20.9	13.6	65.5

법인은 지역총소득의 20.9%인 19조 2천억원을 벌어들이지만 융자금 및 차입금 이자와 배당금 등으로 6조 1천억원을 지출한다. 고정자본 소모에 13조 2천억원을 충당한다. 이후 법인부문의 영업잉여는 지역총소득의 13.1%인 12조 1천억원이다. 법인에는 금융자금을 지원하고 이자를 받는 금융법인이 포함돼 있음에도 불구하고 이자소득보다는 법인의 시설 및 운전자금 등 융자금 차입과 기타 기업간 신용 등 외부차입금에 대한 이자 등 부담금 지출이 많아 순재산소득이 마이너스(-)로 나타난다. 즉, 지급이자 규모가 커 재산소득의 수입보다 지출이 6조 1천억원 더 많다는 뜻이다.

정부는 지역총소득의 13.6%인 12조 5천억원을 벌어들이고 있으며, 소득의 대부분인 9조 7천억원이 세금이다. 공기업을 통한 영업잉여도 일부 있다. 시설에 대한 고정자본소모도 2조 2천억원에 달하고, 투융자를 통한 재산소득도 5천여억원에 달한다.

인천 지역총소득 배분의 특징

이와 같은 인천 지역총소득의 배분에 나타난 주요 특징을 정리하면 다음과 같다.

1) 피용자보수와 고정자본소모의 비중이 큰 편이다

근로자들이 모여들어 형성된 산업도시의 특성이 반영된 특징이다. 인천 인구 중 근로자의 비중이 높으니 피용자보수의 비중이 전국 평균에 비해 상대적으로 높을 수밖에 없다. 다만, 주요 광역시에 비해 비중이 낮은 것은 정부에 납부하는 순생산 수입세의 비중이 높은 데다 인천 근로자의 생산성이 상대적으로 낮아 피용자보수의 비중도 함께 낮아졌기 때문이다.

■ 2018년중 소득계정별 지역총소득 비중

(%)

	피용자보수	영업잉여	순생산 수입세	재산소득	고정자본 소모
전국	45.5	25.6	9.7	0.3	18.9
서울	42.7	35.1	9.5	-0.5	13.2
부산	54.5	20.3	8.4	1.0	15.9
대구	53.7	21.1	7.3	4.0	13.9
인천	52.1	18.7	10.6	-1.0	19.7
광주	55.9	16.3	7.4	4.0	16.3
대전	55.2	18.3	6.8	4.2	15.5
울산	39.9	10.7	23.3	1.1	25.0
세종	54.0	12.5	9.2	4.2	20.1
경기	45.3	29.3	8.2	-1.2	18.4
강원	48.5	15.1	8.7	4.8	22.9
충북	43.5	16.4	10.7	1.9	27.5
충남	38.2	18.9	13.8	-1.3	30.4
전북	49.0	17.1	8.5	4.8	20.6
전남	36.9	19.5	15.8	2.7	25.0
경북	40.3	24.0	7.5	-0.2	28.4
경남	47.7	20.8	8.9	0.9	21.7
제주	45.9	22.3	9.1	3.5	19.2

또한, 인천의 고정자본소모의 비중이 높은것은 제조업, 건설업, 운수업 및 발전업 등 대규모의 생산설비가 필요한 장치산업의 비중이 높다는 특성을 갖고 있기 때문이다. 서비스 비중이 높은 특·광역시임에도 불구하고 울산을 제외한 다른 도시들에 비해 시설재의 감가상각에 해당하는 고정자본소모의 비중이 높게 나타나는 것을 앞의 표에서도 확인할 수 있다.

2) 토박이 은행이 없으니 재산소득이 새나간다

앞의 표에 나타난 재산소득은 수입에서 지출을 차감한 순액개념이다. 재산소득의 대부분은 대출금리와 예금금리의 차이에서 비롯된다. 지역 내에서 조달한 자금이 지역 내에서 운용되는 경우 보통은 대출금리보다 예금금리가 낮다. 따라서 지역에 지방은행이 소재하는 경우 지역의 재산소득은 플러스를 보인다. 그러나 인천의 경우 외부에서 조달하는 자금이 큰 데다 지방은행이 없어 외부에서 조달하는 대출금에 대한 지급이자가 인천에서 조성된 예금이자를 초과해 재산소득이 늘 마이너스를 보이고 있다.

3) 대기업이 많지 않아 영업잉여가 작다

일반적으로는 지역의 자영업 비중이 작으면 대기업 비중이 상대적으로 크기 마련이다. 그러나 인천의 경우는 자영업 비중이 높지 않으면서도 중소기업 비중이 높고 대기업이 많지 않다. 이에 따라 영업

잉여 비중이 경쟁시·도(서울, 부산, 대구 및 경기)에 비해 낮다. 아울러
아래의 표에서 보는 것처럼 대기업 비중이 낮음에 따라 제도부문별
로도 지역총소득 중 법인의 비중이 전국 평균에 비해 낮게 나타나고
있다.

■ 제도부분별 지역총소득 비중

(2018년, %)

	법인	일반정부	개인
전국	26.2	13.3	60.5
서울	28.7	11.6	59.7
부산	16.5	11.4	72.1
대구	15.8	10.6	73.5
인천	20.9	13.6	65.5
광주	18.8	10.7	70.6
대전	17.0	13.5	69.6
울산	27.0	25.1	47.9
세종	12.5	23.2	64.3
경기	31.8	10.3	57.8
강원	13.2	21.7	65.1
충북	25.8	16.8	57.3
충남	31.1	18.0	50.9
전북	16.7	15.8	67.5
전남	23.4	23.2	53.4
경북	30.8	13.6	55.6
경남	21.9	14.3	63.8
제주	17.9	16.1	66.0

밖에서 보태주는 돈도 적으니 이 또한 서럽다

• 총처분가능소득

사람이나 법인이 쓰는 돈이 꼭 스스로 번 돈만은 아니며, 번 돈이라고 다 쓰는 것도 아니라는 것은 앞에서도 이미 설명했다. 위에서처럼 밖에서 벌어온 돈도 있지만, 아무런 대가 없이 받고 쓰는 돈도 있다. 아무 대가 없이 받은 돈이 쓴 돈보다 많다면 이 돈도 마음대로 쓸 수 있으니 소득에 포함해야 한다. 이를 순수취경상이전이라 한다. 아무런 대가 없이 받거나 쓰는 돈에는 어떤 것이 있을까? 개인으로 치면 우선 정부 등에 내는 조세공과금이 있다. 폭넓게 따지자면 나라가 국방에서 복지에 이르기까지 각종 제도를 운용하면서 지출하지만, 특정인과의 거래를 조건으로 하지는 않는다. 중앙정부는 지방정부에 세출로 쓸 수 있도록 교부금을 보내준다. 기업이나 개인이 내고 받는 각종 사회 부담금과 수혜금도 그렇다. 많은 사람들이 매달 4대 보험금을 부담한다. 기업도 함께 부담한다. 그리고는 연금이나 보험금 등의 수혜금을 받는다. 아울러, 손해보험 등의 보험금과 보험료도 특정한 거래를 대상으로 돈을 주고받지 않으므로 경상이전[09]에 해당한다. 어디서 벌었든 자기가 번 돈에 아무 조건 없이 남이 보태준 돈을 더하면, 소비를 하든지 저축을 하든지 마음대로 쓸 수 있는 돈이 된다. 마음대로 쓸 수 있다는 의미에서 이를 처분가능소득이

---

09 경상이전은 소득이나 재산에 대한 경상세, 고용주 등의 사회부담금, 피고용자의 사회보장수혜금이나 사회보험수혜금 또는 사회부조수혜금 등의 사회수혜금과 기타경상이전으로 구성된다.

라고 한다. 즉 지역총소득(또는 총본원소득)에 순수취경상이전을 더한 금액이 지역의 총처분가능소득[10]이 된다.

■ 2018년 시·도별 총처분가능소득

(조원)

	지역총소득 (총본원소득)	경상이전소득	총처분 가능소득
전국	**1,905.0**	-7.7	**1,897.3**
서울	465.2	-73.0	392.2
부산	96.0	5.5	101.6
대구	66.3	6.4	72.7
인천	**91.9**	**0.8**	**92.6**
광주	44.4	3.7	48.1
대전	46.7	4.3	50.9
울산	61.2	-11.4	49.8
세종	11.3	4.2	15.5
경기	508.4	-30.1	478.3
강원	43.4	18.9	62.3
충북	54.6	7.5	62.1
충남	87.2	3.2	90.4
전북	49.2	13.8	63.0
전남	62.7	11.2	73.9
경북	92.4	13.3	105.7
경남	104.0	10.7	114.7
제주	20.1	3.3	23.4

---

10 총본원소득이 순본원소득과 고정자본소모의 합계인 것처럼 총처분가능소득도 순처분가능소득과 고정자본소모의 합계이므로 총처분가능소득에서 고정자본소모를 제외하면 순처분가능소득이 남는다.

앞의 표는 2018년 중 시·도별 총처분가능소득을 보여 준다. 인천의 경우 스스로 벌어들인 지역총소득이 91조 9천억원이고 순수취경상이전소득은 0.8조원이다. 경상이전으로 그만큼이 인천으로 들어왔다는 의미이다. 물론 인천이 다른 지역에 비해 잘 살아서 세금을 더 내고, 사회부담금은 많이 부담하면서 수혜금은 적게 받고, 기타경상이전 역시 순지급을 보였다거나 경상이전이 다른 지역에 비해 작다면 바람직하다고 할 수도 있다. 그러나 다른 지역에 비해 특히, 1인당 평균소득이 큰 차이가 없는 경쟁 시·도에 비해 부담은 더 많이 하면서 받은 혜택은 훨씬 작았다면 얘기는 다르다. 부와 소득이 집중되어 있는 서울과 경기도는 2018년중 경상이전 지출이 73조와 30조에 이른다. 그러나 인천에 비해 큰 차이가 없는 부산을 보자. 중앙정부의 교부금 등을 포함해 경상이전소득이 5조 5천억원이다. 대구는 이보다 더 많은 6조 4천억원이다.

인천의 순수취경상이전소득의 내용을 부산, 대구와 비교하여 좀더 상세히 제도부문별로 표시한 것이 다음의 표[11]이다.

우선, 인천은 2018년중 순수취경상이전소득이 7,572억원이다. 정부에서 지방정부가 중앙정부로부터 이전받아 인천지역에 순수취된 금액은 8조 3,155억원이지만 개인부문과 법인부문에서는 각각 5조 4,413억원, 2조 1,170억원이 순지출되었음을 보여 준다.

---

11 표에서 마이너스를 보이는 수치는 해당 경제주체의 경상이전소득이 순지출임을 나타낸다.

■ 순수취경상이전소득(2018년)

(10억원)

	법인	정부	개인	계
인천광역시	-2,117.0	8,315.5	-5,441.3	757.2
경상세	-2,180.5	6,157.6	-3,635.8	341.3
사회부담금	569.0	6,804.0	-10,550.4	-3,177.4
사회수혜금	-569.0	-4,715.8	7,033.5	1,748.7
기타	63.4	69.7	1,711.3	1,844.5
부산광역시	-2,638.0	13,108.3	-4,921.4	5,548.9
경상세	-2,603.6	11,299.7	-4,994.3	3,701.8
사회부담금	1,096.1	8,186.9	-12,098.5	-2,815.6
사회수혜금	-983.0	-7,169.9	9,582.0	1,429.1
기타	-147.5	791.6	2,589.4	3,233.5
대구광역시	-955.6	10,590.2	-3,224.1	6,410.6
경상세	-971.3	4,658.4	-3,153.7	533.4
사회부담금	750.0	5,662.3	-8,367.9	-1,955.6
사회수혜금	-593.5	-4,976.9	6,670.7	1,100.3
기타	-140.8	5,246.4	1,626.8	6,732.5

이를 부산과 비교해 보면 법인부문의 순지출은 부산이 인천보다 5천억원 정도 크지만 개인부문의 순지출은 인천이 부산보다 5천억원 정도 크다. 이에 따라 법인과 개인부문을 더한 민간부문에서는 인천과 부산은 큰 차이가 없다.

그러나 정부부문을 통한 부산의 순수취경상이전소득은 13조 1,083억원으로 인천의 8조 3,155억원에 비해 4조 7,928억원이나 크다. 특히, 소득이나 부(재산)에 대한 경상세는 5조 1,421억원의 차이를 보인다. 이러한 차이는 대구와 비교해도 마찬가지인 것으로 나타나고 있다. 결과적으로 개인이나 법인부문에서 별 차이가 없는데도 정부부문에서 순수취경상이전소득이 크게 차이가 나는 것은 정부부문에서의 이전소득 격차 해소를 위한 인천지방정부의 보다 적극적인 노력이 필요함을 보여주고 있다.

■ 시·도별 순수취경상이전소득 추이

(조원)

	2010	2011	2012	2013	2014	2015	2016	2017	2018 p)
전국	-5.2	-4.1	-4.6	-2.7	-3.4	-4.2	-5.1	-6.4	-7.7
서울	-50.9	-56.1	-52.7	-52.9	-53.8	-58.8	-59.8	-67.1	-73.0
부산	4.4	4.1	4.2	4.5	4.2	4.9	3.7	4.3	5.5
대구	4.5	4.5	4.6	5.3	4.8	5.0	5.0	5.1	6.4
인천	0.0	0.8	0.5	0.3	0.2	0.0	0.1	-0.2	0.8
광주	2.9	3.1	3.1	3.5	3.0	3.2	2.9	3.7	3.7
대전	2.6	2.9	3.2	3.3	3.1	3.5	3.5	3.7	4.3
울산	-13.4	-11.8	-12.1	-11.9	-12.6	-11.7	-11.1	-10.6	-11.4
세종	0.0	0.0	0.0	1.8	2.7	3.4	3.2	3.7	4.2
경기	-3.2	-3.6	-10.7	-13.0	-11.5	-9.8	-12.6	-20.7	-30.1
강원	11.0	11.6	12.4	13.3	13.5	13.9	14.6	16.0	18.9
충북	4.9	5.5	5.8	5.9	6.1	6.3	6.0	7.2	7.5
충남	2.3	2.9	2.4	1.9	1.7	2.3	1.7	2.5	3.2
전북	9.0	9.3	9.7	9.8	10.5	10.2	10.9	12.2	13.8
전남	5.2	6.5	7.3	7.4	7.3	5.3	7.7	10.0	11.2
경북	7.7	8.0	8.9	9.2	8.5	9.3	9.8	11.9	13.3
경남	5.4	5.9	6.3	6.1	5.9	6.0	6.5	9.2	10.7
제주	2.4	2.4	2.7	2.9	2.7	2.7	2.7	2.7	3.3

앞의 표는 2010년 이후 각 시·도가 아무 대가 없이 내준 돈에서 받은 돈을 뺀 순수취경상이전소득 추이를 나타낸 것이다. 추이에서 알 수 있듯이 대부분 시·도에서 순수취경상이전소득의 크기가 연도별로 큰 차이 없이 일정한 모습을 보인다. 즉, 이 역시 구조화돼 있다는 뜻이다.

그러나 인천의 입장에서 다시 한 번 따져 보아야 할 것은 인천의 평균소득 수준이 타 시·도에 도움을 줘야 하는 수준이냐 아니면 타 시·도로부터 도움을 받아야 하는 수준이냐 하는 것이다. 소득수준이 상대적으로 가장 높은 서울과 울산, 경기는 경상이전에서 상당한 수준의 순지출을 보이고 있다. 즉 상대적으로 잘 사는 지역이 그렇지 못한 지역을 위해 경상이전소득의 순지출을 보이는 것이다. 1인당 소득수준이 인천보다 높은 부산, 대구 등은 늘 4조원 이상 6조원 정도의 경상이전소득 순수취를 보이고 있다. 이에 비해 인천은 1인당 소득수준이 이들 지역에 비해 낮음에도 불구하고 순수취가 거의 없거나 마이너스를 보이고 있다.

수도권에 속해 있다는 이유만으로 경상이전 수입이 거의 없거나 마이너스를 보이는 것은 적어도 인천사람의 눈에는 모순으로 보일 수밖에 없다. 상대적으로 낮은 소득수준임에도 불구하고 수도권에 포함돼 있다는 이유만으로 보탬을 받기는커녕 오히려 부담을 하여야 하는것이 인천이 서럽다고 하는 이유다.

인천은 어떻게 쓰나
- 지역내총생산에 대한 지출 : 소비구조

지금까지는 인천이 얼마나 만들어 파는지, 그래서 얼마를 버는지를 알아보았다. 그렇게 번 것을 누가 왜 가져갔는지도 살펴보았다. 이제 그렇게 번 것을 인천은 어떻게 쓰는지를 알아볼 차례다.

우선, 몇 가지 개념을 정리하고 넘어가자. 앞에서 살펴본 것처럼 지역에서 만들어 판 것을 모두 더하여 산출액이라고 한다. 만들어 판 산출액에서 원가를 제외해 지역에서 벌어들인 것을 지역내총생산이라고 한다. 인천에서 제조업이나 서비스업 등을 통해 벌어들인 것을 산업별로 구분해 더한 것이 바로 인천의 지역내총생산(GRDP ; Gross Regional Domestic Product)이다.

이에 비해 지역 안에서 벌어들인 것(지역내총생산)을 어디에 썼는지 지출 종류별로 구분한 것을 '지역내총생산에 대한 지출'이라고 한다. 당연히 벌어들인 것과 쓴 것은 같은 금액이다. 즉, '지역내총생산'과 '지역내총생산에 대한 지출'은 같은 금액이다. 다만, 지역내총생산은 벌어들인 산업별로 구분되어 있고, 지역내총생산에 대한 지출은 벌어들인 것을 쓴 지출 종류별로 나눠져 있을 뿐이다.

지출은 크게 소비, 투자, 이출입으로 나눠진다.

번 것을 써서 없애는 것이 '소비'다. 써서 결국에는 없어졌다는 의미에서 '최종소비지출'이라고도 한다. 이중 지역 내에서 써서 없어졌다면 그 소비는 지역 내 소비가 된다. 지역 내 소비를 하는 경제주체, 즉 소비주체[01]는 주로 가계와 정부다.

쓰기는 썼는데, 없어지지 않고 건물이나 산업설비 등으로 형태가 바뀌어 남아 있거나, 나중에 쓰기 위해 남겨진 것은 '투자'라고 한다. 투자는 주로 기업이 한다. 투자중 건물이나 산업설비처럼 형태가 바뀌는 형태의 투자를 총고정자본형성이라고 한다. 형태가 바뀌지는 않지만 나중에 쓰기 위해 남겨지거나 남게 되는 방식의 투자는 '재고 증감 및 귀중품 순취득'으로 구분한다. 이러한 투자를 모두 포함하여 '총자본형성'이라고 한다.

써서 없어지기는 했지만, 지역 내에서 소비되어 없어진 것이 아니라 지역 밖으로 옮겨져 소비된 것이라면 '이출(移出)'이라고 한다. 국가 경제에서 외국으로 내보낸 것을 수출(輸出)이라고 하는 것과 같

---

01 소비주체는 가계, 가계에 봉사하는 비영리단체, 정부로 구분한다. 가계는 동일한 주거시설을 사용하고, 소득과 부의 일부 또는 전부를 공유하면서 특정 유형의 재화와 서비스를 함께 소비하는 소규모 개인 집단으로 정의된다. 가계에 봉사하는 비영리단체는 그 구성원이나 가계에 대하여 재화나 서비스를 무상으로 제공하거나 경제적으로 의미 있는 가격보다 낮은 가격으로 제공하는 단체로서 노동조합, 전문직능단체, 학술단체, 정당, 교회 또는 종교단체이거나 다른 제도 단위로부터의 자발적 이전수입으로 운영되는 자선단체 또는 구호단체를 말한다. 가계에 봉사하는 비영리단체가 전체 소비에서 차지하는 비중이 작아 분석의 편의상 생략하거나 가계에 포함하기도 한다.

은 의미이지만 단어를 달리한다. 마찬가지로 지역 밖에서 생산되었지만, 지역으로 옮겨 들여와 소비된 것은 수입(輸入)과 같은 의미로 '이입(移入)'이라고 한다. 이출에서 이입을 뺀 금액을 '순이출'이라고 한다. 수출이 수입보다 많아 순수출이 되는 경우 물량은 밖으로 나간 것이 많아지지만 그만큼 돈은 들어오는 것이므로 무역수지가 흑자가 된다. 마찬가지로 이출이 이입보다 많아 순이출이 이루어지는 경우 외지로 나간 물량이 더 많은 것이므로 거래 수지는 흑자가 된다. 다시 말해 외지에서 물건을 사 오는 데 쓴 돈에 비해 팔아서 벌어들인 돈이 더 많다는 뜻이다. 반대로 순이입이 이루어지는 경우는 외지에 물건을 팔아서 번 돈보다 외지에서 물건을 사 오는 데 쓴 돈이 더 많다는 뜻이며 지역의 필요에 따라 금전은 지출되었지만 재화나 서비스는 지역 내로 들어와 쓰였다는 의미이다.

정리하면, '지역내총생산'은 '지역내총생산에 대한 지출'과 같고 '지역내총생산에 대한 지출'[02]은 소비지출에 투자지출(또는 총고정자본형성)과 순이출입을 더한 금액과 같다.

---

02 지역에서 벌어들인 지역내총생산을 써서 없어지게 하거나 처분한다는 의미에서는 '지역내총생산에 대한 지출'이라고 표현하지만 각 부문의 요구에 따라 처분이 필요한 '사전적' 상태에서는 '지역총생산에 대한 수요'로 표현된다. 즉, 소비, 투자, 이출입 지출은 지역내총생산을 처분한 행위의 결과이다. 이러한 행위를 하기 위한 의도를 가진 사전적 상태는 '수요'이다.

인천 지출의 개괄적인 모습

다음 표는 2018년 인천의 지역내총생산에 대한 지출 현황을 개괄적으로 보여 주고 있다.

인천의 지역내총생산이 100이라면 민간과 정부에 의한 최종소비지출이 70.5이다. 이중 민간에 의한 소비지출이 53.2다. 민간소비 53.2중 가계가 51.5이니까 민간소비 대부분은 가계에 의한 것이다. 즉, 인천의 지역내총생산에 대한 지출의 절반 이상은 가계에 의해 이루어진다는 말이다. 지역내총생산에 대한 지출 중 정부에 의한 최종소비지출은 인천시의 예산에 의한 지출을 말한다. 지역내총생산의 17.3%를 차지하고 있다.

한편, 인천의 지역내총생산에 대한 지출 중 대부분 기업이 하는 총투자에 해당하는 것이 총자본형성이다. 2018년 중에는 이러한 투자, 즉 총자본형성이 인천 지역내총생산의 1/3정도인 33.4%를 차지하고 있다. 총자본형성은 크게 고정자본투자와 재고투자로 나누어진다. 고정자본투자는 기업의 고정자산을 구성하고 있는 총고정자본형성으로서 건물이나 토목 구축물 등의 '건설투자', 산업설비나 운송설비 등의 '설비투자', 기술이나 연구개발 등의 '지식재산생산물투자[03]'로 구분된다. 총고정자본형성이 지역내총생산의 32%인데 이의 절반 정도가 건설투자이다. 그리고 이렇게 형태를 바꿔 총고정자본

---

03 지식재산생산물은 연구개발과 기타지식재산생산물로 구분된다. 기타지식재산생산물에는 오락·문학 및 예술품원본, 컴퓨터 소프트웨어, 광물탐사 및 평가가 포함된다. 과거에는 무형고정자산투자라고 하였으나 명칭이 변경되었다. 보다 자세한 내용은 제5-2장에서 다룬다.

형성에 기여하지는 못했지만, 향후의 판매 등을 위해 대비하고 있거나 팔리지 않아 쌓여 있는 나머지 부분은 '재고투자'가 된다. 지역내총생산에 대한 지출의 1%안팎을 차지하고 있다.

■ 인천의 지역내총생산에 대한 지출

(2018년, 10억원, %)

			당해년가격	비중
지역내총생산에 대한 지출			88,390	100.0
최종소비지출			62,343	70.5
	민간 최종소비지출		47,059	53.2
		가계최종소비지출	45,565	51.5
		비영리단체 최종소비지출	1,494	1.7
	정부 최종소비지출		15,284	17.3
		일반행정 및 국방	2,976	3.4
		공공질서 및 안전	1,336	1.5
		경제	617	0.7
		보건복지 및 환경	6,176	7.0
		주택 및 지역사회개발	642	0.7
		교육 및 오락문화	3,537	4.0
총자본형성			29,509	33.4
	총고정자본형성		28,251	32.0
		건설투자	14,076	15.9
		설비투자	9,052	10.2
		지식재산생산물투자	5,123	5.8
	재고증감 및 귀중품 순취득		1,257	1.4
재화와 서비스 순이출			-3,472	-3.9
통계상 불일치			10	0.0

아울러, 인천이 국내에서는 중간생산기지의 역할을 하면서 대외적으로는 수출 전진기지로서 역할을 하고 있어 재화와 서비스의 순이출이 매우 클 것으로 생각하는 사람들이 많다. 그러나 인천에서 많은 제품과 서비스가 외지로 이출되는 것이 사실이지만, 동시에 인천은 최종소비지출의 상당액을 역외로부터의 이입에 의존하고 있는 것도 사실이다. 이에 따라 아래의 표에서 보듯이 순이출이 인천지역 지역내총생산에 대한 지출에서 차지하는 비중은 -3.9%임을 보여주고 있다. 대체로 급격한 소비증가나 건설투자 등이 이루어지는 경우 순이출이 마이너스를 보이는 경향이 있다.

인천의 씀씀이와 관련해 제기되는 의문

　　이 장에서는 먼저, 인천의 소비, 특히 인천 민간소비의 대부분을 차지하고 있는 가계의 소비행태를 파악함으로써 인천 소비의 주요 특징을 짚어보고자 한다.

　이와 관련하여 인천의 소비는 다른 지역에 비해 독특해 쉽게 이해하기 어렵다는 의문이 자주 제기된다.

　첫째, 같은 돈을 벌어도 인천은 다른 지역에 비해 소비가 넉넉하지 못하다는 것이다.

　둘째, 인천의 소비를 내용 면에서 보면 앉아서 즐기며 쓰기보다는 이동하면서 쓰는 데도 바쁘다는 것이다.

　셋째, 같은 돈을 쓰면서 상당 부분을 서울이나 경기 등 외지에 나가서 쓰니 인천 안에서 돈이 돌지 않는다는 것이다. 그러면서도 서울이나 경기에서는 인천에 들어와 돈을 쓰지 않으니 사실상 돈이 새고 있는 것이나 다름없다는 것이다.

인천사람으로서는 이런 말을 듣는 것만으로도 속이 상한다. 사실일까? 왜 그럴까? 원래도 그랬을까? 앞으로 고쳐질 가능성은 있는 것일까? 어떻게 해야 할까? 의문이 꼬리를 문다.

인천의 소비는 왜 다른 지역보다 작을까?

인천의 소비에 관한 첫 번째 의문은 같은 돈을 벌어도 인천은 다른 지역에 비해 씀씀이가 작다는 것이다. 벌어들인 것에 대한 씀씀이를 다른 지역과 비교해 보자. 지역이 벌어들인 것이란 지역총생산을 말한다. 지역의 씀씀이는 민간소비에 정부소비를 더한 총소비를 말한다.

1) 민간소비 비중이 크지 않다

다음의 표는 2018년중 전국 17개 시·도의 지역내총생산에 대한 지출을 지출형태별 구성비로 표시한 것이다. 각 시·도의 지역내총생산을 100이라고 했을 때 민간소비나 정부소비, 총자본형성과 순이출이 지역내총생산에서 차지하는 비중을 나타내고 있다. 2018년을 기준으로 보면 인천의 민간소비는 지역내총생산의 53.2%이다. 인천의 지역내총생산 대비 민간소비의 비중은 전국 17개 시·도중 8위를 차지하고 있다. 전국평균 47.6%에 비해서는 높은 편이지만 8대 광역시 중에서는 5위에 해당한다.

■ 시·도별 지역내총생산에 대한 지출구조

(2018 당해년가격, %)

	민간소비		정부소비		총자본형성		순이출	
전국	47.6		16.1		31.7		4.6	
서울	48.7	9	11.0	16	20.2	17	20.3	2
부산	66.6	2	18.2	11	31.7	13	-16.2	11
대구	74.0	1	22.0	7	26.4	15	-22.1	15
인천	53.2	8	17.3	13	33.4	11	-3.9	9
광주	66.6	3	19.4	9	26.2	16	-11.8	10
대전	64.4	4	23.5	6	31.0	14	-18.4	13
울산	27.5	17	7.4	17	37.2	5	26.2	1
세종	46.0	12	52.4	1	56.6	1	-55.2	17
경기	47.2	11	12.5	15	35.3	8	5.2	6
강원	53.4	7	40.1	2	37.0	6	-29.9	16
충북	36.0	15	18.3	10	40.6	2	5.5	5
충남	29.2	16	13.5	14	40.2	3	16.1	3
전북	55.9	5	28.5	3	33.9	9	-16.5	12
전남	36.4	14	24.0	5	36.2	7	1.7	7
경북	38.7	13	18.0	12	33.0	12	9.9	4
경남	48.5	10	19.8	8	33.6	10	-2.5	8
제주	54.2	6	25.0	4	39.6	4	-19.1	14

이렇게 민간소비 비중이 상대적으로 작은 것은 높은 총자본형성 비중 때문이다. 인천의 총자본형성 비중은 도 지역에 비해서는 낮은 편이지만 특·광역시 중에서는 대표적 공업도시인 울산과 한창 건설

중인 세종시를 제외하면 가장 높은 편이다. 전국평균에 비해서도 높은 편이다. 이는 인천의 서비스업 비중이 다른 특·광역시에 비해 상대적으로 낮고 제조업의 비중이 높은 데다, 서비스업도 대규모의 시설이 필요한 공항, 항만 등 운송서비스업이나 발전소 등 전기·가스·수도업의 비중이 높아 지출 중 이들 시설에 대한 투자지출이 많은 데 기인한다.

특히 광역시 중 인천보다 높은 민간소비 비중을 나타내고 있는 부산, 대구, 광주와 대전의 경우 순이출이 큰 폭의 마이너스를 나타내고 있다. 다른 지역에서 온 재화와 서비스가 지역내에서 소비되고있다는 뜻이다. 이에 반해 인천은 이들 도시에 비해 상대적으로 작은 규모의 순이입을 보이고 있다. 즉, 인천은 중간재 생산기지로서 재화와 서비스의 상당부분을 역내에서 소비하기 보다는 타 지역에 공급하고 있어 이 역시 인천의 민간소비 비중을 낮추는 역할을 하고 있다.

2) 정부소비도 작은 편이다

지역별 소비를 비교하면서 정부의 소비수준에 대해 비교하는 일은 많지 않다. 지역의 정부소비는 지방정부 등의 예산지출에 해당하여, 대부분 시장에서 결정되기보다는 정치 또는 정책적 판단에 따라 결정되어 시장분석의 대상으로서 마땅하지 않기 때문이다.[04] 외형적

---

04 정부소비는 정부 서비스 생산자인 지방자치단체, 지방공기업, 지방출자·출연기관, 그리고 교육청을 통한 지출이 포함된다. 정부 서비스 생산자는 재화나 서비스라는 상품매출을 통해 재원을 조달하는 것이 아니라 법·규정에 따른 조세공과금의 징수

인 비중의 크기만 비교하면 인천의 정부소비 비중 17.3%는 전국평균에 16.1%에 비해서는 높다. 그러나 앞의 표에서 보는 것처럼 17개 시·도 중 13위로 가장 낮은 편[05]에 속한다. 지역내총생산이 부산이나 대구에 비해 많으면서도 1인당 소득은 이들 도시에 비해 더 작다. 그럼에도 불구하고 인천의 정부소비 비중은 도 지역은 물론 평균적으로 정부소비의 비중이 낮은 광역시 중에서도 서울과 울산을 제외하면 가장 작은 편이다. 다음의 표에서 보는 것처럼 정부소비의 비중이 지역내총생산 비중과 거의 같은 것은 중앙의 지방에 대한 교부금 지원이 주로 지역 내 총생산의 크기에 의존하고 있음을 보여 준다. 더구나 인천의 정부소비 비중은 최근 시정의 기미는 있지만, 인천 인구의 비중에 비해서도 크게 낮은 수준을 나타내고 있다. 그 결과, 인천의

권을 통해 얻은 자금으로 행정 등의 서비스를 제공한다. 이중 인천광역시 본청과 군·구를 포함하는 지방정부는 일반회계와 공기업특별회계, 기타특별회계 및 기금으로 구성된다. 정부는 세출만큼 생산하지만, 특성상 정부소비는 특정인을 위해 소비하는 것이 아니라 사회 전체를 위하여 소비하는 것이므로 정부 자신이 소비한 것으로 간주한다. 다만 수혜자가 명백한 경우에는 정부소비에서 제외하여 수혜자의 소비지출에 포함한다. 예를 들어 인천시 산하 박물관이나 시립공원 등의 입장료, 인천문화재단의 출판물 판매, 인천의료원의 진료비, 공립학교의 납입금이나 육성회비 등은 민간의 해당 부문 소비지출에 포함한다. 이에 따라 지역총생산에 대한 지출에서의 정부소비는 지방재정통계의 결산결과보다는 작은 수치를 보이게 된다.

05 지역내총생산에 대한 지출 중 정부소비가 차지하는 비중은 국가의 국토균형발전정책과 밀접하게 관련된다. 정부소비는 각 지역 지방정부 등의 예산지출에 해당하는데, 수도권(서울, 경기, 인천) 세입의 상당 부분을 지방의 교부금으로 지원함에 따라 수도권에 속한 지역의 정부소비 비중은 작을 수밖에 없으며 중앙정부를 통한 교부금 지원이 큰 지방의 경우 정부소비의 비중이 크게 나타나게 된다. 다만 울산의 경우는 공업지대인 지역 특성으로 지역생산 규모보다 상대적으로 인구가 작아 정부소비의 비중도 작게 나타난다.

인구 1인당 정부소비는 2018년 현재 520만원으로 전국평균의 87.9% 수준을 보이는 실정이다.

아울러 시·도별 정부소비비중과 지역내총생산비중의 격차 추이를 보면 인천의 경우 두 비중이 거의 같아 −0.1에서 0.4%p 수준이다. 이에 비해 부산, 대구, 대전 등 다른 광역시의 경우 정부소비의 비중이 지역내총생산비중 보다 훨씬 커 인천의 격차를 크게 앞지르고 있다. 즉 지역내총생산이 전국에서 차지하는 비중보다 정부소비가 전국에서 차지하는 비중이 크다는 말은 중앙정부에 의한 지원으로 이들 지역의 정부소비 비중이 지역내총생산비중을 크게 상회하고 있다는 뜻이다. 그만큼 인천에 비해 중앙정부의 지원을 많이 받고 있다는 의미다.

요약하면 인천은 민간소비나 정부소비가 모두 다른 시·도에 비해 작은 편에 속한다. 따라서 같은 돈을 벌어도 인천은 다른 광역시에 비해 씀씀이가 작다는 말이다.

■ 인천의 정부소비 관련 전국 비중 추이

	2010	2011	2012	2013	2014	2015	2016	2017	2018
지역내총생산 전국비중(%)	4.8	4.6	4.6	4.6	4.8	4.8	4.9	4.8	4.7
정부소비 전국비중(%)	4.7	4.8	4.8	4.7	4.8	4.8	4.9	5.0	5.0
정부소비/GRDP(%)	13.9	14.8	15.3	15.1	15.2	15.1	15.4	16.0	17.3
(전국 평균, %)	14.1	14.3	14.6	14.9	15.2	15.1	15.2	15.4	16.1
연앙인구 전국비중(%)	5.5	5.5	5.5	5.6	5.6	5.7	5.7	5.7	5.7
1인당 정부소비(백만원)	3.2	3.5	3.6	3.7	4.0	4.2	4.5	4.9	5.2
(전국평균 대비, %)	86.2	87.2	86.4	83.7	84.4	85.3	86.1	88.0	87.9

■ 특 · 광역시별 정부소비비중과 지역내총생산비중의 격차 추이

(%p)

	2010	2011	2012	2013	2014	2015	2016	2017	2018 p)
서울	-6.1	-5.9	-6.0	-5.7	-6.0	-6.6	-6.5	-6.7	-7.0
부산	0.2	0.4	0.4	0.5	0.5	0.4	0.5	0.6	0.6
대구	1.2	1.2	1.2	1.2	1.2	1.3	1.0	1.1	1.1
인천	-0.1	0.2	0.2	0.1	0.0	0.0	0.0	0.2	0.4
광주	0.4	0.4	0.4	0.5	0.5	0.5	0.4	0.5	0.4
대전	1.3	1.3	1.4	1.1	1.0	1.0	1.0	1.0	1.0
울산	-3.1	-3.4	-3.2	-3.1	-2.8	-2.5	-2.5	-2.3	-2.2
(경기)	-1.4	-1.4	-1.6	-2.8	-3.2	-4.0	-4.3	-5.3	-5.6

인천의 가계소비, 앉아서 쓰는 돈보다 돌아다니며 쓰는 돈이 많다

인천 소비에 관한 두 번째 의문은 인천의 소비가 넉넉하지 못하기도 하지만 소비의 내용 면에서 앉아서 즐기기보다는 돌아다니며 먹고 사는 데 쓰기에도 바쁘다는 것이다.

한 가정의 살림살이를 꼼꼼하게 살펴보는 방법의 하나는 가계부를 뒤져보는 일이다. 인천시 전 가구의 가계부에 해당하는 것이 통계청에서 발표하고 있는 국내 가계소비 지출이다. 다음의 표는 주요 시·도의 가계소비지출을 형태별로 분류한 것이다. 우선, 주요 시·도에 비해 인천은 내구재 소비의 비중이 높은 특징을 갖고 있다. 내구재는 수년간 사용할 수 있는 집안의 주요 살림에 해당한다. 새로 가구를 장만하거나 집을 옮길 때 주로 구입하는 것이다. 상대적으로 이

동이 많은 지역에서 높게 나타나는 경향을 보인다. 다음으로 인천은 서비스에 대한 소비의 비중이 낮다. 서비스보다는 재화의 구입 비중이 다른 지역에 비해 높다는 것은 그만큼 가계 생활이 더 팍팍함을 보여 준다. 상대적으로 가구를 구성하고 집을 얻거나 장만하는 가계의 비중이 높아 인천의 가계가 평균적으로 서비스를 즐기기보다는 재화의 마련에 더 급급한 모습을 읽을 수 있다.

■ 2018년 주요 시·도의 시·도별 형태별 국내가계소비지출 비중

(%)

	전국	서울	부산	대구	인천	광주	대전	울산	세종	경기
내구재	10.3	8.5	10.5	10.8	12.4	10.2	10.4	11.3	12.9	10.9
준내구재	9.2	8.1	9.2	9.6	9.0	11.2	9.9	9.8	10.1	9.3
비내구재	21.7	18.9	22.1	21.2	21.5	20.9	21.4	22.3	19.6	21.6
서비스	58.8	64.5	58.2	58.4	57.1	57.7	58.3	56.7	57.5	58.2

또한 다음의 표는 2018년중 주요 시·도의 목적별 국내가계 소비지출 비중을 정리한 것이다. 통계청이 구분하는 12개 비목을 다시 두 종류로 구분하였다. 자주 이사 다니거나 생활 형편상 이동이 많은 가구에서 지출이 상대적으로 큰 비목을 '이동형 소비'로 분류했다. 나머지 교육이나 오락문화 등 비교적 안정적인 환경에서 이동이 적은 가구에서 주로 지출이 되는 비목은 '정주형 소비'로 이름 붙여 분류했다.

■ 2018년 주요 시·도의 목적별 국내가계소비지출 비중

(%)

	전국(A)	서울(B)	부산	대구	인천(C)	경기	C-A	C-B
이동형 소비	39.1	34.4	40.4	40.7	42.0	38.9	2.9	7.6
의류 및 신발	6.4	5.7	6.4	6.8	6.1	6.4	-0.3	0.4
가구집기용품	3.0	2.7	3.0	2.9	3.1	3.0	0.1	0.4
의료보건	5.2	4.1	5.8	5.1	5.4	4.8	0.3	1.3
교통	10.9	8.4	11.0	12.1	13.0	10.8	2.1	4.6
통신	3.4	3.7	3.5	3.2	3.8	3.4	0.4	0.1
음식숙박	10.3	9.8	10.7	10.7	10.5	10.5	0.2	0.7
정주형 소비	60.9	65.6	59.6	59.3	58.0	61.1	-2.9	-7.6
식음료품	11.6	10.5	11.4	11.3	11.5	11.6	-0.1	1.0
주류 및 담배	1.9	2.2	2.5	1.7	1.8	1.6	-0.1	-0.4
임료수도광열	17.6	20.1	16.3	17.7	17.8	18.8	0.2	-2.3
오락문화	9.2	8.3	10.0	9.4	8.9	9.5	-0.3	0.6
교육	5.5	7.4	4.6	4.9	4.2	5.3	-1.3	-3.2
기타	15.1	17.1	14.8	14.3	13.9	14.2	-1.2	-3.2

위의 표에서 보면 인천지역 가계소비의 특징은 한마디로 '이동형 소비'가 많다는 점이다. 대표적으로 교통비의 경우 인천은 가계지출의 13.0%를 지출한다. 서울 가구의 8.4%보다 4.6%p가 많다. 인천시민이 서울시민보다 교통비를 거의 1/3 이상을 더 쓴다는 뜻이다. 전국평균 가계의 10.9%에 비해서도 2.1%p를 더 쓰고 있다. 반대로 교육비를 보면 서울은 가계비의 평균 7.4%를 교육비에 쓰고 있다. 이에 비해 인천의 경우는 4.2%에 불과하다. 교육비는 아무래도 안정된 가정에서 지출비중이 더 높게 된다. 서울에 비해 3.2%p나 차이 나는 인천의 교육비 비중은 가계생활의 불안정성에서 그치는 것이 아니라 장

래 인천의 인적 역량을 좌우할 수 있다는 점에서 주목해야할 비중의 차이다. 전국 가계의 평균 교육비 지출 비중 5.5%에 비해서도 1.3%p가 작다. 1.3%p는 5.5%의 20%가 넘는 비중이다. 전국 평균 가계 교육비의 비중에 비해 1.3%가 작다는 것이 아니라 20% 이상 작다는 말이다. 이 통계의 교육비는 공교육비뿐만 아니라 사교육비나 교육용 자재비 등 모든 교육 관련 비용을 포함하는 개념이다. 교육이라는 것이 돈만 많이 들인다고 훌륭한 교육이 되는 것은 아니지만 돈을 들이지 않는데 좋은 교육이 될 리는 없다. 교육을 통해 인적 자원을 양성하는 비용의 비중이 다른 지역에 비해 낮다는 것은 지역의 노동 생산성 저하와 잠재성장력 감소까지도 따를 수 있어 우려하지 않을 수 없다.

목적별 소비지출만 보더라도 인천은 다른 지역에 비해 안정된 환경 하에서 상대적으로 지출이 많을 수 있는 정주형 소비가 전국보다 2.9%p, 서울보다 7.6%p가 작다. 거꾸로 이동형 소비는 그만큼 더 많다. 이동에 따른 직접비용인 교통비뿐만 아니라 아무래도 이동이 많아 지출도 늘기 마련인 의류·신발, 이사 다니느라 상대적으로 지출이 많을 수밖에 없는 가구·집기 비용, 통신이나 음식·숙박비 등의 비중이 모두 전국이나 서울보다 인천의 가구당 평균 지출 비중이 크다. 이에 따라 "인천은 소비가 넉넉하지도 못하지만, 허겁지겁 돌아다니며 먹고사는 데 쓰기에도 바쁘다"는 말이 나오는 것도 크게 이상할 일은 아니라고 할 것이다.

서울

인천

인천의 가계소비, 안보다 밖에서 쓰는 돈이 더 많다

인천지역 가계지출의 주요한 특징 중의 하나는 소비의 역외의존이다. 즉, 인천시민의 소비 중 과도하게 많은 소비가 서울이나 경기도 등 인천 밖에서 이루어지고 있다는 것이다. 같은 돈을 쓰면서 상당 부분을 서울이나 경기 등 외지에 나가서 쓰니 인천 안에서 돈이 돌지 않는다는 불만이 자주 제기된다.

한국은행이 2010~2014년 신한, 국민 및 BC카드 사용자의 카드이용 실태를 분석한 연구 자료를 보면 인천 거주자가 서울 등 다른 지역에서 신용카드를 사용한 금액이 2014년 전체 사용 금액의 절반이 넘는 52.8%에 달한다. 즉, 100원을 쓰면 약 53원을 인천이 아닌 외지에서 쓴다는 말이다. 전국에서 가장 높은 역외소비율이다. 우리나라 소비자의 역외소비 평균이 45.5%인 것과 비교해 꽤 크다. 전국평균보다 7.3%p가 높으며, 같은 수도권의 서울 21.3%에 비해서는 두 배가 넘는 수준이다. 경기도에 비해서도 7.9%가 높은 수준으로, 세종시를 제외하면 전국에서 가장 높은 수준이다.

이에 비해 인천 거주자가 아닌 외지 사람이 인천에 와서 소비하는 비율은 25.3%에 불과하다. 서울의 경우 소비유입률, 즉 서울에서 받은 카드 중 서울사람이 아닌 사람이 쓴 금액이 53.5%인 점을 고려하면 인천의 소비유입 경쟁력이 서울에 비해 크게 뒤처져 있다는 것을 알 수 있다.

■ 시·도별 역외 소비율

(%)

	인천	울산	충북	전남	대전	강원	경남	광주	경기	부산	대구	전북	충남	제주	경북	서울	평균
2014	52.8	49.1	47.9	47.9	47.3	46.6	46.3	45.5	44.9	44.7	44.3	42.0	40.6	40.0	37.5	21.3	45.5
2012	53.1	45.5	44.6	44.1	45.1	43.6	44.1	42.4	45.0	42.5	42.0	38.6	46.5	37.4	42.4	20.5	43.2
2010	49.4	40.9	39.6	39.0	40.4	38.4	39.0	38.8	41.7	38.6	38.5	33.6	40.9	31.9	35.6	20.5	37.9

■ 시·도별 소비 유입률

(%)

	서울	제주	충남	대전	경기	강원	광주	충북	인천	전남	부산	경북	전북	경남	울산	대구	평균
2014	53.5	36.1	35.3	32.3	31.8	30.6	28.4	27.2	25.3	23.8	22.5	21.4	19.7	18.4	18.3	17.3	28.6
2012	50.8	34.4	33.3	29.3	29.0	30.4	23.7	27.1	25.7	24.4	21.1	27.3	19.2	17.7	17.5	17.1	27.4
2010	47.4	31.5	31.5	26.5	26.4	28.9	25.0	25.3	27.4	22.5	22.7	24.3	20.2	16.9	17.3	17.2	25.7

　　인천시민들이 사용하고 있는 3개 카드사의 신용카드 사용금액으로 보면 2014년 중 인천시민의 카드사용금액은 총 10조 7천억원이다. 이 가운데 인천에서 사용한 금액은 5조원인데 비해 서울에서 3조 2천억원, 경기에서 1조 7천억원 등 인천 밖에서 사용한 금액이 5조 7천억원이다. 반면 인천지역의 카드가맹점이 받은 3개 카드사의 신용카드 금액은 2014년 중 6조 7천억원이다. 이 중 인천 거주자가 인천에서 사용한 카드 금액이 5조원인데 비해 서울 거주자가 인천에서 사용한 카드금액은 6천억 원에 불과하며 경기도 거주자의 카드사용액도 8천억 원에 불과하다. 인천사람이 서울에서 쓴 카드금액이 3조 2천억 원인데 비해 서울사람이 인천에 와서 쓴 금액은 6천억원에 불과하다. 3개 카드사 카드사용액만 비교하더라도 인천사람에 의한 역외유출이 2조 6천억원에 달한다는 말이다.

결국, 2014년 중 카드 3사의 신용카드로 역외로 지출되는 규모가 5조 7천억원에 달하는 반면, 인천의 신용카드 가맹점이 받은 역외소비자의 신용카드 수입액은 다음의 표에서 보듯이 1조 7천억 원에 불과하여 인천의 신용카드에 의한 소비의 순유출규모는 4조원에 달한다. 카드 3사 이외의 카드와 현금 및 이체거래 등 지급수단에 의한 외부유출을 고려하면 순유출규모는 이를 크게 웃돌 것으로 예상된다. 2013년 기준 최종민간소비 규모가 36조 7천억 원인 점을 감안하면 2014년에도 최종민간소비의 15%를 크게 상회하는 금액이 유출되고 있을 것으로 보인다.[06]

그나마도 통계적으로는 외지소비의 인천 내 유입으로 보이지만 실제 인천지역 경제활동에 큰 영향을 주지 못하는 인천공항 내의 면세점 매출분[07]을 제외하면 외지소비의 역내 유입률은 더욱더 낮아질 것으로 추정된다.

---

06 신용카드 통계자료를 보유하고 있는 여신금융협회는 통계자료를 유로로 제공하고 있어 이후 인천의 역외소비를 추정할 수 있는 통계자료를 구하지 못하고 있는 실정이다. 그러나 인천광역시의회의 지원으로 인천연구원이 구입한 2018년 신한카드만의 통계자료에 의한 분석에서도 인천의 역외소비 추세는 개선되지 않고 오히려 소폭 악화되고 있는 것으로 나타나고 있어 위의 분석에 큰 차이가 없을 것으로 보인다.

07 2014년 기준 인천 소비유입액의 13.9%는 인천에 소재하는 면세점을 통한 유입액이다.

■ 2014년 인천시민의 지역별 신용카드 지출

		비율(%)	금액(조원)
역내		47.2	5.0
역외		52.8	5.7
	서울	30.2	3.2
	경기	15.4	1.7
	기타	7.2	0.8
계		100.0	10.7

■ 2014년 인천가맹점의 지역별 신용카드 수입

		비율(%)	금액(조원)
역내		74.7	5.0
역외		25.3	1.7
	서울	8.8	0.6
	경기	11.4	0.8
	기타	5.1	0.3
계		100.0	6.7

인천의 역외소비율이 높은 가장 큰 이유는 외지로 출퇴근, 통학을 많이 하는 것과 깊은 관계를 갖는다. 2015년의 통계청 자료에 의하면 아침에 통근하거나 통학하기 위해 집을 나서는 인천사람의 11.5%가 서울로, 13.4%가 경기 등으로 떠난다. 대부분 출근 인원이기는 하지만 100명 중 25명이 인천 밖으로 나간다는 말이다.[08] 2010년에는 11.1%와 9.6%가 서울이나 경기도 등으로, 그러니까 100명 중 20명 정도가 나간 것에 비교하면 5년 사이에 외지로 출근 또는 통학하는 인원이 거의 5명이 증가한 셈이다. 인천을 벗어난 곳으로 출근 또는 통학하는 인천사람들은 거기서 쓰고 일하다가 저녁이 되면 인천으로 돌아온다. 인천에서 소비한다고 하더라도 전철을 이용하거나 TV홈쇼핑을 이용하면 이들 업체의 본사 소재지가 서울이므로 결국 서울에서 소비하는 것과 같다. 서울로, 경기로 향하는 도로망이 발달할수록 이 비율이 높아질 수밖에 없다.

---

08 통계청의 통근통학 통계는 5년마다 작성하고 있어 현재로서는 가장 최근의 통계치이다.

인천시민들의 높은 역외소비율은 인천지역 내 점포가 인천시민에 대한 내부 경쟁력이 취약하다는 것을 뜻한다. 서울이나 경기도로 연결되는 교통망이 잘 돼 있을수록 이들 지역과 결합도가 높아지는데, 경제적 결합도가 상승하면 자연적으로 경쟁력이 취약한 지역의 소비가 상대적으로 경쟁력이 강한 지역으로 빨려 들어간다. 결합도 상승에 따라 소위 '빨대효과'라고 불리는 '집중효과'가 크게 작용하는 반면, 경제력이 강한 지역의 소비가 여타 지역으로 흘러나가는 '분산효과'는 크지 않음에 따라 나타나는 결과다.

어떻게든 인천 가계소비 행태의 개선에 관한 논의가 필요한 상황이다.[a]

■ 수도권 통근·통학 흐름(2010, 2015)

(단위: 천명, %)

| 통근·통학지 / 현재 거주지 | 통근·통학(2010) | | | | | | 통근·통학(2015) | | | | | |
	수도권	서울	인천	경기	수도권외	계	수도권	서울	인천	경기	수도권외	계
전체	13,931	6,714	1,437	5,780	14,420	28,351	14,424	6,517	1,445	6,461	14,934	29,358
	49.1	23.7	5.1	20.4	50.9	100.0	49.1	22.2	4.9	22.0	50.9	100.0
서울	5,830	5,257	77	496	65	5,895	5,671	5,017	71	583	79	5,750
	98.9	89.2	1.3	8.4	1.1	100.0	98.6	87.3	1.2	10.1	1.4	100.0
인천	1,540	173	1,237	131	18	1,558	1,642	191	1,250	200	23	1,665
	98.8	11.1	79.4	8.4	1.2	100.0	98.6	11.5	75.1	12.0	1.4	100.0
경기	6,483	1,251	120	5,111	107	6,590	7,027	1,277	121	5,630	141	7,168
	98.4	19.0	1.8	77.6	1.6	100.0	98.0	17.8	1.7	78.5	2.0	100.0
수도권외	79	34	3	42	14,229	14,308	84	32	3	49	14,691	14,775
	0.6	0.2	0.0	0.3	99.4	100.0	0.6	0.2	0.0	0.3	99.4	100.0

인천의 정부소비, 복지와 교육에 집중

각 지역의 정부소비는 크게 6개 분야로 구분된다. 일반행정 및 국방, 공공질서 및 안전, 경제, 보건복지 및 환경, 주택 및 지역사회개발, 교육 및 오락문화이다. 주로 예산 편성에 좌우되지만 각 부문별 구성비는 지역의 특성에 따라 달라지고 그 지역의 현안에 따라 비중이 변화되게 된다.

인천은 정부소비 규모가 작은 편이기는 하지만 비목별 지출에 있어서는 보건복지 및 환경, 교육 및 오락문화 분야에 정부소비를 집중하고 있다. 다음의 표에서 보는 것처럼 인천의 보건복지 및 환경분야 대한 소비지출은 정부소비 전체의 40.4%로 부산을 제외하고는 전국에서 가장 높은 비중을 차지하고 있다.

교육 및 오락문화 부문에 대한 지출비중도 23.1%로 전국이나 광역시의 평균에는 다소 미치지 못하지만, 보건복지 및 환경에 이어 가장 비중이 높다. 이에 따라 이들 두 분야에 대한 정부소비의 비중은 정부소비 전체의 거의 2/3에 달하는 63.5%를 차지하고 있다.

주택 및 지역사회개발에 대한 정부소비 비중은 4.2%로 절대비중이 큰 것은 아니나 전국에서 가장 높은 비중을 보이고 있다. 경제부문은 서울, 경기, 부산, 울산에 이어 전국 16개 시·도중 13위로 상대적으로 낮은 비중을 보이고 있다.

(%, 등)

	일반행정국방		공공질서안전		경제		보건복지환경		주택지역개발		교육오락문화	
전국	23.1		7.7		9.3		33.9		2.6		23.5	
서울	23.7	5	12.0	2	1.6	17	36.3	5	2.8	5	23.6	8
부산	16.9	12	11.3	3	2.7	16	42.3	1	1.9	16	24.9	6
대구	16.9	13	13.0	1	6.1	11	36.5	4	1.5	17	26.0	4
인천	**19.5**	**10**	**8.7**	**6**	**4.0**	**13**	**40.4**	**2**	**4.2**	**1**	**23.1**	**12**
광주	16.4	14	9.2	5	5.3	12	39.0	3	2.5	9	27.5	2
대전	28.0	3	7.3	8	9.0	10	30.6	13	1.9	15	23.2	11
울산	12.7	17	7.7	7	3.5	14	36.2	6	2.5	8	37.3	1
세종	36.5	2	1.4	17	23.7	2	22.1	16	1.9	14	14.3	17
경기	26.9	4	6.3	11	3.4	15	35.9	7	2.1	13	25.4	5
강원	42.0	1	5.8	14	10.8	9	20.3	17	3.1	3	18.0	16
충북	20.5	8	5.9	13	13.4	6	31.2	12	2.5	10	26.6	3
충남	23.4	6	6.0	12	14.6	5	30.2	14	2.4	11	23.4	10
전북	14.0	16	6.5	10	21.1	3	32.5	11	2.6	7	23.4	9
전남	15.0	15	6.6	9	26.9	1	29.2	15	2.9	4	19.3	15
경북	20.1	9	4.1	16	18.4	4	33.6	10	3.4	2	20.5	14
경남	22.8	7	5.8	15	12.0	7	33.7	9	2.8	6	22.9	13
제주	18.5	11	9.3	4	10.9	8	35.1	8	2.1	12	24.0	7

인천의 정부소비, 지역개발은 증가, 교육 등은 감소 추세

각 지역의 정부소비는 그 지역 관심사의 변화에 따라 비목별 지출비중도 변하게 된다. 인천의 경우 보건복지 및 환경 분야에 대한 정부소비 지출비중이 늘 6%p 이상 높은 비중을 보여 왔다. 반면, 대부분 광역시에서도 경제 분야에 대한 정부소비 비중이 낮은 편이나 특히 인천은 그 비중이 전국평균에 비해서도 5~6%p가 낮은 모습을 보이고 있다.

  그런 가운데 교육 및 오락문화에 대한 정부소비 비중은 큰 편이지만 점차 비중이 상대적으로 하락하는 모습을 보여 2015년 이후에는 전국평균보다도 오히려 비중이 작게 나타나고 있다. 한편, 주택 및 지역사회개발에 대한 정부소비는 규모는 작지만 2016년 아시안게임 개최와 관련한 체육시설과 지하철, 대단위 주택단지 개발 등이 겹치면서 비중이 크게 상승하고 있다.

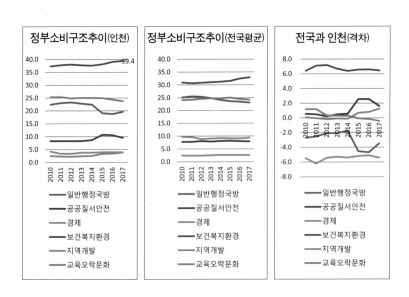

a 인천의 가계소비 행태 개선 논의

개인이든 가계든 고생하며 돈을 버는 궁극적 목적은 애써 번 돈을 제대로 써서 나름 대로 최대의 행복과 만족을 얻는 데 있다. 행복과 만족을 얻기 위해 돈을 쓰는 행태는 전적으로 개인적인 판단에 따른다. 개인의 소비행태에 대해 옳고 그름이나 맞고 틀림을 따지거나 정할 수는 없는 일이다. 즉, 소비자가 어떠한 목적으로 어떤 소비를 선택하든, 또는 어디에서 얼마를 소비하든 그것은 소비자가 스스로 자신의 만족을 극대화하는 선에서 정하면 되는 일이다.

다만, 전 국민을 대상으로 하는 국가 경제와 마찬가지로, 지역경제의 입장에서도 지역경제 내의 균형을 달성하는 가운데 장기적으로 지역경제의 성장과 발전을 도모할 수 있도록 바람직한 소비생활을 유인할 필요가 생긴다. 예를 들어 인천의 역외소비를 1%p만 줄여도 역내 소비 확대로 인한 산출액 증가가 2018년 기준으로 4,500억 원 이상에 달해 이의 40% 이상이 총부가가치 증가로 이어져 다시 지역내총생산과 지역총소득이 증가하는 선순환을 유도할 수 있게 된다. 이를 위해 정책적 유인을 제공하는 한편 자율적 시장경제가 달성하기 어려운 시장실패를 방지하거나 완화하는 방안을 추진할 수도 있다. 인천 소비의 문제점을 시정하기 위한 인천 소비행태 개선도 크게는 이러한 원칙의 범위를 넘지는 않아야 할 것으로 보인다.

특히, 인천에서 소비해도 될 것을 굳이 외지에서 소비하는 역외소비가 증가한다면 인천에서 그 물건이나 서비스에 대한 소비가 감소하게 된다. 그에 따라 그 물건을 만들거나 서비스를 제공하는 기업과 자영업자의 매출이 축소될 수밖에 없다. 결국, 인천지역의 고용과 소득의 부진 등 악순환을 초래하는 것이다. 따라서 소비자는 나름대로 합리적인 선택을 하겠지만 인천으로서는 인천의 소비자뿐 아니라 외지의 소비자도 가능한 대로 인천에서의 소비를 선택하도록 유인을 제공하는 등의 마케팅 노력을 해야 할 것이란 말이다.

1) 가계의 목적별 소비지출 개선

인천의 목적별 소비지출을 보면 이동형 지출과 관련한 특정 항목 비중이 높게 나타나 다른 쪽의 비중이 상대적으로 낮게 나타난다. 어느 한쪽이 높은 것이 바람직하다고 볼 수는 없지만 그렇다 하더라도 교육비 비중은 전국과 비교해 매우 낮은 것이 사실이다.

교육비 수준은 장기적으로 지역의 인적투자 수준을 정하는 요인이 될 것이므로 인천의 가계지출 중 교육비 수준이 추세적으로 낮은 원인과 그 영향에 대해 세심한 조사와 분석, 대책 마련이 필요할 것으로 보인다.

주거비 관련 항목 비중이 낮은 것은 핵심경제활동인구인 청년층과 함께 사회복지 수혜대상자의 순유입 요인도 있다. 이는 지역 소득 격차, 신·구도심 간 경제력 격차를 확대하는 요인이 될 수 있다는 점에서 이에 따른 검토와 대책 마련이 수반돼야 할 것으로 보인다.

2) 역외소비 시정 노력

이에 비해 과도한 수준의 순역외소비에 따른 악순환에 대하여는 다각적인 장단기 대책의 마련과 실천이 중요할 것으로 보인다. 소비에 따른 효용증가 여하에 불구하고 전국 평균에 비해서뿐만 아니라 인근의 서울, 경기에 비해 크게 높은 역외소비율은 지역경제 활성화의 제약요인으로 작용할 것이기 때문이다.

첫 번째로는 지역 내 이동성을 보장할 도로망의 확충이 필요하다. 인천의 주요 도로가 인천 내에서의 이동보다는 서울과의 연계를 고려하여 동서 간 이동 축으로 만들어진데다 남북 간을 연결하는 도로도 서울의 교통 혼잡을 회피하기 위한 우회도로의 성격이 강하다. 인천 내에서의 이동보다 오히려 서울로의 이동이 편리하다면 소비의 외부유출은 불가피하게 된다. 이러한 도로 사정에 따른 소비의 유출 규모가 장기적으로 인천지역 내에서 도로를 확충하는 비용을 초과하게 되면 당연히 도로부터 확충해야 할 것이다. 그러한 점에서 최근 인천 내 남북도로의 확충이나 내부순환도로의 설치 논의가 반가울 수밖에 없다.

둘째, 서울 또는 기타지역과의 연결을 위한 교통망 신설시에는 교통망 주변에 있는 외부지역과 비교해 인천지역의 경쟁력이 약한 경우 이를 보완한 대책을 사전에 마련해 시행할 필요가 있다. 부평으로 서울의 전철이 연결되면서 해당 지역의 소비가 전철을 따라 서울로 흘러나가 한동안 부평지역의 상권이 위축된 것이 대표적 사례다. 논의가 진행되고 있는 수도권 제2 순환도로나 GTX-B 노선 등 교통망의 외부연계에서도 마찬가지다. 부평과 서울의 지하철 연결은 두고두고 다시 새겨야 할 중요한 경험이다. 달리 경험이 없었던 당시 서울과의 연결에 따른 '빨대 효과'로 소비가 빠져나가는 것은 어쩔 수 없다고 하더라도 가능하면 짧은 시간 내에, 작은 충격을 거쳐 다시 서울의 소비가 인천으로 돌아오는 '분산효과'가 나타나도록 사전에 부평지역 경쟁력 강화방안을 마련해야 한다. 교통망 확장에 따른 충격을 최소화하지 못한 것이 아쉬움으로 남아 있기 때문이다.

셋째, 인천 소비의 외부유출을 억제하는 한편 외지소비의 유입을 촉진할 수 있도록 인천 전통시장 등의 마케팅 능력을 강화하고 대규모 쇼핑몰을 유치해 지역 생산품 판매를 권장할 필요가 있다. 장기적으로 전통시장이 다품종 소량판매방식에서 벗어나 소품종에 전문화하는 등 판매방식의 변화도 도모해야 할 것으로 보인다. 불특정 다수를 대상으로 중저가 품목의 대량 판매에 치중하는 대규모 소매점에 대응하면서 서울의 전문 상가와 경쟁해 나가기 위해서다. 막대한 지원에 비해 그 효과가 크지 않은 것으로 평가되는 전통시장 현대화 사업도 이러한 점에 초점을 두고 지원방식의 변화를 도모할 필요가 있다. 인천 내에서 점포 간의 경쟁에 몰두할 것이 아니라 신포시장이 남대문시장과 경쟁하고 부평시장이 동대문시장과 경쟁할 수 있도록 노력을 기울여야 한다.

넷째, 중장기적으로는 의료, 교육 등 서비스부문의 경쟁력을 강화해 인천에서의 소비자 선택이 가능하도록 정주 여건을 개선해야 한다. 1인당 병상 수나 교육비지출 수준이 16개 시·도 중 최하위 수준에 머물고 있다는 점에서 서비스 부문에 대한 투자가 절실하다. 근본적으로 지역 내 산업 경쟁력을 강화해 소비뿐 아니라 산업생산과 총소득이 지역 내에서 이루어지도록 산업 간 유기적 결합이 이뤄지도록 노력해야 할 것이다.

인천은 어떻게 쓰나
- 지역내총생산에 대한 지출 : 투자구조

앞에서 언급한 것처럼 '지역내총생산에 대한 지출'은 소비와 투자, 순이출로 구성된다. 소비는 민간과 정부에 의해 써서 없어진다. 그래서 최종소비지출이라고 한다.

이에 비해 투자는 쓰이기는 쓰이지만 형태가 바뀌어 남는다. 그래서 총자본형성이라고 한다.

소비는 현재를 위해 쓰이지만, 투자의 결과인 총자본형성은 건물이나 설비 또는 재고 등으로 남아 시간이 지나면서 쓰인다. 따라서 투자는 미래를 위해 쓰이는 셈이다. 이에 따라 투자 비중이 높을수록 바로 지역경제의 성장률이 높아지기도 하지만 동시에 잠재성장률이 높아져 미래의 지역경제 성장률 상승을 뒷받침한다. 그런 점에서 총자본형성은 지역경제에 대단히 중요한 의미를 갖는다.

지역내총생산에 대한 지출의 주요 구성항목인 총자본형성은 우선 '총고정자본형성'과 '재고증감 및 귀중품 순취득'으로 나뉜다. 이 중 '총고정자본형성'은 다시 '건설투자'와 '설비투자' 및 '지식재산생산물투자'로 나뉜다. '건설투자'는 '주거용건물', '비주거용건물'과 '토목'으로, '설비투자'는 '운수장비'와 '기계류'로 세분된다. '지식재산생산물투자'는 향후의 적용과 사용을 위한 '연구개발'과 이미 개발돼 있는 소프트웨어(S/W)의 구입 등 '기타 지식재산생산물'로 구분된다.

지역 내 생산의 잠재력을 키우는 투자는 장차 산업생산에 쓰이는 투자다.

건설투자 중에서는 주택 등 주거용 건물보다는 공장이나 상가 등의 '비주거용건물'이 산업생산에 활용된다. 산업생산을 뒷받침하는 사회간접자본 투자와 밀접한 건설투자는 '토목'에 대한 투자다.

설비투자에서는 운수장비도 물론 산업용 생산에 쓰이면서 생산성을 향상시키지만 보다 노동생산성을 크게 좌우하는 것은 '기계류'에 대한 투자다. 따라서 지역 생산의 잠재력 향상을 위해서는 크게 보아 건설투자보다는 설비투자나 지식생산물투자가 바람직하다.

건설투자가 이루어진다면 주택보다는 비주거용건물이나 토목에 대한 투자가 더 바람직하다. 주택투자는 장기간에 걸쳐 그 가치가 줄어들지만 일종의 내구소비재 성격을 갖고 있어 산업생산에 직접 기여하지는 못하기 때문이다.

지식생산물투자는 장기적인 잠재력 향상을 위해서는 연구개발이, 단기적 잠재력 향상에는 기타 지식재산생산물에 대한 투자가 바람직하다 할 것이다.

투자는 제조업에서만 이루어지는 것은 아니다. 병원의 의료장비나 설계회사의 컴퓨터 설비 등 모든 서비스 업종의 생산현장에서 생산성을 향상시키는 데 사용되는 투자를 모두 포함한다.

여기까지 서술한 인천 투자의 세부항목 현황을 요약하면 아래 표와 같다.

■ 2018년 인천의 투자(총자본형성)구조

(10억원, %)

지역내총생산			88,390.0	100.0	
지역내총생산에 대한 지출			88,390.0	100.0	
최종소비지출			62,343.5	70.5	
총자본형성			**29,508.8**	**33.4**	**100.0**
총고정자본형성			28,251.5	32.0	95.7
건설투자			**14,075.6**	**15.9**	**47.7**
	주거용건물		5,592.1	6.3	19.0
	비주거용건물		5,450.2	6.2	18.5
	토목		3,033.3	3.4	10.3
설비투자			**9,052.5**	**10.2**	**30.7**
	운수장비		4,360.6	4.9	14.8
	기계류		4,691.9	5.3	15.9
지식재산생산물투자			**5,123.4**	**5.8**	**17.4**
	연구개발		3,789.9	4.3	12.8
	기타지식재산생산물		1,333.5	1.5	4.5
재고증감 및 귀중품 순취득			1,257.3	1.4	4.3
재화와서비스 순이출			-3,472.3	-3.9	
통계상불일치			10.1	0.0	

인천의 투자비중은 비교적 높은 편

우선, 2018년 중 지역내총생산에 대한 지출에서 차지하는 투자의 비중, 즉 총자본형성의 비중은 인천은 33.4%이다. 시·도별로 보면 특·광역시 지역과 도시화 진행 정도가 높은 도 지역은 생산보다는 소비 중심 지역에 해당하여 대체로 투자 비중이 낮다. 다만, 공업도시로 생산이 중심인 울산과 행정도시로 새로이 한참 건설 중인 세종시는 다른 특·광역시에 비해 투자비중이 월등히 높다.

인천의 경우 다음의 표에서 보는 것처럼 전국 17개 시·도 가운데 11위이다. 투자비중의 순위가 높은 것은 아니나 전국 평균 31.7%보다는 높은 편이다. 특히 특·광역시 가운데에서는 울산과 세종을 제외하면 투자비중이 가장 높다.

이와 같이 인천이 특·광역시 중에서, 그것도 수도권에 속하면서도 투자비중이 높은 이유는 우선 인천의 높은 건설투자 비중에 기인한다. 다음의 그래프에서 보는 것처럼 인천은 2005년 이후 경제자유구역 건설에 이어 인천공항 건설, 아시안게임 유치, 지하철 건설 등으로 2005년 이후 최근까지 지속적으로 전국 평균수준을 상회하여왔다.

이와 더불어 항공 및 항만 등 운송업의 비중이 높고 도시지역으로서는 제조업의 비중이 상대적으로 높아 이 역시 인천의 투자 비중을 상대적으로 높게 유지하는 요인이 되어 왔다.

■ 2018년 시·도별 투자비중

(조원, %)

	총지출(A)	총투자(B)	B/A	순위
전국	1,900.0	602.3	31.7	
서울	422.4	85.4	20.2	17
부산	89.7	28.4	31.7	13
대구	56.7	15.0	26.4	15
인천	**88.4**	**29.5**	**33.4**	**11**
광주	39.8	10.4	26.2	16
대전	41.2	12.8	31.0	14
울산	75.6	28.1	37.2	5
세종	11.1	6.3	56.6	1
경기	473.8	167.4	35.3	8
강원	47.0	17.4	37.0	6
충북	69.7	28.2	40.6	2
충남	117.7	47.3	40.2	3
전북	51.0	17.3	33.9	9
전남	76.5	27.7	36.2	7
경북	109.0	36.0	33.0	12
경남	110.5	37.1	33.6	10
제주	19.9	7.9	39.6	4

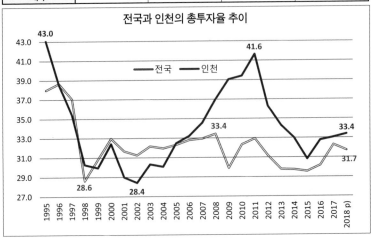

전국과 인천의 총투자율 추이

깊이 보면 아쉬운 인천 투자행태

위에서 본 것처럼 인천의 투자는 비교적 높은 수준을 유지하면서 산업경쟁력을 유지하는 데 기여하고 있다.

■ 2018년 시·도별 투자구조

(%, 등)

	건설		설비		R&D		재고	
전국	48.1		27.9		20.3		3.6	
서울	46.6	11	24.5	11	24.4	4	4.6	3
부산	53.9	5	25.9	8	16.0	14	4.2	5
대구	50.2	7	25.1	10	20.9	6	3.8	6
인천	**47.7**	**10**	**30.7**	**4**	**17.4**	**12**	**4.3**	**4**
광주	50.1	8	22.3	14	25.2	3	2.3	15
대전	34.2	16	18.7	16	44.7	1	2.5	13
울산	32.4	17	30.0	5	30.1	2	7.4	1
세종	76.6	1	10.2	17	11.6	15	1.6	16
경기	52.6	6	27.2	7	17.3	13	2.9	10
강원	62.1	3	25.4	9	9.9	16	2.6	11
충북	44.4	13	33.9	2	18.4	11	3.2	8
충남	34.4	15	41.9	1	20.7	9	3.0	9
전북	55.2	4	23.7	13	18.6	10	2.5	14
전남	45.8	12	29.8	6	20.8	8	3.5	7
경북	44.3	14	31.0	3	22.1	5	2.6	12
경남	49.3	9	23.8	12	20.9	7	6.0	2
제주	70.0	2	20.9	15	7.5	17	1.5	17

크게 보아 2018년 인천의 설비투자 비중은 전체 투자(총자본형성)의 30.7%로 전국의 27.9%보다 높을 뿐 아니라 전국 17개 시·도중 4위

에 이르고 있다. 그러나 인천의 투자를 이끌어 왔던 건설투자가 2018
년에는 전국 평균 수준에도 미치지 못하는 한편 전국 10위로 중간 이
하의 순위에 머무르고 있다. 특히, 지식재산생산물 투자는 17.4%로
전국 평균에 미달하면서 순위도 12위에 머무르고 있으며, 특·광역시
중에서는 행정도시인 세종을 제외하면 가장 낮은 수준이다. 부문별
로 투자내용을 좀 더 자세히 들여다보면 여러 면에서 아쉬움을 감출
수 없다.

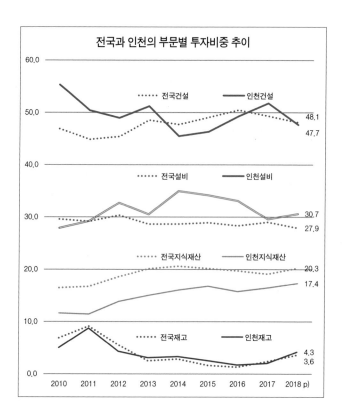

1) 건설투자 중 주거용 투자 비중이 높은 편

건설투자는 크게 주거용 건물, 비주거용 건물, 토목(구축물 및 기타)으로 구분된다. 건설투자 중 산업생산과 관련된 투자는 주로 비주거용 건물과 토목에 대한 투자다. 주거 생활의 개선을 위해서라면 물론 주거용 건물에 대한 투자가 필요하다. 그러나 산업생산의 잠재력 확충을 위해서는 공장이나 상업용 건물 등 비주거용 건물에 대한 투자와 사회간접자본시설의 토목건설, 산업설비기반시설, 초지 조성, 조림 등에 대한 투자 등 토목에 대한 투자 비중이 높은 것이 바람직하다.

인천의 건설부문에 대한 투자를 보면 다음의 표에서 보는 것처럼 주거용 건물에 대한 투자 비중이 대부분 기간에 걸쳐 전국 평균에 비해 높게 나타나고 있다. 반면, 비주거용 건물의 투자 비중은 전국 평균 비중보다도 낮다. 2015년 이후 비주거용건물에 대한 투자 비중이 높게 나타난 것도 산업용 건물에 대한 투자라기보다는 아시안게임을 위한 운동용 시설 건설과 인천 2호선 지하철 건설 및 경제자유구역의 신시가지 건설에 따른 투자가 반영된 결과다. 2010년을 전후해 인천의 건설투자 비중은 전국 평균보다 8.4%p까지 높게 나타났다. 송도신도시 등 경제자유구역에서 대규모 아파트 단지를 건설하는 등의 영향으로 주거용 건물에 대한 투자 비중이 9.0%p까지 높게 나타났기 때문이다. 한편, 토목공사는 경제자유구역을 중심으로 한 신도시 기반시설 구축으로 이보다 앞선 2006년을 전후하여 3.1%p까지 높게 나타나고 있다. 이에 비해 비주거용 건물은 오히려 대부분

의 기간 중 전국 평균보다 낮은 수준이다. 인천의 산업생산능력과 잠
재력이 하락하고 고용흡수력이 낮아지는 요인으로 작용했을 것으로
보인다.

■ 전국과 인천의 총투자중 건설투자 비중 추이

(%, %p)

	전국 건설투자(A)				인천 건설투자(B)				격차(B-A)			
		주거용	비주거용	토목		주거용	비주거용	토목		주거용	비주거용	토목
2004	52.8	16.0	16.2	20.6	50.3	17.7	14.1	18.5	-2.5	1.7	-2.1	-2.1
2005	51.8	16.0	15.5	20.3	52.7	17.3	13.6	21.8	0.9	1.3	-1.9	1.5
2006	50.8	15.7	15.4	19.7	52.2	18.0	11.4	22.7	1.4	2.4	-4.1	3.1
2007	49.5	14.5	15.0	20.0	54.5	18.7	13.5	22.3	5.0	4.2	-1.6	2.4
2008	49.5	14.4	15.4	19.7	55.0	18.6	14.0	22.3	5.4	4.2	-1.4	2.6
2009	55.8	15.1	16.1	24.6	61.8	20.2	16.5	25.0	6.0	5.1	0.4	0.5
2010	46.9	11.7	15.4	19.9	55.3	20.7	13.6	21.0	8.4	9.0	-1.7	1.1
2011	44.9	10.4	15.8	18.7	50.5	18.6	13.2	18.7	5.6	8.2	-2.6	0.0
2012	45.4	10.5	16.3	18.6	49.0	14.8	15.7	18.5	3.6	4.3	-0.6	-0.1
2013	48.6	12.7	17.1	18.8	51.3	12.9	17.2	21.1	2.7	0.2	0.1	2.4
2014	47.8	14.0	17.1	16.6	45.5	11.7	15.3	18.5	-2.2	-2.3	-1.8	1.9
2015	49.1	15.9	16.3	16.9	46.4	12.9	18.7	14.7	-2.7	-3.0	2.4	-2.1
2016	50.5	18.0	17.0	15.4	49.3	15.4	20.7	13.2	-1.2	-2.6	3.6	-2.2
2017	49.4	19.2	16.9	13.3	51.8	20.3	19.4	12.1	2.4	1.1	2.6	-1.3
2018p	48.1	18.8	16.5	12.9	47.7	19.0	18.5	10.3	-0.4	0.2	2.0	-2.6

주 : 2015년 기준 당해년가격

2) 설비투자 중에는 산업설비에 대한 투자가 낮은 편

설비투자는 운수장비투자와 기계류(낙농축산 포함)투자로 구분한다. 인천은 인천공항과 인천항을 갖고 있고 이를 중심으로 물류산업이 발달했다. 항공기와 선박, 대형 트럭과 같은 운송 장비가 많아 당연히 운수장비에 대한 투자 비중이 높은 편이다. 특히, 인천공항이 지역 내에 편입된 2001년 이후 항공기와 관련한 설비투자가 큰 영향을 미쳤다. 다음의 표에서 보듯이 인천의 운송장비에 대한 투자 비중은 전국에 비해 월등히 높은 수준이다. 전국 평균의 거의 두 배에 가까운 운송장비 투자율이다. 2001년 이전에는 운송장비에 대한 투자율이 전국 평균과 큰차이가 없었던 것에 비하면 대조적이다.

이에 비해 제조업이나 서비스업 산업현장에서 산업생산에 직접 기여하는 생산설비 등 기계류에 대한 투자는 통계자료로 파악되는 전 기간에 걸쳐 전국에 비해 상당히 격차를 보이며 전국 평균 투자 수준에 뒤지고 있다. 이 때문에 인천의 총투자 중 설비투자 비중은 운수장비에 대한 높은 투자에도 불구하고 경기에 따라 전국의 투자 수준을 웃돌거나 밑돌기도 한다. 이러한 기계류에 대한 투자 부진은 1995년 이후 장기간에 걸쳐 인천의 제조업 비중이 하락하고 있는 주요한 원인 중의 하나가 되고 있다.

아울러 기계류에 대한 투자 비중의 부진은 근로자 장비율의 저하를 초래해 노동생산성을 낮추는 주요한 원인이다. 이러한 모습은 경기하강기에 더욱 두드러지는데 대체로 경기하강기에는 인천의 설비투자 비중이 전국 평균 투자 비중을 밑도는 반면 경기 상승기에는 전국의 투자 비중을 웃도는 것으로 나타나고 있다.

■ 전국과 인천의 총투자중 설비투자 비중추이

(%, %p)

	전국 설비투자(A)			인천 설비투자(B)			격차(B-A)		
		운수 장비	기계류		운수 장비	기계류		운수 장비	기계류
1995	34.3	8.2	26.0	27.3	8.5	18.8	-7.0	0.2	-7.2
1996	34.6	8.6	26.0	30.3	9.6	20.7	-4.3	1.0	-5.3
1997	31.3	7.5	23.8	28.4	8.6	19.7	-3.0	1.2	-4.1
1998	28.4	5.6	22.8	22.4	5.6	16.8	-6.1	0.0	-6.0
1999	31.8	7.9	23.9	30.7	9.6	21.1	-1.2	1.7	-2.8
2000	37.5	8.6	28.9	32.7	10.4	22.2	-4.8	1.9	-6.7
2001	33.2	7.6	25.5	37.3	16.1	21.2	4.1	8.5	-4.4
2002	32.1	8.0	24.1	37.1	17.4	19.7	5.0	9.4	-4.4
2003	28.9	6.6	22.3	30.6	13.2	17.4	1.7	6.6	-4.9
2004	28.2	5.5	22.7	29.2	12.0	17.3	1.0	6.5	-5.4
2005	27.6	5.5	22.1	27.9	12.0	16.0	0.4	6.5	-6.1
2006	27.1	5.9	21.2	25.7	12.7	13.0	-1.4	6.8	-8.2
2007	27.0	6.2	20.8	24.8	12.9	11.9	-2.2	6.7	-8.9
2008	27.6	6.9	20.7	28.9	13.7	15.2	1.3	6.8	-5.5
2009	29.7	7.8	21.9	27.5	12.4	15.2	-2.2	4.5	-6.7
2010	29.6	7.3	22.4	27.9	13.5	14.4	-1.7	6.2	-7.9
2011	29.2	7.0	22.2	29.3	13.3	15.9	0.1	6.4	-6.3
2012	30.4	7.0	23.4	32.8	13.5	19.2	2.4	6.6	-4.2
2013	28.7	7.0	21.7	30.6	12.8	17.8	1.9	5.8	-3.9
2014	28.7	7.4	21.4	35.0	13.3	21.7	6.3	6.0	0.3
2015	29.0	7.5	21.5	34.2	15.7	18.5	5.3	8.2	-2.9
2016	28.4	7.7	20.7	33.1	15.8	17.3	4.8	8.1	-3.4
2017	29.1	6.5	22.5	29.6	11.2	18.4	0.6	4.7	-4.1
2018p	27.9	6.9	21.0	30.7	14.8	15.9	2.7	7.8	-5.1

주 : 2015년 기중 당해년가격

3) 지식재산생산물 투자 미흡

지식재산생산물 투자는 연구개발(research and development ; R & D) 투자와 기타지식재산생산물로 구분한다. 연구개발 투자에는 무형의 연구개발 활동이 포함된다. 기타지식재산생산물은 오락이나 문화 또는 예술 활동과 관련된 작품 원본, 컴퓨터의 소프트웨어, 광물탐사나 평가 등이 이에 해당한다. 시간이 가면서 새롭게 나타나고 있는 4차산업혁명, ICT, AI 등과 같은 용어의 등장도 지식재산생산물 투자와 연관된다. 경제의 서비스화, 산업의 서비스화, 제조업의 서비스화, 제조업 제품의 서비스화 등도 종국에는 지식재산생산물투자와 관련된 것이다. 예로 첨단화된 스마트폰일수록 그 가격 중에 물품으로 된 원재료비의 비중은 계속 낮아진다. 스마트폰에 포함돼 한 몸처럼 체화된 각종 연구개발 비용과 그에 의한 신기술, 설계, 디자인 등 지식재산생산물의 비중은 높아진다. 제조업도 과거 굴뚝산업으로 설명되던 제조부문보다는 연구, 개발 등 용역을 주로 하는 서비스부문의 비중이 높아져 서비스업화되고 있다.

그 결과 날이 갈수록 산업으로서의 제조업뿐만 아니라 경제 자체가 서비스화되어 가는데 지식재산생산물 투자가 핵심기능을 하고 있다. 이에 따라 지역 내 지식재산생산물투자의 비중은 지역 산업생산의 효율과 성장잠재력을 좌우한다. 나아가 지역경제의 미래 성장을 좌우하게 된다. 그럼에도 불구하고 인천의 경우 총투자중 지식재산생산물 투자는 전국 평균수준에 크게 뒤떨어져 있다. 다음의 그래프에서처럼 전국과 인천의 지식재산생산물투자는 2000년대에 들어와 급격한 격차를 보이며 투자 비중이 벌어졌다. 지식재산생산물 투자 중에서도 연구개발 부문의 전국과 인천의 투자 비중 격차가 2007년 역전된 후 시간이 갈수록 더 크게 벌어지고 있다. 기타 지식재산생산물 투자 비중은 늘 전국보다 투자 비중이 작았고 이 역시 시간이 가면서 전국과의 격차를 벌리고 있다. 지식재산생산물 투자 비중의 격차는 생산성 격차에 더해 성장잠재력 격차를 초래한다는 점에서 인천 산업생산의 미래 전망마저도 어둡게 하고 있다.

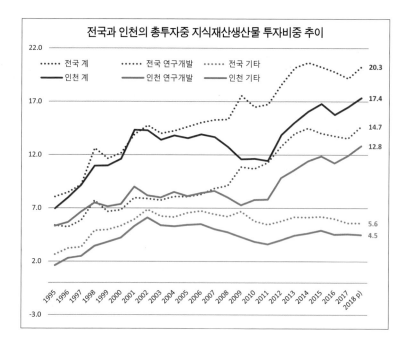

인천의 투자 및 투자행태 개선방안

인천의 투자 및 투자행태의 개선방안은 한마디로 투자의 구조조정에 맞춰져야 한다.

첫째, 지역내총생산에 대한 총자본형성비율(투자율)은 계속 높은 수준을 유지토록 하되 그만큼 재고투자의 비중증가는 억제하는 것이 바람직하다. 무엇보다도 높은 재고투자 비중은 지역 경기변동 폭을 확대하면서 동시에 지역경제에 대한 불안정성을 심화시키는 요인으로 작용할 수 있기 때문이다. 아울러 지역 내 높은 재고투자율은 원청업체의 재고 부담을 쉽게 하도급업체에 전가할 수 있는 영업환경이 형성될 수 있다. 인천의 경우 중소 하도급 기업이 많아 재고투자의 증가는 이들의 수지를 악화시키는 요인으로 작용할 우려가 크다.

둘째, 건설투자는 주거용 건물보다 비주거용 건물과 토목건설 투자의 비중을 높이는 데에 좀 더 많은 관심을 기울이는 것이 필요하다. 주거용 건물의 경우 지역 내 인구계획과 맞물려 있어 손쉽게 조정하기 어려운 점이 있지만, 다른 지역 대비 과도한 주거용 건물투자는 지역 내 부동산가격을 낮추는 데도 영향을 준다. 이 때문에 가계부채를 악화할 위험성도 크므로 주거용 건물투자를 계속하는 것이 반드시 반갑지는 않다. 이에 비해 비주거용 건물과 토목건설투자의 경우 산업생산과 고용 분야에서 파급효과가 커 산업기반을 강화할 수 있고 고용증대에도 상대적으로 큰 효과를 기대할 수 있다. 따라서 지속적인 확대 노력을 기울일 필요가 있다.

셋째, 산업정책의 초점이 설비투자 제고에 맞춰져야 한다. 중앙정부나 지자체의 재정지출정책은 단기적으로 소득증대에 맞춰지는 한계가 있다. 이러한 점을 고려하면 재정 투·융자정책이나 금융정책은 설비투자 제고를 위한 산업정책을 지원하는 데 중점을 두는 것이 바람직하다. 이를 통해 작게는 지역의, 크게는 국가의 산업경쟁력을 확보하는 한편 잠재성장력을 키워야 한다. 특히, 인천 제조업의 경우 제조업체의 상당수가 입주해 있는 산업단지의 경쟁력 강화를 위한 투자가 절실한 상황이다. 또한, 서비스업도 종업원 1인당 생산설비율 (노동의 자본장비율)의 확대를 위한 투자증가 없이는 노동생산성을 획기적으로 높일 수 없다는 점에서 설비투자의 중요성에 대한 인식이 크게 개선될 필요가 있다.

넷째, 지식재산생산물에 대한 투자 없이는 인천 산업의 미래를 보장할 수 없다는 점에서 지식생산물 투자도 늘려야 한다. 인천의 지식생산물투자율이 다른 지역에 비해 현저히 낮은 이유는 광역권 경제정책에 대한 시의 미숙한 대처에서 비롯된다. 광역경제권 건설을 위해 국가적 관심이 R&D 투자에 맞춰져 있을 당시 인천의 관심은 신도시 건설에 초점이 있었다. 때문에, 중앙정부의 경제정책에 사실상 무관심해 기술개발투자유치를 등한시했고 인천테크노파크마저 토지개발에 나서는 상황이었다. 아직도 시, 공단 및 기업단체 등의 인식은 한가하다. 이에 따른 산업정책의 부재도 지적하지 않을 수 없다. 이와 함께 컨트롤 타워의 부재 역시 큰 문제이다. 지식재산생산물투자의 중요성에 대한 인식전환과 함께 시-공단 / 단체-기업으로 이어지는 컨트롤 타워를 중심으로 새로운 지식재산생산물 투자증대를 위한 투자유인책 수립을 서둘러야 할 상황이다.

제6장

인천사람들은 잘 사나
- 인천의 1인당 경제지표

　　지금까지는 인천이 얼마나 만들어 파는지[지역총산출], 그래서 얼마를 버는지[지역내총생산] 알아보았다. 또 그렇게 번 것을 인천은 어떻게 쓰는지[지역내총생산에 대한 지출]를 살펴봤다. 이는 모두 '인천'이라는 '지역'을 기준으로 따져 본 것이다. 그 결과 다음의 표에서 보는 것처럼 인천은 대체로 전국 시·도 중 6위나 7위 수준에, 특·광역시 중에는 2위나 3위 수준에 머물고 있다.

　　지역경제 지표로서 가장 중요시되는 지역내총생산(GRDP)을 기준으로 한다면 인천은 2018년중 전국 7위, 특·광역시 중에는 서울, 부산에 이어 3위에 올라 있다. 지역총소득(GRI)은 전국 6위, 특·광역시 중 3위에 위치하고 있고, 총처분가능소득(GRDI)를 기준으로도 전국 6위, 특·광역시 중 3위를 차지하고 있다. 그러니까 인천이라는 '지역'은 꽤 '잘 살고' 제법 '센' 곳이라고 말할 수 있다.

■ 인천의 지역소득 및 순위 추이

(조원, 등)

	2010			2011			2012			2013			2014			2015			2016			2017			2018p)		
GRDP	63.3	7	3	64.4	8	4	66.4	8	4	69.4	8	4	74.6	7	3	80.1	7	3	84.7	7	3	88.5	6	2	88.4	7	3
GRI	62.5	6	3	65.9	6	3	68.4	6	3	72.1	6	3	77.2	6	3	80.8	6	3	86.3	6	3	90.6	5	3	91.9	6	3
GRDI	62.4	6	3	66.7	7	3	68.9	6	3	72.4	6	3	77.5	6	3	80.8	6	3	86.4	6	3	90.5	6	3	92.6	6	3

주 : 앞의 순위는 전국 17개시·도 중의 순위, 뒤의 순위는 8대 특·광역시중의 순위

하지만 인천 시민들에게 보다 직접적으로 다가오는 것은, 그래서 '인천사람들'은 얼마나 잘 사느냐하는 것이다. '지역'의 생산이나 소득이 크다고 그 '지역사람들'이 잘 사는 것은 아니다. 예로 최근에 생긴 세종시는 '지역'으로는 다른 시·도에 비해 규모가 터무니없이 작고 행정서비스와 일부 제조업 말고는 특별한 산업을 내세울 것도 없으니 지역 자체의 경제력 크기는 17개 전국 시·도나 8대 특·광역시 중 마지막일 수밖에 없다. 하지만 대부분 고소득층의 급여생활자들로 구성돼 있는 점을 감안하면 세종 시민들이 전국에서 가장 못산다고 할 수 없다. 즉, '지역'이 잘살고 못사는 것과 그 '지역사람들'이 잘 사느냐 못 사느냐하는 것은 전혀 별개라는 것이다. 지역의 경제 규모와 인구의 크기를 '함께 고려해야' 그 지역 사람들의 경제력이 어느 정도인지를 판단할 수 있다. 그래서 이 장에서는 1인당 지표를 중심으로 '인천사람들'은 얼마나 잘 사는지 살펴보고자 한다.

인천의 인구 비중은 느는데 지역내총생산 비중은 떨어져

인천의 인구가 3백만 명을 돌파했다. 주민등록인구는 아직 3백만을 넘기지 못하고 있지만, 외국인 등록자를 포함하여 3백만을 넘기면서 2016년 10월 인천은 축제 분위기였다.

인천의 주민등록인구는 인천이 직할시에서 광역시로 승격한 직후인 1992년 약 207만 명에서 2019년에는 약 296만 명으로 증가하였다. 아래의 그래프에서 보는 것처럼 전국 인구에서 인천 인구가 차지하는 비중이 같은 기간 중 4.6%에서 5.7%로 커졌다.

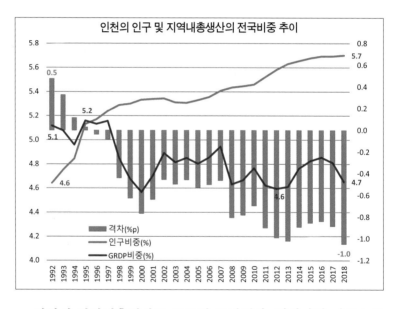

인천의 지역내총생산도 꾸준히 증가했다. 경상가격 기준으로 1985년 4조원 대에 불과하던 인천의 지역내총생산이 2018년에는 88.4조원(당해년 가격기준)을 넘어섰다. 그러나 전국의 지역내총생산

에 대한 인천의 지역내총생산의 비중은 하락추세를 보여 왔다. 앞의 그래프에서 보는 것처럼 1995년 5.2%에서 2012년 4.6%까지 떨어졌다. 이에 따라 인천이 전국에서 차지하는 인구비중과 지역내총생산 비중의 격차가 지속적인 확대 추세를 보이고 있다.

인천의 인구 비중은 커졌는데 인천의 지역내총생산 비중이 떨어졌다는 것은 결국 지역내총생산 증가가 인구증가를 따라가지 못한다는 것이다. 즉, 인구가 증가하면서도 인천사람들의 생산성이 전국 평균을 따라가지 못하고 오히려 하락하고 있음을 보여주는 것이다. 인구가 많아져 300만 명을 넘어섰다고 그토록 좋아했는데 지역내총생산 비중이 증가하지는 못할망정 떨어지지는 말았어야 할 일이었다. 인구증가에 따라 인천사람 각각이 전국 평균보다는 잘살게 되기를 바랐는데 오히려 상대적으로 더 못사는 것으로 나타나게 되었다는 뜻이니 인구가 늘어나지 않기를 바랄 수도 없어 참 난감한 일이 아닐 수 없다.

인천의 1인당 지역내총생산은 전국의 85% 수준

앞의 표에서 보듯이 2018년 각 시·도의 지역내총생산을 연앙인구[01]로 나눈 1인당 지역내총생산을 보면 전국이 3,682만원 인

---

01 연앙인구는 주민등록연앙인구로서 행정안전부에서 공표하는 연말기준 주민등록인구를 기초로 연앙(年央 ; 1년의 중앙 시점) 개념으로 재작성하여 제공되는 자료로 해당 연도의 1.1일과 12.31일 주민등록인구의 산술평균을 말한다. 평균인구의 개념으로 출산, 사망, 이동 등 각종 인구동태율 산출시 분모 인구로 활용한다.

데 비해 인천은 이의 81.7% 수준인 3,008만원이다. 서울에 비해 떨어지는 것을 어느 정도 수긍하겠지만 전국 평균에 비해서도 18.3%나 떨어진다는 말이다. 같은 수도권에 있으면서 인천의 1인당 지역내총생산은 서울의 69.1%, 경기도의 82.7%에 불과하다. 전국 17개 시·도 가운데 12위, 8대 광역시 중 4위다. 지역내총생산이 전국 17개 시·도 가운데 6위, 8대 광역시 중 3위를 차지하고 있는 것과 대비된다.

■ 2018년 시·도별 1인당 지역내총생산

(천원, %, 등)

	1인당 GRDP	상대크기	순위	
전국	36,817	100.0		
서울	43,525	118.2	3	2
부산	26,390	71.7	16	7
대구	23,132	62.8	17	8
인천	**30,076**	**81.7**	**12**	**4**
광주	26,660	72.4	15	6
대전	27,135	73.7	14	5
울산	65,515	177.9	1	1
세종	36,592	99.4	7	3
경기	36,362	98.8	8	
강원	30,893	83.9	10	
충북	43,028	116.9	4	
충남	53,995	146.7	2	
전북	28,002	76.1	13	
전남	42,713	116.0	5	
경북	40,766	110.7	6	
경남	32,938	89.5	9	
제주	30,506	82.9	11	

이러한 현상은 서울과 울산을 제외하면 광역시·도에서 나타나는 공통된 특징이다.

가장 큰 이유는 소위 직장과 주거지가 서로 다른 직주분리현상 때문이다. 예로 주거지가 부산인 사람들의 직장(생산지)은 경남인 경우가 많고, 대구사람들은 경북에서 일하는 경우가 많기 때문이다. 부산의 지역생산순위가 15위인데 비해 경남의 순위는 9위이고, 대구가 17위인데 비해 경북은 4위라는 점에서 이를 확인할 수 있다.

문제는 인천의 경우 경기와 서울에 둘러싸여 있어 지방의 광역시에 비해 직주분리 현상이 크지 않음에도 불구하고 이러한 현상이 나타난다는 것이다. '인천사람들'의 낮은 생산성의 이유[02]로 이 같은 현상이 나타난다. 수도권 내에서 1인당 지역내총생산의 상대적 크기를 비교하면 서울은 전국의 118.2%, 경기는 98.8%인데 비해 인천은 81.7%로 그 격차가 지나치게 크다는 것을 알 수 있다.

하지만 이 같은 인천사람들의 볼멘소리를 듣는 부산과 대구사람들의 심사는 전혀 편할 수 없다. 부산과 대구의 1인당 지역내총생산이 전국 17개 시·도중 가장 낮은 16위, 17위에 해당할 뿐 아니라 8

---

02 전국의 1인당 생산성이 동일하고 인천사람의 15%가 외지에 나가서 생산 활동을 한다고 가정하자. 인천의 1인당 지역내총생산은 인천사람의 85%가 인천에서 생산하여 벌어들인 것을 인천사람 인구수(100%)로 나누어 계산하게 되므로 인천의 1인당 지역내총생산은 전국의 85%가 된다. 아울러 전 국민의 생산성이 동일하다는 같은 가정하에 인천사람의 25%가 외지에 나가서 생산 활동을 하고 13%정도의 외지인이 들어와서 생산 활동을 한다면 인천의 1인당 지역총소득은 전국의 88%(=100-25+13)이어야 한다. 그러나 같은 비율만큼의 인구가 외지로 나가고 외지에서 들어오는데도 불구하고 실제로 인천의 1인당 지역총소득이 전국의 85% 수준이라는 것은 전국 평균에 비해 인천사람들의 생산성이 3%정도 떨어진다는 의미를 갖는다.

대 특·광역시 중에서도 가장 낮은 7위, 8위에 해당하기 때문이다. 이렇게 부산과 대구의 1인당 지역내총생산이 낮은 이유는 이들 지역의 유별나게 높은 직주분리 현상 때문임을 앞에서 설명한 것과 같다.

인천과 전국 평균 1인당 지역내총생산의 격차 확대 추세

인천의 1인당 지역내총생산이 수도권의 서울과 경기도뿐만 아니라 전국 평균과도 큰 격차를 보이고 있다. 궁금한 것은 이미 벌어진 격차도 격차지만 이러한 격차가 줄어들고 있느냐 아니면 더욱 확대되고 있느냐 하는 것이다.

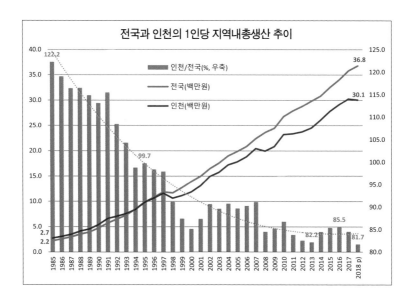

앞의 그래프는 1인당 지역내총생산에 관한 통계가 제공되기 시작한 1985년 이후 2018년 까지 전국 평균과 인천의 1인당 지역내총생산 추이[03]를 나타낸 것이다. 1985년 이후 1993년까지만 해도 인천은 수도권의 중심 생산도시로서 1인당 지역내총생산이 전국 평균을 훨씬 넘어서고 있었다.

그러던 것이 특히 외환위기를 겪고 난 이후 전국대비 인천의 1인당 지역내총생산 비중이 추세적으로 하락해 2013년에는 전국 평균의 82%를 겨우 넘는 수준까지 떨어졌다. 이후에는 등락을 보이다가 다소 상승해 85% 수준을 넘었으나 2018년 8.7%로 하락하였다.

격차 확대는 인천이 특히 심해

도시지역인 특·광역시의 경우 직주분리 현상이 일반화돼 있다. 공장을 비롯한 생산시설은 아무래도 땅값이 비싼 광역시내보다는 그 주변의 도 지역에 분포한다. 따라서 부산이나 대구의 많은 시민들이 경상남도나 경상북도 지역으로 출근해 생산에 참여하다 저녁에는 주거지인 시 지역에 와서 머무른다. 전형적인 직주분리에 따라 나타나는 현상이다. 생산실적은 주변의 도 지역에 쌓이고 인구수는 부산이나 대구에 잡힌다. 이 때문에 1인당 지역내총생산이 주거지역으로 발달된 특·광역시의 경우는 상대적으로 작게 나타나고 생

---

03 2015년 기준 당해년가격.

산지인 주변의 도 지역은 높게 나타난다. 부산의 경우 경상남도로 둘러싸여 있고 대구는 경상북도에 싸여 있어 자연스럽게 나타나는 현상이다.

그런데 인천은 서울, 경기도와 접하고 있다. 인천에 살면서 주변의 서울이나 경기도로 출근하는 직주분리현상은 크게 나타나기 어렵다. 오히려 반대 현상이 나타날 수도 있다. 살기는 거주여건이 인천보다 더 좋을 수 있는 서울이나 경기도에 살면서 생산 활동을 위한 출근은 인천으로 할 수 있다는 말이다. 따라서 인천에서는 부산이나 대구와 같이 직주분리현상에 따른 지역내총생산 감소효과가 크게 나타나기 어렵다. 그런데도 인천의 1인당 지역내총생산이 이들 부산이나 대구에 비해 크게 떨어지는 것은 그만큼 인천의 1인당 생산성이 낮다는 것을 의미한다. 물론 인천의 인구는 계속 증가한 데 비해 부산과 대구는 인구의 감소를 겪어 왔다. 따라서 이들 지역의 인구변화가 1인당 지역내총생산 비중에 영향을 미칠 수 있다.

이를 확인하기 위해 우선 서울, 부산, 대구, 경기의 인구 비중과 지역내총생산의 변화를 살펴보았다. 다음의 그래프 왼쪽에서 보는 것처럼 서울, 부산, 대구의 인구 비중이 줄어드는 동안에도 인천시와 경기도의 인구 비중은 계속 증가[04]해 왔다.

---

04 다음 쪽의 그래프에서는 5개 지역만 나타내고 있어 다른 광역시·도는 설명되지 않고 있다. 현재와 같은 주민등록인구수 통계가 발표된 1992년 이후 2016년까지 인구 비중이 증가한 시·도는 인천과 경기도뿐이며, 대전의 경우 2013년까지는 인구 비중이 증가하였으나 이후 감소세를 보이고 있다.

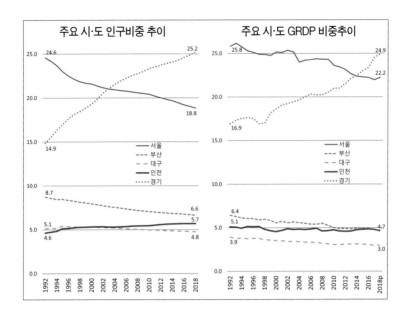

| 주요 시·도 인구비중 추이 | 주요 시·도 GRDP 비중추이 |

하지만 인구비중이 증가하는데도 불구하고 인천은 지역내총생산 비중이 감소[05]하였다. 인천과 마찬가지로 인구 비중이 늘어왔던 경기도는 인구 비중이 1992년 전국대비 14.9%에서 2017년 24.6%로 증가하는 동안 지역내총생산의 비중이 1992년 15.3%에서 2016년 22.6%로 높아졌다. 다만, 경기도 역시 지역내총생산 비중 증가 정도가 인구증가에는 다소 미치지 못한다는 점이 인천과 닮은 모습이라 다소는 위안이 되고 있다.

수도권뿐만 아니라 경쟁 도시와 비교했을 때도 인천을 제외하고

---

05 대전의 경우 2013년 이후 인구 비중이 감소하고 있으나 GRDP는 이후에도 지속적인 증가를 보이고 있어 인구 비중이 증가하는데도 GRDP 비중이 감소하고 있는 시·도는 인천뿐이다.

는 인구 비중 증감과 지역내총생산 비중 증감은 같은 방향으로 움직여 왔다. 즉, 인구 비중이 줄어든 서울, 부산, 대구는 지역내총생산 비중도 감소하였고 인구 비중이 늘어난 경기도는 지역내총생산 비중도 늘어났다. 그러나 인천은 인구비중이 늘었는데 지역내총생산 비중은 감소해 왔다. 이를 확인하기 위해 시·도별 1인당 지역내총생산이 전국 평균 1인당 지역내총생산에서 차지하는 비율 추이를 비교한 것이 다음의 그래프이다. 각 시·도의 1인당 지역내총생산이 전국 평균 1인당 지역내총생산의 몇%에 달하며 그 비율이 어떻게 변화하고 있는가를 보여주고 있다.

우선 서울과 부산은 인구변화에도 불구하고 지역의 1인당 지역내총생산이 전국 평균 1인당 지역내총생산에서 차지하는 비중은 거의 변화를 보이지 않고 있다.[06] 이에 비해 같은 기간 중 인천, 경기, 대구의 경우는 1인당 지역내총생산의 전국비중이 감소[07]를 보였다. 한편, 대구의 경우는 인구가 줄면서 1인당 지역내총생산의 전국비중이 감소하고 있는 데 비해 인천과 경기는 인구가 늘어나고 있음에도 불구하고 1인당 지역내총생산의 전국비중이 감소하고 있다. 인천과 경기는 다른 지역에 비해 그만큼 1인당 생산성이 늘지 못하고 있다. 그 중

---

06 다음 쪽의 그래프에는 추세선의 기울기를 보여주고 있다. 추세선의 기울기를 보면 서울과 부산의 경우 1인당지역내총생산이 전국 평균에서 차지하는 비중이 매년 0.06% 및 0.008%씩 증가하여 사실상 거의 변화가 없음을 보여주고 있다.

07 추세선의 기울기로 보면 인천과 경기, 그리고 대구의 경우 추세적으로 1인당 지역내총생산이 전국 평균에서 차지하는 비중이 매년 0.8%, 0.6% 및 0.3%씩 감소하는 것으로 나타나고 있다.

에서도 특히 인천은 1인당 지역내총생산의 전국비중 감소 속도가 가
장 큰 점이 두드러진다. 다시 말해 인천의 1인당 생산성이 다른 비교
대상 시·도에 비해 훨씬 빨리 떨어지고 있음을 보이고 있다.

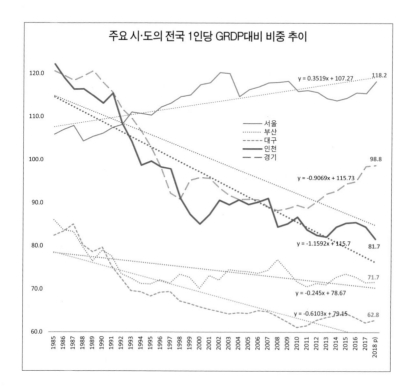

1인당 지역총소득의 수도권 내 격차는 더 커

상당수의 인구가 지역 밖에 나가 생산 활동에 종사하는
시·도의 경우 지역 내에서 얼마를 버느냐도 물론 중요하지만, 지역

밖에서 얼마나 벌어오고 안에서는 밖에서 온 사람들이 벌어 나가는 것이 얼마나 되느냐도 중요하다. 즉 지역의 총소득이 중요하다는 말이다. 더구나 이를 그 지역 인구로 나눈 1인당 지역총소득은 지역 인구가 장소를 가리지 않고 실제로 벌어들인 돈인 만큼 소비에도 큰 영향을 미치므로 그 중요성이 크다고 하지 않을 수 없다.

■ 2018년 1인당 지역총소득

(천원, %, 등)

	1인당 지역총소득	상대크기	순위	
전국	36,913	100.0		
서울	47,934	129.9	2	2
부산	28,245	76.5	15	7
대구	27,063	73.3	16	8
인천	**31,267**	**84.7**	**9**	**4**
광주	29,741	80.6	13	6
대전	30,735	83.3	12	5
울산	53,009	143.6	1	1
세종	37,332	101.1	5	3
경기	39,013	105.7	4	
강원	28,555	77.4	14	
충북	33,732	91.4	8	
충남	40,011	108.4	3	
전북	27,018	73.2	17	
전남	35,027	94.9	6	
경북	34,535	93.6	7	
경남	30,988	83.9	10	
제주	30,767	83.4	11	

1인당 지역총소득은 지역 내에서 벌어들인 지역내총생산에 다른 지역주민이 지역에 와서 번 것은 빼고 지역주민이 다른 지역에 가서 벌어들인 것은 더해 순수하게 지역주민이 벌어들인 값을 지역주민 수로 나눈 값이다. 즉, 지역총소득에 지역외순수취본원소득을 더한 다음 지역 인구로 나누어 지역주민 한 사람당 평균 얼마나 벌었는지를 계산한 것이다.

　　인천으로 말하면, 인천의 1인당 지역총소득은 인천에서 벌어들인 지역내총생산에 서울이나 경기사람 등 외지인이 인천에서 벌어간 것은 빼고 인천주민이 서울, 경기 등 다른 지역에서 벌어온 것은 더한 지역총소득을 인천 인구로 나누어 얻은 값이다. 즉, 인천사람 한 사람당 평균 얼마나 벌었는지를 계산한 것이다. 앞의 표에서 보면 2018년 현재 인천의 1인당 지역총소득은 3,127만원으로 전국 평균 3,691만원의 84.7% 수준이다. 전국 17개 시·도 중 9위, 8대 특·광역시 중 4위를 차지하고 있다. 다음의 표에서와 같이 인천의 1인당 지역내총생산 3,008만원은 전국 평균의 81.7% 수준으로 전국에서 12위 8대 특·광역시 중 4위를 차지한 것과 큰 차이를 보이지 않고 있다.

■ 1인당지표의 상대크기 격차

(2018년, %, %p)

	지역내총생산	지역총소득	격차
전국	100.0	100.0	0.0
서울	118.2	129.9	11.6
부산	71.7	76.5	4.8
대구	62.8	73.3	10.5
인천	**81.7**	**84.7**	**3.0**
광주	72.4	80.6	8.2
대전	73.7	83.3	9.6
울산	177.9	143.6	-34.3
세종	99.4	101.1	1.7
경기	98.8	105.7	6.9
강원	83.9	77.4	-6.6
충북	116.9	91.4	-25.5
충남	146.7	108.4	-38.3
전북	76.1	73.2	-2.9
전남	116.0	94.9	-21.1
경북	110.7	93.6	-17.2
경남	89.5	83.9	-5.5
제주	82.9	83.4	0.5

　　1인당 지역총소득을 살펴보는 이유는 1인당 지역내총생산에 더해지는 지역외소득인 지역외순수취본원소득이 얼마나 되는지를 알기 위해서다. 위의 표는 시·도별로 1인당 지역총소득과 1인당 지역내총생산이 전국 평균의 몇 %에 달하는지와 그 격차를 보여주고 있다. 물론 격차가 크면 그만큼 지역외순수취본원소득이 크다는 것을 의미한다. 인천의 1인당 지역내총생산은 전국 평균의 81.7%인 데 비해 1

인당 지역총소득은 전국 평균의 84.7%로 3.0%p의 플러스 격차를 보이고 있다. 이 격차가 서울의 경우 11.6%p, 대구 10.5%p, 부산도 4.8%p에 달하고 있다. 결론적으로 울산을 제외하고는 8대 광역시중 인천이 가장 작은 격차를 보였으며 이는 그만큼 인천의 지역외순수취본원소득이 다른 광역시에 비해 작다는 것을 나타낸다.

맘대로 쓸 수 있는 개인소득은 8대 광역시 중 거의 꼴찌

지금까지 살펴본 1인당 지역내총생산과 지역총소득이 모두 1인당 지표인 것은 분명하지만 지역주민 개개인이 경제적 현실감을 생생하게 느낄 수 있는 생산지표나 소득지표는 아니다. 모수인 지역내총생산이나 지역총소득에는 개인뿐만 아니라 정부나 법인이 생산하거나 벌어들인 몫도 포함돼 있기 때문이다.[08] 예로 2018년 인천의 지역총소득에서 정부와 법인의 몫을 제외한 개인소득은 피용자보수와 영업잉여, 재산소득과 고정자본소모를 모두 더해 지역총소득의 65.5%이다.[09] 즉 지역총소득의 34.5%는 개인과 관련이 없으므로 지역

---

08 지역내총생산에 지역외순수취본원소득을 더하면 지역총소득이 된다. 지역총소득은 '요소소득'과 '순생산 및 수입세' 및 '고정자본소모'로 구분된다. 순생산 및 수입세는 정부에 배분되는 몫이고 고정자본소모는 거의 대부분 법인과 정부에 배분되는 몫이다. 이들은 사실 지역주민 개인과는 무관하다. 나머지 요소소득은 피용자보수와 영업잉여 및 재산소득으로 나누어진다. 요소소득도 제도부문별로 나누면 상당부분이 정부와 법인에 배분되는 몫이며 개인부분의 몫 중에서도 지역사람들이 개인소득이라고 느낄 수 있는 것은 세금과 고정자본소모를 뺀 부분이다.

09 제4장 '인천이 번 돈, 누가 왜 가져가나'의 110쪽 표 '2018년 인천의 제도부문별 소득계정(지역총소득)' 참조

총소득을 인천 인구로 나눈 1인당 지역총소득을 구한다고 하더라도 괴리를 느끼게 돼 인천주민에게는 현실성이 없게 느껴지는 것이다. 이에 따라 인천주민이 좀 더 현실감을 느낄 수 있는 지표는 지역총소득 중 개인소득을 인천 인구로 나눈 1인당 개인소득[10]이다.

여기에서 말하는 개인소득은 지역 내에서 벌어들인 지역내총생산에 지역 외에서 벌어들인 지역외순수취본원소득을 더해 지역총소득을 구하고 여기에 다시 다른 지역과 대가 없이 주거나 받은 순경상이전을 더한 총처분가능소득을 구한 다음 정부나 법인의 몫을 제외한 개인부문의 소득을 말한다. 이를 다시 인구로 나눈 것이 1인당 개인소득이다.

지역의 주민으로서는 소득지표 중 가장 현실적이고 합당하다고 느껴지는 지표이다.

다음의 표는 2018년 중 시·도별 1인당 개인소득과 전국 평균 대비 비중, 전국 및 광역시 중 순위를 나타내고 있다. 인천의 1인당 개인소득은 1,863만원으로 전국 평균의 93.6%다. 앞에서 살펴본 1인당 지역내총생산이 전국 평균의 81.7%나 1인당 지역총소득이 전국 평균의 84.7%를 차지한 것에 비해 꽤 높게 나타나고 있다. 아울러 전국 17개 시·도 중 순위도 8위로 1인당 지역내총생산이나 1인당 지역총소득의 전국 순위와도 큰 차이를 보이지 않는다. 그러나 인천의 8대 특·광역

---

10 이하에서의 개인소득의 '개인'은 '가계 및 가계에 봉사하는 비영리단체'를 말하며 '소득'은 '총처분가능소득'을 말한다. 가계에 봉사하는 비영리단체의 규모가 크지 않아 실제는 가계가 개인의 대부분을 차지하므로 성격을 파악하는 데는 별 문제가 없다고 본다.

시 중에서는 7위로 가장 낮은 순위에 머물러 있다. 가장 현실적인 지표인 1인당 개인소득은 광역시 중 꼴찌에 가깝다는 말이다.

■ 2018년 1인당 개인소득

(천원, %, 등)

	1인당개인소득	상대크기	순위	
전국	19,894	100.0		
서울	23,259	116.9	1	1
부산	18,917	95.1	7	6
대구	18,585	93.4	9	8
인천	**18,626**	**93.6**	**8**	**7**
광주	19,804	99.5	5	4
대전	19,749	99.3	6	5
울산	21,666	108.9	2	2
세종	20,611	103.6	3	3
경기	19,851	99.8	4	
강원	18,472	92.9	11	
충북	18,427	92.6	14	
충남	18,472	92.9	11	
전북	18,291	91.9	16	
전남	18,053	90.7	17	
경북	18,319	92.1	15	
경남	18,479	92.9	10	
제주	18,469	92.8	13	

다음 표는 인천의 1인당 처분가능총소득이 낮은 이유를 찾기 위하여 2018년 중 시·도별 1인당 제도부문별 총처분가능소득 중 개인부문만을 추려 소득계정별로 재구성한 표이다. 이 표를 통해 8대 특·

광역시 중 인천의 1인당 개인소득이 가장 작은 편에 속하는 이유를 살펴보자.

■ 2018년 1인당 개인부분 소득계정별 총처분가능소득

(백만원)

	피용자보수	영업잉여	순재산소득	고정자본 소모	순수취 경상이전	총처분 가능소득
전국	16.9	2.2	2.2	1.1	-2.4	20.0
서울	20.6	3.1	3.7	1.5	-5.4	23.4
부산	15.3	1.8	2.1	1.0	-1.4	18.8
대구	14.5	2.1	2.2	1.0	-1.3	18.6
인천	**16.4**	**1.7**	**1.6**	**0.9**	**-1.9**	**18.7**
광주	17.1	1.6	2.0	0.9	-1.2	20.4
대전	17.3	1.7	1.8	1.0	-1.7	20.2
울산	21.2	1.6	1.7	0.9	-3.7	21.7
세종	20.7	1.7	1.3	1.0	-3.5	21.1
경기	17.9	2.0	1.9	1.1	-2.7	20.1
강원	13.7	1.9	1.8	1.0	-0.1	18.3
충북	15.0	2.1	1.7	0.9	-0.9	18.8
충남	15.8	2.4	1.8	1.1	-2.0	19.1
전북	13.2	2.1	1.8	1.0	0.1	18.2
전남	12.3	2.7	1.7	1.1	-0.6	17.2
경북	14.0	2.5	1.7	1.1	-0.9	18.4
경남	14.8	2.2	1.8	1.0	-1.3	18.5
제주	14.0	2.6	2.2	1.4	-1.8	18.4

첫째, 개인이 노동을 제공하고 벌어들이는 1인당 피용자보수가 부산과 대구를 제외하고는 인천이 가장 작다. 한마디로 평균적으로 벌어들이는 급여가 작다는 말이다.

둘째, 자영업이나 개인회사 등 이윤이 개인에게 돌아오는 영업잉여 역시 인천은 광주와 울산을 제외하고는 가장 작은 편이다.

셋째, 인천의 개인은 주택담보대출 등 부채가 많은 데다 자산 축적이 많지 않아 이자나 임대료 수입 등 순재산소득 역시 전국에서 가장 낮다.

넷째, 영업을 하면서도 시설투자 규모가 상대적으로 작아 고정자본소모도 8대 도시뿐만 아니라 전국에서 가장 작은 편이다.

마지막으로 대가 없이 지급하는 각종 사회부담금 등 경상이전 지급은 수도권에 속하고 있어 상대적으로 많은 편이다.

이러한 요인이 복합적으로 작용한 결과 인천의 개인이 평균적으로 쓸 수 있는 돈, 즉 총처분가능소득은 낮게 나타나고 있다.

민간소비 역시 8대 광역시 중 꼴찌

돈을 버는 일이란 대부분 힘든 일이다. 그런데도 돈을 많이 벌어서 행복하다고 하는 사람이 많다. 좀 들여다보면 돈을 버는 그 자체가 행복한 것이 아니라 앞으로 그 돈을 쓸 생각을 하니 행복하다는 말일 게다.

지역소득에 있어서도 지역주민의 감각에 와 닿는 지표는 지역내총생산이나 지역총소득보다는 정부나 법인 몫을 뺀 개인소득, 그것도 1인당 개인소득이다. 소비에 있어서도 지역총소득에 대한 지출 중 정부나 순역외이출을 제외한 민간소비, 그것도 1인당 민간소비가 행복의 척도로서 더 중요하고 의미가 있다. 이에 따라 지역 간 경제를 비교하면서 늘 등장하는 지표가 1인당 민간소비이다.

■ 2018년 1인당 민간소비

(천원, %, 등)

	1인당 민간소비	상대크기	순위	
전국	17,536	100.0		
서울	21,214	121.0	1	1
부산	17,585	100.3	4	4
대구	17,121	97.6	7	6
인천	**16,013**	**91.3**	**11**	**8**
광주	17,752	101.2	3	3
대전	17,468	99.6	5	5
울산	18,001	102.7	2	2
세종	16,844	96.1	8	7
경기	17,176	97.9	6	
강원	16,500	94.1	10	
충북	15,506	88.4	17	
충남	15,790	90.0	13	
전북	15,654	89.3	15	
전남	15,533	88.6	16	
경북	15,776	90.0	14	
경남	15,991	91.2	12	
제주	16,545	94.3	9	

민간소비[11]는 '지역내총생산에 대한 지출'의 '최종소비지출' 중 '민

---

11 앞에서 다룬 1인당 '개인소득'에서 '개인'은 가계와 가계에 봉사하는 비영리단체였다. 여기에서의 '민간소비'에서의 '민간' 역시 가계와 가계에 봉사하는 비영리단체를 말한다. 다만, 발표되고 있는 통계상 민간소비는 '가계'와 '가계에 봉사하는 비영리단

간최종소비지출'을 말한다. 다음의 표는 민간최종소비지출을 연앙 인구로 나누어 구한 시·도별 1인당 민간소비를 보여준다. 2018년 인천의 1인당 민간소비는 1,601만원이다. 전국 평균의 91.3%로 전국 17개 시·도 중 11위이면서 8대 특·광역시 중에서는 가장 낮다.

앞에서 본 것처럼 1인당 개인소득이 전국 평균의 93.6%로 전국 17개 시·도 중 8위이면서 8대 도시 중 7위를 보였던 것에 비해 1인당 민간소비는 더 낮은 수준을 나타내고 있다. 1인당 개인소득이 작으니 소비가 작을 수밖에 없는 데다 앞장에서 설명한 것처럼 인천의 경우 총지출 중 총자본형성(투자)의 비중이 높아 최종소비지출의 비중이 상대적으로 낮아질 수밖에 없다. 게다가 정부소비는 다른 지역과 비중 면에서 큰 차이가 없어 결국 민간최종소비지출의 비중이 위축된 데에 크게 기인한다. 이를 1인당 민간소비 면에서 보자면 주어진 소비에서 주택, 토지 등 건설투자에 지출을 하고나면 소비지출의 여력이 그만큼 줄어든 데 따른 것이다.

1인당 민간소비를 비교하는 것도 중요하지만 더욱 실질적인 의미가 있는 비교는 얼마를 벌어서 얼마를 쓰는지를 비교하는 것이다. 이와 유사한 개념으로 이용 가능한 통계는 1인당 민간소비를 1인당 개인소득으로 나눈 값 즉, 소득소비 환류율이다.[12]

체'가 구분되는 한편 개인소득은 구분이 되지 않는다. 따라서 '개인'과 '민간'이라는 다른 단어를 사용하고 있으나 그 포괄범위는 동일하여 민간소비와 개인소득을 비교 대상 지표로 함께 사용한다.

12 1인당 민간소비를 1인당 개인소득으로 나눈 값은 사실상 민간의 평균소비성향이다. 다만, 민간의 범위가 '가계' 및 '가계에 기여하는 비영리민간단체'라는 점과 가계

■ 2018년 1인당 개인소득소비 환류율

(천원, %, 등)

	1인당 개인소득(A)	1인당 민간소비(B)	B/A	순위	
전국	19,894	17,536	88.1		
서울	23,259	21,214	91.2	3	3
부산	18,917	17,585	93.0	1	1
대구	18,585	17,121	92.1	2	2
인천	**18,626**	**16,013**	**86.0**	**12**	**6**
광주	19,804	17,752	89.6	4	4
대전	19,749	17,468	88.5	7	5
울산	21,666	18,001	83.1	16	7
세종	20,611	16,844	81.7	17	8
경기	19,851	17,176	86.5	9	
강원	18,472	16,500	89.3	6	
충북	18,427	15,506	84.1	15	
충남	18,472	15,790	85.5	14	
전북	18,291	15,654	85.6	13	
전남	18,053	15,533	86.0	11	
경북	18,319	15,776	86.1	10	
경남	18,479	15,991	86.5	8	
제주	18,469	16,545	89.6	5	

　　표에서 가장 오른쪽 통계자료(B/A)는 지역별 1인당 민간소비를 1인당 개인소득으로 나눈 값을 비교한 것이다. 인천은 86.0%로 전국 평균 88.1%에 뒤지고 있다. 광역시·도 중에서도 울산과 세종시를 제

의 '연간소득'과 '연간소비' 통계를 이용하고 있다는 점에 유의할 필요가 있다. 통계청이 공표하는 통계로서 평균소비성향은 가구당 소비지출을 가구당 처분가능소득으로 나눈 자료에 한정되고 있다, 그나마 통계개편으로 가계소득과 가계지출지표를 별개로 조사 공표하고 있어 가구당 평균소비성향은 2018년 이후 공표되지 않고 있다.

외하면 가장 낮은 수준일 뿐만 아니라 우리나라 17개 시·도 중에서도 12위로 낮은 수준이다. 다시 말해 인천의 경우 1인당 소득 중 소비의 비율이 다른 시·도에 비해 크게 낮게 나타나고 있다.

요약하면, 인천은 지역 전체의 소비도 다른 지역에 비해 작을 뿐 아니라 1인당 소득이 작아 소비의 여력도 그만큼 낮음을 보여주고 있다.

인천은 잘 살지만, 인천사람은 그렇지 않다

지금까지 살펴본 것을 요약하면 '인천'의 지역내총생산이나 지역총소득은 8대 특·광역시 중 서울 다음인 2위이다. 하지만 '인천사람'을 뜻하는 인천의 1인당 개인소득이나 민간소비는 8대 도시 중 8위다.

그러니 인천의 경우 '지역은 잘 사는데, 지역사람은 못 산다'는 말이 나온다.

인천을 수도권에 위치하고 있는 하나의 '지역'으로만 바라보는 중앙의 정책 입안자 입장에서는 인천을 수도권정비법에 포함해 규제하는 것이 합당하다고 생각할 수도 있다. 그러나 인천이라는 지역에서 삶을 꾸려가는 '인천사람' 각 개인은 전국에서 가장 못 사는 편이다. 그런데도 겹겹이 각종 제약을 주고 있는 수도권정비법은 '인천사람'들의 경제생활을 옥죄는 질곡일 수밖에 없다는 주장이 나오는 이유이다.

제7장

알기 힘든 인천의 경기
- 인천의 경기변동

경기변동을 알면 돈이 보인다

싱거운 말일 수 있지만, 돈을 잘 버는 방법은 다음 세 가지 중 하나다.

첫째, 싸게 만들어 비싸게 팔기.
둘째, 싼 곳에서 사서 비싼 곳에 팔기.
셋째, 쌀 때 사서 비쌀 때 팔기이다.

첫째 방법은 제조업이나 서비스업 등의 생산 활동이다. 두 번째 방법은 국가 간의 수출입이나 지역 간의 이출입 활동이다. 마지막 방법은 경기를 타는 방법이다. 어떻게 보면 시기, 즉 때를 이용해 돈을 버는 방법이라 가장 손쉬울 수 있지만, 그 '때'를 알기가 쉽지 않으니 어렵기도 하거니와 위험하기도 하다.

경제활동에서 이 '때'라는 것은 '경기'를 말한다. 조금 넓게 보면 첫 번째나 두 번째의 방법도 이 '때'와 무관하지 않으니 경제활동을 하면서 알아둬야 할 가장 중요한 것 중의 하나가 '언제 때가 오고 가는지' 즉, '경기변동'을 파악하는 것이다. 경기변동을 알면 돈이 보인다는 말이 괜한 말이 아니다. 이 장에서는 인천의 경기변동을 파악하고 주요 특징을 짚어 보고자 한다.

경기란 '단위경제의 총체적인 활동수준'을 의미한다. 단위경제의 크기에 따라 경기는 세계경기, 국가경기 또는 지역경기로 구분할 수 있다. 또한, 총체적인 활동수준을 지칭하면서 '좋은 때다'. 즉, '경기가 좋다'고 하는 것은 그 단위경제의 생산, 투자, 소비 등의 경제활동이 전반적으로 평균 이상의 활발한 모습을 보이고 있다는 것을 말한다. 경기를 장기적으로 보면 확장, 후퇴, 수축, 그리고 회복의 과정을 반복하며 변동한다. 따라서 '경기가 좋다'는 말을 경제의 총체적인 활동수준이 회복 과정을 거쳐 확장 국면에 들어서고 있다는 것을 의미한다.

지역에서도 경기대응은 필요하다

구멍가게나 대기업이나 편안하게 돈을 잘 벌자면 때를 잘 보고 있다가 쌀 때 싸게 사서 만들고 비쌀 때 비싼 곳에서 제대로 파는 것이 중요하다. 즉, 단위경제가 안정적으로 성장하는 가운데 경제주체가 단위경제의 움직임에 어려움 없이 대처하기 위해서는 경기변동의 정확한 예측과 적시대응이 중요하다.

우리나라는 주로 국가단위의 경제적 대응에 초점을 두어 왔다. 그러나 점차 지방자치제가 자리를 잡아가는 한편, 지역별 경기변동의 특성에 따른 지역 차원의 개별적 대응이 지역경제에 속한 경제주체의 원활하고 안정된 경제활동에 큰 영향을 준다는 인식이 커지면서 지역 경기의 중요성이 부각되고 있다. 예를 들면 인천의 경기변동이 다른 지역과 상당히 다른 모습을 보이는 때가 많아 국가나 타지방의 경기대응과 다른 독자적인 대응이 필요한 때가 많다. 그렇게 해야 인천의 기업이나 가계가 안정적인 경제생활을 할 수 있음에도 불구하고 늘 경기 대책은 중앙에만 의존하고 있으니 인천에 사는 시민으로서는 답답할 때가 많다는 말이다.

인천의 경기변동, 뭘 보고 판단할까

지역 경기의 정확한 파악을 위해 중앙정부뿐만 아니라 각 지역별로 여러 기관이 다양한 경기지표를 작성, 공표하고 있다. 인천에서도 인천연구원이 경기종합지수를 선행지수와 동행지수로 나누어 발표한다[01]. 선행지수는 경기의 흐름을 사전에 파악할 수 있도록 실제 경기의 순환변동에 앞서 미리 움직이는 성향을 갖는 개별지표[02]를 모아서 만든 지수로 경기의 흐름이나 변동[03]을 알아내기 위해

---

01 경기종합지수는 선행지표, 동행지표 및 후행지표로 나누어지지만 후행지표의 경우 현실적으로 활용이 많지 않아 작성하지 않고 있다.

02 경기종합지수를 발표하고 있는 인천연구원은 2019년 현재 선행종합지수의 구성지표로 신규구직자수, 자동차 등록대수비율, 건축허가면적, 수출입물가비율, 금융기관 유동성, 재고순환지표, 장단기금리차 등의 지표를 이용하고 있다.

03 경기가 경기순환의 어느 국면에서 언제쯤 바뀌고 있는지, 즉 경기국면과 전환점을 알기 위해 추세변동치를 제거하여 순환변동요인을 파악한다.

주로 사용한다. 동행지수는 현재의 경기가 어떤지 알기 위해 경기순환과 함께 움직이는 성향을 갖는 지표[04]를 모아 만든 지수이다.

다음의 그래프는 인천연구원에서 작성하여 발표한 선행종합지수 순환변동치와 동행종합지수 순환변동치이다.

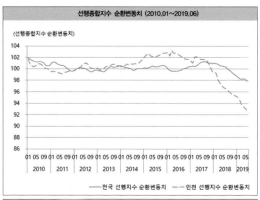

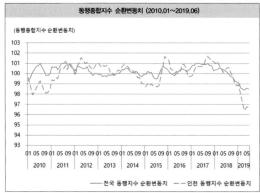

---

04 동행지수의 작성에는 전력사용량, 산업생산지수, 수출액, 수입액, 대형소매점 판매액지수, 아파트 매매가격지수, 컨테이너처리량, 비농가 취업지수 등을 활용하며, 경제성장에 따른 자연추세분을 제거하여 경기순환만을 파악함으로써 현재 경기순환의 어느 국면에 들어 있는지를 판단한다.

직접적인 경기지표는 아니지만 경기변동을 파악하는 데 유용하게 쓰이는 지표로서 한국은행 인천본부가 발표하는 심리지표[05]가 있다. 이에는 기업경기조사 결과[06]를 통해 발표하는 기업경기실사지수[07]와 기업경영애로사항[08], 소비자동향조사 결과를 통해 발표하는 소비자 심리지수[09]와 소비자동향지수[10]가 포함된다. 이 외에 인천상공회의

05 심리지표는 경제활동의 결과인 실적자료를 조사하는 것이 아니라 답변자가 특정설문항목에 대하여 좋아질 것으로 보는지, 아니면 나빠질 것으로 보는지를 묻고 긍정적 답변비율에서 부정적 답변비율을 뺀 다음 다시 100을 더해 계산한다. 이에 따라 일반적으로 100을 초과하면 경기가 좋아질 것으로, 100미만이면 경기가 나빠질 것으로 보는 사람이 많다는 것을 의미한다.

06 기업경기조사 결과는 황황 BSI(기업경기실사지수, Business Survey Index)와 함께 제조업은 매출, 생산, 신규수주, 가동률, 채산성, 자금사정, 제품판매가격, 원자재구입가격, 제품재고, 생산설비, 설비투자 및 인력사정 BSI를, 비제조업은 매출, 채산성, 자금사정 및 인력사정 BSI를 월별로 발표한다.

07 기업경기실사지수(Business Survey Index ; BSI)는 기업가의 현재 기업경영상황에 대한 판단이나 향후 전망을 당해월 중순(11일부터 19일)에 조사하여 월말에 발표하기 때문에 경기종합지수보다도 오히려 속보성이 뛰어나 넓게 이용되고 있다. 업종별 BSI는 긍정적인 응답업체수와 부정적인 응답업체수의 차이를 전체 응답업체수로 나눈 것에 100을 곱한 다음 다시 100을 더하여 지수가 100을 중심으로 0에서 200까지 나타나게 된다. 업종별BSI를 다시 가중치를 고려하여 제조업과 비제조업으로 나누어 발표하는 것이 제조업과 비제조업 황황BSI이다. 이 역시 긍정 응답업체와 부정 응답업체가 같은 경우 100이 되어 지수가 100보다 큰 경우 긍정적인 응답업체가 많음을, 100보다 작은 경우는 부정적인 응답업체가 많음을 의미하게 된다.

08 경영애로사항을 지수화하여 발표하는데 제조업과 비제조업의 애로요인을 경쟁심화, 내수부진, 불확실한 경제상황, 자금부족, 원자재가격상승, 인력난인건비상승, 환율, 수출부진, 기타 및 없음으로 나누어 발표한다.

09 소비자심리지수(Composite Consumer Sentiment Index ; CCSI)는 아래 주10의 소비자동향지수 중 가계의 경기판단 및 전망, 생활형편, 수입 및 소비지출 전망 등 6개 주요 지수를 이용하여 산출한다. 2013년부터 작년까지의 장기평균치를 기준값 100으로 하여 100보다 크면 낙관적임을, 100보다 작으면 비관적임을 나타낸다.

10 소비자동향지수(Consumer Survey Index ; CSI)는 소비자의 경제상황에 대한 인식과

소도 심리지표인 제조업경기전망과 소매유통업 경기전망을 발표[11]
하고 있다.

한국은행 인천본부는 매월 기업경기조사 결과 제조업과 비제조
업의 업황 BSI를 발표한다. 다음의 그래프는 전국과 인천의 제조업
과 비제조업 업황BSI를 보여 주고 있다.

소비지출 전망 등을 조사하여 지수화한 통계자료이다. 소비자의 반응을 5점 척도로
측정하여 매우 긍정을 1.0, 다소 긍정 0.5, 비슷 0, 다소 부정 -0.5, 매우부정 -1.0의
가중치를 반영하여 더한 값을 전체응답자 수로 나눈 다음 100을 곱하고 다시 100을
더하여 산출한다. 이에 따라 100을 기준으로 긍정적 응답자가 많은 경우는 100보다
크게, 부정적인 응답자가 많은 경우 100보다 작게 나타난다. 조사항목별 조사내용
은 아래와 같다.

조사항목		조사내용
가계의 재정상황에 대한 인식	현재생활형편	6개월 전과 비교한 현재
	생활형편전망	현재와 비교한 6개월 후 전망
	가계수입전망	〃
	소비지출전망	〃
가계의 경제상황에 대한 인식	현재경기판단	6개월 전과 비교한 현재
	향후경기전망	현재와 비교한 6개월 후 전망
	취업기회전망	
	금리수준전망	〃
가계의 저축 및 부채상황에 대한 인식	현재가계저축	6개월 전과 비교한 현재
	가계저축전망	현재와 비교한 6개월 후 전망
	현재가계부채	6개월 전과 비교한 현재
	가계부채전망	현재와 비교한 6개월 후 전망
가계의 물가전망	물가수준전망	현재와 비교한 1년 후 전망
	주택가격전망	〃
	임금수준전망	〃

11 심리지표를 작성하기 위한 설문이나 조사업체 수 등 조사과정을 보면서 심리지수와
실제 경기상황과의 부합여부에 대하여 의심할 수 있다. 그러나 사후적으로 검증을
해보면 심리지표과 실제 경기흐름과 높은 상관성을 갖는 한편 안정성과 예측성이
높을 뿐 아니라 지표의 속보성과 편의성이 높다. 이에 따라 여러 기관이 유사한 심
리지표를 작성, 발표하고 있다.

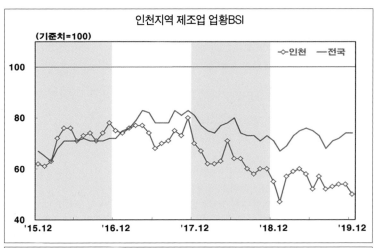

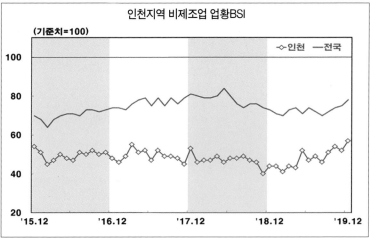

　아래의 그래프는 소비자동향조사 결과로 발표되는 인천의 소비
자심리지수이다.

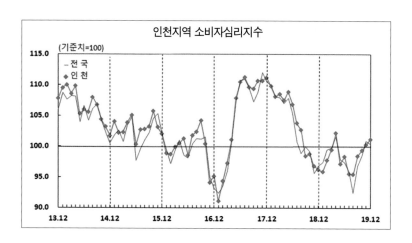

인천지역 소비자심리지수

(기준치=100)
- 전국
◆ 인천

이러한 지수의 정확성은 결국 지역소득 통계와 얼마나 부합하느냐에 따라 결정된다. 그런데도 통계청이 발표하고 있는 지역소득 통계에 비해 정확성에 의문이 제기되는 경기종합지수나 심리지표에 크게 의존하는 것은 지역소득통계가 다른 지표에 비해 1년 이상 늦게 공표되는 등 통계자료의 속보성 면에서 큰 차이를 보이고 있기 때문이다.

정말 변덕스러운 인천의 경기변동

통계자료가 적어도 1년 이상 뒤늦게 발표돼 시의성은 떨어지지만 인천지역의 경기변동을 가장 정확히 나타내는 지역내총생산 증가율을 전국과 비교해 그래프로 보면 인천 경기변동의 특성을 어느 정도 짐작할 수 있다.

전국과 인천의 지역내총생산(당해년가격) 증가율 추이

인천 지역경제 경기변동의 특성을 보면 크게 다음의 세 가지로 요약할 수 있다.

1) 경기변동의 불안정성(unstability)이 크다

지역소득 통계가 발표되기 시작한 지난 1985년 이후 최근 통계치인 2018년까지의 변동을 보여주고 있는 앞의 그래프를 기준으로 인천지역과 전국의 지역내 총생산 증가율[12]을 비교해 보면 인천 경기변동의 변동성과 불안정성이 얼마나 큰지 극명하게 드러난다. 특히 경기가 전국적으로 하강하기 시작하면 인천의 경기는 전국의 경기에 비해 훨씬 큰 폭으로 하강한다. 반대로 상승시기에는 역시 전국에 비해 큰 폭으로 상승한다. 따라서 거의 예외없이 경기변동의 진폭이 다른 지역보다 커 경기변동의 불안정성이 크게 나타나고 있는 것이다.

---

12   2015년 기준 당해년가격

2) 경기변동의 변동성(volatility)과 불가측성(unpredictability)이 높다

경기가 확장, 후퇴, 수축, 회복의 과정을 거친다고는 하지만 실제로는 단기적으로 많은 등락을 거치면서 장기적으로 순환 과정을 보이는 것이 일반적이다. 이러한 장기적 순환 과정에서 얼마나 많은 단기적 변동을 보이느냐가 경기변동의 변동성을 불가측성과 말한다. 인천의 경우 이러한 단기 변동성과 불가측성이 다른 지역에 비해 크다. 한국은행 인천본부의 수리분석에 의하면 인천의 경우 단기적 변동에 의한 경기신호 왜곡, 즉 장기적 경기변동과 반대의 변동을 보이는 현상이 나타나는 기간이 전체분석기간의 25.6%로 전국의 10.1%를 크게 웃돌고 있다.

3) 인천의 경기변동은 전국에 선행하면서 확장국면이 뒤늦고 짧다
(lead & lag)

이 역시 앞의 그래프에서 보는 것처럼 특히 경기 하강기에는 인천의 하강이 전국에 비해 빨리 나타나는 경향을 보이는데 대체로 3~8개월 정도 선행하는 것으로 분석되고 있다.

반대로 경기 확장기에는 뒤늦게 확장을 시작한다. 그리고 일단 확장이 시작되어 정점에 이르는 기간이 다른 지역에 비해 짧다. 인천의 경우 확장국면 지속기간은 13~21개월 정도로 전국의 17~24개월에 비해 3~4개월 정도 짧게 나타나고 있다.

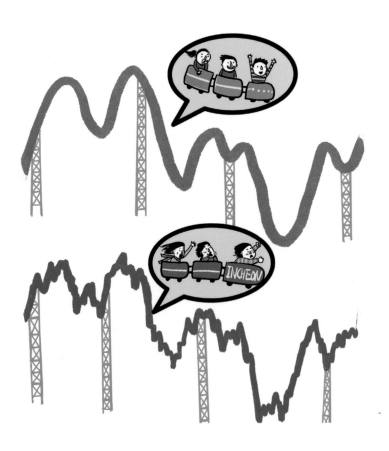

알기 힘든 인천 경기변동은 왜 그럴까?

인천의 경기변동이 불안정성, 불가측성, 선행성의 특성을 보이는 원인은 다양하지만 대체로 다음과 같은 원인이 결합돼 나타나는 것으로 보인다.

1) 산업구조 변화가 심하다

인천 경기변동이 심한 이유는 경제 구조의 급속한 서비스화, 제조업 비중의 급격한 하락을 꼽을 수 있다. 국가별 경제뿐만 아니라 지역별 경제에 있어서도 서비스업 비중이 높은 지역의 경기변동 폭이 다른 지역에 비해 크게 나타나는 것이 일반적이다. 특히 제조업 비중이 높아 상대적으로 경기변화에도 안정을 보이던 지역경제에서 제조업비중이 급격히 떨어지는 기간 중에는 같은 경기 충격에 더 큰 반응을 보이게 돼 경기 변동 폭이 확장되는 경향이 나타나게 된다. 이 때문에 인천은 지난 30년간 제조업 비중이 지속적으로 크게 하락하면서 매우 큰 경기의 불안정성과 불가측성을 보여 왔다.

2) 다른 곳과 달리 운수업의 비중이 높다

인천이 경기 변동 시 전국 경기보다 먼저 움직임이 시작되는 이유 중 하나는 운수업이 높은 비중을 차지한다는 점도 있다. 운수업은 산업 생산에 수반되는 원자재 등 생산품의 운송을 담당한다. 향후 경기가 나빠질 것이 예상만 돼도 원자재 주문이 감소하면서 운수업의 물동량이 감소한다. 반대로 현재 경기가 나쁘더라도 향후 경기가 좋아질 것이 예상되면 제품생산에 앞선 원자재의 주문과 이의 배달로 물동량이 증가하게 된다. 즉, 운수업의 물동량은 경기에 선행해 움직이게 되면서 운수업 비중이 높은 지역일수록 경기의 선행성이 높아지는 것이다. 인천의 경우 전체 산업 중 운수업 비중이 12% 내외로 전국의 3~4% 수준을 크게 웃돌기 때문에 인천의 경기는 전국의 경기에 선행하여 움직이는 특성을 갖게 된다.

3) 중간재 생산 위주의 하청구조가 하강기는 앞당기고 상승기는 늦춘다

앞에서도 언급된 것처럼 인천은 제품의 완성도가 높지 못하다. 반제품이나 중간제품을 공급하는 경우가 많다. 아울러 주문자로부터 최종소비재를 주문받아 생산하기보다는 최종 소비자에게 공급하는 대기업 등의 주문을 받아 생산하는 경우가 많다.

예를 들어 제품을 만드는 데 6개월이 걸리는 제품이 있다고 하자. 그리고 대부분 6개월 후의 경기가 나빠진다고 전망하고 있다고 하자. 인천에 제품을 주문하는 사람은 지금 경기가 나쁜 것도 아닌데 6개월 후의 경기가 나빠질 것이라는 전망만으로 현재의 시점에서 주문하지 않는다. 주문이 없으니 인천의 생산이 줄어든다. 다른 지역의 경기침체 전망이 인천에서는 경기침체가 현실이 된다. 인천의 제조업 생산이 줄어들고 운수업의 일거리가 줄어든다. 경기가 나빠질 때는 인천의 경기가 미리 나빠지는 이유이다. 즉, 인천은 제품생산 소요기간만큼 경기가 선행하게 된다는 말이다.

반대로 경기가 좋아질 것으로 전망한다고 하자. 전망이 좋으면 바로 주문으로 이어져야 하는데 주문자는 경기가 실제로 좋아져도 먼저 가지고 있는 재고상품의 소진이 급하다. 가지고 있던 재고상품이 모두 소진될 쯤에 가서야 인천에 주문한다. 경기가 좋아져도 인천은 뒤늦게 제품생산과 수송을 서두르게 된다. 이에 따라 경기가 좋아질 때는 재고 소진 기간만큼 경기상승이 뒤늦어진다. 즉, 경기 상승기에는 다른 지역보다 상승이 늦어지는 후행성을 보이게 된다.

경기하강기에는 중간제품 위주의 하도급 의존이 높은 데다 운수업의 비중이 큰 인천 산업구조의 특성으로 인해 다른 지역에 비해 경기가 먼저 나빠지는 선행성을 보인다.

결과적으로 이러한 선행성과 후행성이 인천 경기의 불안정성과 불가측성을 높이는 것이다. 연구결과에 의하면 경기 하강기에는 인천의 경기가 전국 경기에 비해 3~8개월 정도 선행하지만, 경기 상승기에는 전국에 후행하기 때문에 경기상승 기간이 3개월 정도 짧은 특성이 있다.

이에 따라 높은 불안정성과 불가측성이 복합적으로 작용하게 되면 경제주체의 경기 판단이 어려울 수밖에 없다. 이 때문에 인천지역 경기는 정말 맞추기가 어렵다는 말이 나오게 된다.

인천의 경기, 어떻게 대응하는 것이 좋을까

경기에 대응한다고 하더라도 경기변동을 없앨 수는 없는 일이다. 경기의 변동 가능성에 효과적으로 대처해 변동 폭을 완화하고 경기침체 기간을 줄여 경제주체의 심리적 불안감을 해소하는 일이 중요하다.

인천 경기변동의 불안정성은 빠른 서비스화 진전과 급격한 산업구조의 변동 등 공급 측면에서 원인이 초래되고 있다. 이에 대한 대처를 위해 수요측면에서는 인천 민간소비의 안정성을 도모해 경기변동에 대처할 필요가 있다. 즉, 인천 민간소비의 50% 이상이 역외에서 이루어지고 있는 점을 생각하면 인천지역 내 소비재의 공급을 뒷받침할 수 있도록 인천의 역외소비를 가능한 한 역내소비로 전환시켜야 경기변동의 불안정성을 일정 부분 해소할 수 있다는 것이다.

제조업 제품 등의 생산에서는 제품의 완성도를 높이는 노력이 필요하다. 제품 매출에서도 하도급 단계를 최소화하여 가능하면 최종소비자와 직결되도록 해 경기변동에 따른 재고 부담을 줄여야 한다. 재고소진 기간의 추가소요에 따른 경기확장 기간의 단축을 차단할 수 있도록 생산구조의 고도화에도 노력을 기울여야 한다는 말이다.

아울러, 정책대응의 측면에서 지방정부의 경기대응 노력도보다 강화할 필요가 있다. 각 지역의 경기변동이 서로 다른 모습을 보임에 따라 지역별로 지역에 특화된 경기 대응 필요성이 커지고 있기 때문이다. 인천에서도 인천시의 재정(예산)운용에 의한 경기 대응이 강화돼야 한다. 지역 내 금융권과 정책적 협의를 통해 재정투융자나 이차

보전 등을 활용하는 것에도 눈을 돌려야 할 것이다. 경기가 나쁠 때는 재정을 확장해 조기 방출하는 한편 경기가 비교적 좋을 때를 재정지출을 억제해 건전화를 추구하는 방식이 필요하다. 이와 같은 재정의 경기 역행적 운용을 통해 경기의 진폭을 줄이는 노력이 필요하다.

제8장

큰 틀에서 본 인천경제의 모습
- 인천의 실물경제구조 종합

그동안 인천이 얼마나 만들어 팔고[총산출], 얼마나 어떻게 버는지[지역총생산], 번 것을 누가 왜 가져가는지[지역총소득 및 배분구조], 그렇게 번 것을 어떻게 쓰는지[지출구조], 그래서 인천 사람들은 잘 사는지[1인당 경제지표], 그리고 알기 힘든 인천의 경기[경기변동]에 대하여 각 장을 통해 살펴봤다.

이렇게 각 장에서 살펴본 모습은 사실 하나의 인천경제임에도 불구하고 어느 각도에서 이를 바라보았느냐에 따라 달리 설명한 모습이다. 이제 이 장에서는 이렇게 각 장에서 바라본 서로 다른 모습을 종합적으로 보고 하나의 인천경제 구조로 정리하고자 한다.

다음의 표는 2018년 및 2017년 인천경제를 '지역소득구조'라는 이름으로 통합한 것이다. 통계청의 '지역소득'통계를 바탕으로 했기에 그렇게 이름 붙였다. 당해년 경상가격 기준이며 단위는 조원이다. 각 항목의 크기를 개괄적인 금액으로 판단하고 짐작할 수 있다.

■ 인천의 지역소득구조

(단위: 조원)

	2017
산출액	202.7
중간투입	122.9
총부가가치	79.8

생산구조

	2018	2017
지역내총생산	88.4	88.5
순생산수입세	8.6	8.8
총부가가치	79.8	79.8
농림어업	0.3	0.3
광업	0.1	0.1
제조업	22.0	22.3
전가수	2.6	3.7
건설업	4.9	5.1
도소매업	5.9	5.6
운수업	8.3	8.8
기타서비스업	35.7	33.8

산업구조

	2018	2017
지역내총생산에 대한 지출	88.4	88.5
최종소비지출	62.3	59.3
민간소비	47.1	45.1
정부소비	15.3	14.2
총자본형성(투자)	29.5	29.3
순이출	-3.5	-2.2
통계상불일치	0.0	0.2

역외순소득	3.5	2.1

지출구조

	2018	2017
지역총본원소득	91.9	90.6
피용자보수	47.8	44.7
영업잉여	17.1	19.0
생산수입세	9.7	9.8
재산소득	-1.0	-0.9
고정자본소모	18.1	17.9

배분구조

	2018	2017
지역내총생산	88.4	88.5
역외수취순소득	3.5	2.1
지역총본원소득	91.9	90.6
이전소득	0.8	-0.2
총처분가능소득	92.6	90.5

소득구조

인천경제 전체를 생산구조, 산업구조, 지출구조, 배분구조와 소득구조로 나눴다.[01]

생산구조는 산출액, 생산과정에서 정부가 거둬들이는 순생산물세를 포함한 중간소비, 그리고 총부가가치로 구성돼 있다.

산업구조는 공급 면에서 바라본 것으로서 산업별 총부가가치에 순생산수입세를 더한 지역총생산 구조를 말한다. 이에 비해 지출구조는 수요 면에서 경제주체별로 구분해 바라본 지역내총생산에 대한 지출의 구조를 말한다.

지역소득 삼면등가의 원칙(또는 삼면등가의 법칙)은 생산과 지출및 분배가 모두 같다는 것이다. 하지만 현실적으로 분배구조는 지역내총소득에, 지역 외에서 벌어들인 소득에서 지역 내에서 벌어간 소득을 제외한 지역외순수취본원소득을 더한 지역총소득 또는 총본원소득을 대상으로 경제주체별 구성된 제도부문의 소득계정별 구성으로 나타낸다.

마지막의 소득구조는 위의 총본원소득에 지역 외에서 대가 없이 받고 지역 외로 대가 없이 내 준 순경상이전을 더한 총처분가능소득을 대상으로 한다.

같은 내용을 설명하는 도표로 다음의 표는 같은 이름을 붙였지만 단위가 %이다.

---

01 인천경제를 나누어 설명하기 위해 임의로 정한 구분이다. 생산구조라는 용어도 사람에 따라서는 산업구조와 혼용해서 쓰기도 한다. 소득구조와 배분구조의 일부는 겹치기 때문에 사람에 따라 범위가 다를 수도 있다.

■ 인천의 지역소득구조

(단위: 조원)

	2017
산출액	254.0
중간투입	154.0
총부가가치	100.0

생산구조

	2018	2017
지역내총생산	110.8	111.0
순생산수입세	10.8	11.0
총부가가치	100.0	100.0
농림어업	0.3	0.3
광업	0.1	0.1
제조업	27.6	28.0
전가수	3.3	4.6
건설업	6.2	6.4
도소매업	7.3	7.1
운수업	10.4	11.1
기타서비스업	44.7	42.4

산업구조

	2018	2017
지역내총생산에 대한 지출	100.0	100.0
최종소비지출	70.5	67.0
민간소비	53.2	51.0
정부소비	17.3	16.0
총자본형성(투자)	33.4	33.0
순이출	-3.9	-2.5
통계상불일치	0.0	0.2

	2018	2017
역외순소득	4.0	2.3

지출구조

	2018	2017
지역총본원소득	100.0	100.0
피용자보수	52.1	49.3
영업잉여	18.7	21.0
생산수입세	10.6	10.9
재산소득	-1.0	-1.0
고정자본소모	19.7	19.8

배분구조

	2018	2017
지역내총생산	100.0	100.0
역외수취순소득	4.0	2.3
지역총본원소득	104.0	102.3
이전소득	0.9	-0.2
총처분가능소득	104.8	102.2

소득구조

가장 중심이 되는 개념은 지역경제의 크기를 재는 데 가장 많이 사용하는 지역내총생산이다. 지역내총생산을 100으로 했을 때 각 경제구조 내 구성인자의 구성비를 쉽게 파악할 수 있다.

다만, 산업구조를 파악할 때는 정부에 낸 세금을 제외한 총부가가치를 100으로 보고 구성비를 따진다. 아울러 배분구조를 따지는 경우에는 지역내총생산에 순수취역외본원소득을 더한 총본원소득을 100으로 보고 소득계정별로 비중을 계산한다.

이제, 인천의 경제구조를 종합하는 의미에서 각 경제구조를 요약해 보고자 한다.

생산구조

금액으로 보면 2017년 중 인천이 만들어 낸 상품과 제공한 서비스를 판 산출액은 202조 7천억원이다. 202조 7천억원의 총산출을 만들어 내는데 투입된 중간소비가 122조 9천억원이다.

따라서 산출액에서 중간소비를 뺀 인천의 총부가가치는 79조 8천억원이다. 인천에서 생산했지만 생산과정에서 정부에 납부하여 중간소비에 포함된 세금이 8조 7천억원이다.

그러므로 인천의 지역내총생산은 이 세금을 총부가가치에 더한 88조 5천억원이다. 아쉬운 것은 이 글을 작성하는 시점에서는 산출액 통계가 2017년까지만 작성 공표되어 있어 2018년 수치가 없다는 점이다.

구성비로 보면 2017년의 총부가가치를 100으로 했을 때 산출액은 254.4이다. 순생산물세 11.0을 포함해 중간소비는 154.0이다.

따라서 지역내총생산은 총부가가치 100에 순생산물세 11.0을 더한 111.0이다. 즉, 111이라는 지역내총생산을 얻으려면 154라는 중간소비를 투입해 254만큼을 산출하여야 한다는 말이다.

산출액 254에서 얻는 총부가가치 100이 차지하는 비중은 39.4%이다. 이를 부가가치율이라고 한다. 인천이 39.4라는 부가가치를 얻으려면 60.6이라는 중간소비를 들여 100을 산출하여야 한다는 의미이다. 이 비율이 지역마다, 각 산업 및 업종마다 다르다. 생산성 또는 생산의 효율성을 말한다. 그래서 이를 생산구조라고 한다.

정책적으로는 더 많은 총부가가치를 얻기 위해 지역별로, 산업별로 또는 업종별로 생산구조의 제고, 생산구조의 고도화, 생산구조의 효율화를 위한 노력을 요구하기도 한다.

산업구조

인천이라는 '지역'에서 물건이나 서비스를 만들어 팔아 번 돈인 지역내총생산이 어느 산업에서 나온 것인지를 따진 것이 산업구조다. 인천의 지역내총생산은 당해년가격 기준으로 2017년 중 88조 5천억원, 2018년 88조 4천억원이다.

산업구조는 지역 내의 생산과정에서 정부에 납부한 순세금을 제외한 총부가가치를 산업별로 나누어 산출한 것을 말한다. 2017년과

2018년 인천의 총부가가치는 79조 8천억원이다.

산업구조를 따지기 전에 전국 대비 인천의 지역내총생산 비중이 다른 지역에 비해 어떤지 따져봐야 한다. 주요 시도의 지역내총생산이 전국 지역내총생산에서 차지하는 비중을 보면, 경기도가 1985년 13%대에서 2017년 24% 수준까지 증가한 데 비해 같은 기간 중 서울은 최고 26.2%에서 21.5%로, 부산은 7.7%에서 4.9%로, 대구 역시 4.5%에서 2.9%로 하락했다.

그런 와중에 인천은 해마다 어느 정도 변동은 있었지만 5% 내외 수준을 유지해왔다. 다행이라고 생각할 수 있으나 인천시의 인구가 그간 꾸준히 늘어 인구 비중은 증가하였다는 것을 고려하면 인구 비중 증가에 비례해 지역내총생산 비중이 증가하지는 못했다.

지역이 점차 가난해지는 것을 반영하는 것이다. 인천의 지역내총생산을 확대하기 위한 다양한 방안이 제기되어야 하는 가장 근본적인 이유이다.

인천이 제조업 지역으로 알려져 있으므로 많은 사람들은 당연히 제조업 비중이 가장 높을 것으로 생각한다. 하지만 실제로 인천의 산업구조를 보면 제조업은 2018년 현재 총부가가치의 27.6%에 불과하다.

반면, 도소매, 운수창고 및 기타서비스업을 포함한 서비스업의 비중은 62.4%에 달한다. 인천이 명실상부한 서비스업 지역이 되었다. 다만, 다른 특·광역시에 비해서는 제조업의 비중이 높아 그나마 제조업 도시로서의 체면은 유지하고 있는 셈이다.

한편, 전기·가스업의 비중이 3.3%로 다른 시도에 비에 크게 높고,

세계적 공항과 항만을 갖고 있어 운수창고업이 10.4%로 다른 시도에 비해 압도적으로 높은 산업구조의 특징을 보여 주고 있다.

지출구조

인천의 지역내총생산에 대한 지출은 소비, 투자, 순이출로 이뤄진다.

소비는 정부와 민간소비로 이루어지며 민간소비의 대부분은 가계소비다. 2018년 중 인천의 지역내총생산에 대한 민간소비가 47조 1천억원으로 53.2%를 차지하고 있다. 민간소비의 1%가 4천 7백억원에 달한다. 외지에서 쓰는 민간소비 1%만 줄여 역내에서 소비한다면 4천 7백원의 산출액이 더 생산될 수 있다는 말이다. 역외소비를 줄이자는 논의가 나오는 배경이다.

정부소비는 15조 3천억원으로 지역내총생산의 17.3%를 차지하고 있다. 정부소비가 민간소비의 32.5%에 달한다. 중앙정부의 교부금을 더 받아 예산지출 규모를 늘리면 그만큼 인천의 소비가 증가함을 의미한다.

흔히 '투자'로 불리는 총자본형성은 대부분 기업에 의해 이뤄진다. 가계나 정부에 의해서도 이뤄지지만 크지 않다. 아울러 투자는 건설투자, 설비투자, 지식재산생산물투자, 재고투자로 이뤄진다.

인천의 경우 건설투자가 다른 투자에 비해 비중이 높은 특징을 갖고 있다. 경제자유구역을 포함에 인구가 급증하면서 아파트 등의 주택건설이 집중되었기 때문이다.

또한, 인천의 설비투자는 공장 등에 쓰이는 기계류에 대한 투자보다는 대규모의 공항과 항구가 있어 항공기, 선박 등 운수업과 관련된 운송장비에 대한 투자 비중이 다른 지역에 비해 특히 높다.

그러나 장래의 생산성을 지탱할 인천의 지식재산생산물투자 비중은 장기간에 걸쳐 경쟁 시도는 물론 전국평균에 비해서도 낮은 모습을 지속하고 있어 개선이 요구되는 상황이다.

한편, 순이출은 지역에서 생산된 재화와 서비스가 지역 밖으로 이출된 금액에서 거꾸로 밖에서 생산된 재화와 서비스가 지역 안으로 이입된 금액을 뺀 금액이다. 물론 이출과 이입에는 국외와의 거래인 수출과 수입을 각각 포함한다. 순이출이 마이너스(-)라는 것은 이입이 이출보다 많아 순이입이 이루어진 것을 말한다.

2017년과 2018년중 이출입액 변화를 보면 2017년중 순이입이 2조 2천억원에서 2018년중 3조 5천억원으로 1조 3천억원이 증가하였다.

그러나 이 기간중 지역내총생산도 88조 5천억원에서 88조 4천억원으로 1천억원 정도 감소하여 거의 변화가 없고, 총자본형성(투자)도 29조 3천억원에서 29조 5천억원으로 2천억원이 증가하는데 그쳤다.

다시 말해 이 기간중 최종소비지출이 59조 3천억원에서 62조 3천억원으로 3조원이 증가하였는데 이러한 증가가 거의 대부분 순이입에 의해 이루어졌다는 뜻이다. 즉, 이 기간중 인천의 최종소비증가로 대외거래에서의 순이입이 더욱 심해졌다는 것을 의미한다.

배분구조 및 소득구조

인천 사람이 쓰는 돈은 인천 사람이 인천에서 번 돈뿐만 아니라 인천 밖에서 벌어 온 돈도 있고 밖으로부터 대가 없이 받은 돈도 있다. 물론 다른 지역 사람들이 인천에서 벌어간 돈과 인천 사람들이 다른 지역에 보태준 돈은 빼야 한다.

인천사람이 안팎에서 번 돈에서 타지사람들이 벌어간 돈을 뺀 돈이 총본원소득이다. 2018년 중 91조 9천억원이다. 안에서 번 돈이 88조 4천억원이고 밖에서 벌어 온 돈에서 안에서 벌어간 돈을 뺀 지역외순수취본원소득(역외순소득)이 3조 5천억원이다.

인천사람으로서 아쉬운 것은 이 순수하게 밖에서 벌어온 돈이 흔하게 비교대상이 되는 부산이나 대구 등의 도시에 비해 턱없이 작다는 점이다. 인천의 주변이 인천보다 거주여건이 좋거나 만만치 않은 서울과 경기도이다 보니 인천사람이 가서 벌어오는 돈이 많아도 서울이나 경기도사람들이 인천에서 벌어가는 돈 역시 만만치 않기 때문이다.

누가 어떻게 번 것인가 또는 누가 어떻게 벌어갔는가를 알아보는 것이 배분구조다.

번 돈 중 우선 제외해야 할 것이 고정자본소모이다. 3년 만에 초기투자금 3천만원이 거의 사라지는 음식점을 차려 돈을 번다면 매년 1천만원은 고정자본소모다. 한해 총 5천만원을 벌었다면 1천만원은 이미 까먹은 돈을 채워 놓아야 하니 제외해야 한다는 말이다. 그 나머지가 제대로 번 돈이다. 그래서 순본원소득이다.

2018년 기준으로 인천사람들이 모두 합쳐 100을 벌었다면 고정자본소모가 우선 19.7이고, 근로를 대가로 번 피용자보수가 52.1이다. 사업을 해서 번 돈인 영업잉여가 18.7이다.

인천은 전국평균보다 고정자본소모와 피용자보수가 많은 편인 한편, 영업잉여와 재산소득은 작은 편이다. 아무래도 산업시설 등 장치산업은 많은데다 지방은행이 없으니 이자 등으로 재산소득이 새 나가는 특징을 보인다.

개인이나 지역이 마음대로 쓸 수 있는 돈을 다 합쳐 총처분가능소득이라고 하는데 이는 지역사람들이 안팎에서 번 돈에다 아무런 대가 없이 쓸 수 있도록 밖에서 보태 준 돈을 더해서 계산한다. 후자를 순수취경상이전소득이라 한다.

경상이전소득에는 소득이나 재산에 대해 중앙정부에 내는 세금과 중앙정부가 지방정부에 주는 교부금도 있지만, 사회부적 부담금이나 수혜금 또는 보험금과 보험료 등도 있다. 물론 순수취경상이전소득은 받은 돈에서 준 돈을 뺀 금액이다.

아무 대가 없이 남에게 많이 베푸는 쪽이 도움을 받는 쪽보다 더 자랑스러울 수 있다. 서울, 울산, 경기가 그렇다. 2018년 중 이러한 순수취경상이전소득으로 서울은 73조원, 울산이 11조 4천억원, 경기도가 30조 1천억원을 획득했다.

인천은 8천억원을 받았다. 서울, 울산과 경기가 부럽다. 그런데 부산은 4조 4천억원을 받고, 대구가 5조 1천억원을 받았다. 인천이 부산이나 대구보다 덜 받았으니 자랑스러울 수는 있겠으나 부산, 대구 사람들의 1인당 개인소득이나 민간소비가 인천보다 많은 점 등을 고려하면 여러 생각이 오가는 대목이다.

제2편

인천의
일자리경제

지금까지는 재화를 만들어 팔고 서비스를 제공하는 실물경제를 다뤄왔다. 재화와 서비스를 생산해 공급하고, 그 대가로 받은 소득으로 일상생활과 미래를 위해 소비하고 투자한다. 이렇게 일하고, 벌고, 쓰는 경제활동은 결국 사람의 행복을 위한 것이다.

그런데 사람이 많은 것이 좋은가, 아니면 적은 것이 좋은가. 이에 대해서는 오랫동안 의견이 엇갈려 왔다. 자원이 한정돼 있는데 사람이 많으면 결국 각자에게 나누어줄 몫이 줄어든다고 생각하는 쪽은 '사람이 적을수록 좋다'고 주장해 왔다. 그래서 사람 수를 줄이는 방안으로 엄격한 산아제한을 하기도 했다. 과거 우리나라가 그랬고, 최근까지 중국이 그랬다.

얼마 전부터는 사람들의 생각이 많이 달라졌다. 사려는 사람이 없어서 문제지 물건이 없어 못 파는 일은 없다는 것이다. 기술이 좋아졌기 때문이다. 수요가 늘어나려면 사람이 많아져야 한다. 사람이 많을수록 더 많은 수요에 맞춰 더 많이 생산하고 공급할 수 있으니 소득도 더 늘어나 좋다는 것이다. 인천은 어느 쪽에 해당할까?

지역을 막론하고 저출산·고령화가 주요한 인구문제로 등장한 지오래다. 설사 인구는 적정하더라도 연령별 인구 구성이 문제가 될 수 있다. 한참 일해야 할 젊은이는 많지 않은데 어르신들만 감당이 어려울 정도로 몰려 있다면 경제의 성장잠재력이 떨어져 장래 평균소득이 하락할 가능성이 농후하다.

인구수도 적정하고 연령별 구성도 좋은데 인구가 줄어든다면 장차 노동공급이 줄고 수요마저 감소하여 경제가 위축될 우려도 있다. 인구수, 인구구성, 인구추세가 적정한데 정작 일해야 할 일자리가 줄어들고 있다면 앞의 적정하다는 말이 오히려 허망할 것이다. 일자리가 소득의 원천이면서 사람에 따라서는 일 자체가 행복의 원천인데, 일자리가 부족하다면 큰 문제가 아닐 수 없다. 나아가 일자리가 충분하다고 하더라도 일자리의 질이 기대수준에 미치지 못한다면 실제로는 일자리가 부족한 것이나 다름없으니 그 또한 문제다. 인천의 사정은 어떨까?

사람에 관한 문제는 이미 닥쳤을 때는 해결하기 어렵다. 지금 당장 인구 부족 문제를 안고 있다면 지금으로서는 해결할 수 없다. 또한, 수명이 정해져 있는 만큼 사람의 문제는 예정돼 있기 마련이다. 인구 부족이 현재의 문제라면 이미 정해진 사망률과 출생률 하에서 이미 과거에도 예상할 수 있었던, 그래서 예정된 문제라는 것이다. 뒤늦게 이민 등의 사회적 해결방법을 찾는다고 하더라도 한계가 있을 수밖에 없다. 즉 인구통계학적 문제는 사전에 대비해야 한다는 말이다. 인천은 어떤 상황일까?

제2편에서는 인천의 인구가 어떤 변화를 보이는지, 일자리의 사정은 어떤지, 그래서 일해서 버는 소득은 적정한지를 짚어 보고자 한다.

제9장

인천의 인구는 어떻게 변하고 있나
- 인천의 인구구조

300만 인구의 도시가 되다

2016년 10월 19일, 이 날 도시면적 1위 인천의 인구가 3백만 명을 넘어섰다며 인천 시내가 온통 들뜬 분위기였다. 주민등록인구 295만 명에 등록외국인 5만 명을 더해 처음으로 인천인구가 3백만 명을 넘었다는 것이었다. 서울과 경기, 부산에 이어 인구가 3백만을 넘는 거대도시가 됐다면서 여기저기에서 기념행사가 열리고 축제가 열렸다. 1981년 인천이 직할시가 된지 36년만이고, 1992년 인구 2백만 명을 넘긴지 15년만의 일이라 했다. 전국 인구에서 인천인구가 차지하는 비중도 1992년 4.6%에서 5.7%로 늘었다.

그러는 동안 서울인구는 전국인구의 24.6%에서 19.0%로 줄어들었다. 전국인구의 1/4이 서울사람이었는데 이제는 1/5로 줄어든 것이다. 부산인구는 8.7%에서 6.7%로 줄고 대구인구도 5.1%에서 4.7%로 줄었다. 경기도 인구만 14.9%에서 25.0%로 늘었다.

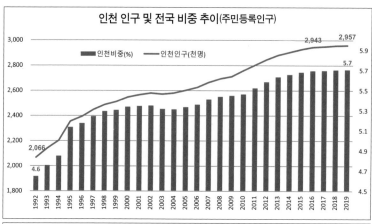

인천 인구 및 전국 비중 추이(주민등록인구)

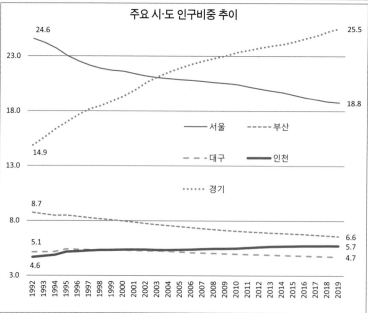

주요 시·도 인구비중 추이

그 많은 사람들은 어디에서 왔을까

인천은 1981년 인구가 100만 명을 넘어섬에 따라 직할시로 승격했다. 이후 1992년 인천인구가 200만 명을 넘어섰고 2016년 300만 명을 넘어섰으니 1981년부터 최근에 이르기까지 200만 명 가까이 늘어났다. 어떻게 이 엄청난 인구 증가가 가능했을까?

인구증가는 자연적 증가, 사회적 증가와 기타 증가로 나뉜다.

■ 인천의 인구증가

(명, 회)

		1981~2018	1993~2018
1980/1992년말 인구		1,081,831	2,065,866
자연적 증가	출생	1,131,058	759,370
	사망	370,944	298,031
	순증	760,114	461,339
사회적 증가	전입	6,567,029	4,349,416
	전출	5,645,101	4,035,358
	순이동	921,928	314,058
기타증가		190,769	113,379
2018말 인구		2,954,642	2,954,642
증가 인구 (A)		7,888,856	4,462,795
평균 인구 (B)		2,018,237	2,510,254
인구회전률(A/B)		3.9	1.8
전출인구회전률(A'/B)		2.8	1.6

자연적 증가는 출산으로 인한 인구증가에서 사망한 인구를 빼 순증인구로 계산한다. 사회적 증가는 타 시·도에서 들어온 전입인구에서 타 시·도로 나간 전출인구를 빼 순이동인구로 산출한다.

기타 증가는 다양한 요인이 있겠지만 가장 대표적이고 큰 것은 행정구역 개편이다. 인천이 광역시로 바뀌면서 강화군, 옹진군이 편입된 것 등이 그 예다.

앞의 표에서 보듯이 1981년 직할시 승격이후 2018년까지 인천인구는 주민등록인구 기준 108만 명에서 295만 명으로 187만 명이 증가했다. 자연적 인구증가에 따른 순증인구가 76만 명이고, 사회적 인구의 순전입에 의한 인구증가가 92만 명, 여기에 행정구역이 넓어져 편입된 인구 등 기타 증가인구가 19만 명이다. 즉 순인구증가의 40.6%가 자연적 증가, 49.2%가 사회적 증가, 나머지 10.2%가 기타 증가에 기인했다.

그러면 1981년 인천의 직할시 승격 이후 인천에서 태어나 현재까지 살고 있거나, 그 이후 인천으로 이사와 지금까지 살고 있는 사람은 현재 인천인구 가운데 얼마나 될까? 그러니까 1981년 이후 인천에 살고 있는 사람을 인천이 고향인 사람이라고 한다면 지금 인천에 살고 있는 사람 중 인천이 고향인 사람은 얼마나 될까하는 질문이다. 정확히 계산할 수는 없지만 짐작할 수 있는 개념으로 회전률이라는 것이 있다. 가령 어떤 모임의 회원 수가 계속 10명을 유지하였는데 1년 동안 새로 들어온 회원이 5명이라면 회원 회전률은 신규 회원 5명을 평균 인원수 10명으로 나눈 1/2이다. 탈퇴자만으로 계산해도 결과는 같다. 즉, 1년간 회원 절반이 바뀌었다는 뜻으로 해석할 수 있다.

회전률 개념을 인천에 대입해보자. 출생과 전입, 기타 사유로 늘어난 총인구를 평균인구로 나누면 1981년부터 2018년까지 3.9회에 달한다. 즉 평균 인구의 4배에 달하는 인구가 태어나거나 이사 오거나 행정구역 개편으로 편입돼 들어왔다는 뜻이다. 같은 기간 중 줄어든 인구를 기준으로 단순히 사망자와 전출자를 더한 인구를 평균 인구로 나누면 2.8회에 달한다. 인천 평균 인구의 거의 3배에 달하는 인구가 이사 가거나 사망해 인천을 떠났다는 것이다. 직할시가 된 이후 인천에 계속 남아 있는 인구, 즉 1981년 이후 인천에 살고 있어 인천이 고향이라고 할 수 있는 사람이 실은 그렇게 많지 않다는 뜻이다.

인천 출신을 배려하기 위한 지역 경제 정책을 펴면서 '인천 출신이 아닌 사람'은 배제하면 자칫 배타적인 정책이 될 수 있다. 즉 '인천 사람' 또는 '인천이 고향인 사람'만을 대상으로 정책을 결정하는 경우 실제 정책의 실효성을 찾기가 어려워진다는 것이다. 그 배경에는 이와 같은 높은 인구 회전률이 있다. 바다가 어디서 흘러오든 물을 가리지 않듯이 인천도 어디서 오든 사람을 가리지 않는다고 해 '해불양수(海不讓水)의 도시'라 불리는 이유를 다시 한 번 생각하게 된다.

아직은 젊은 도시 인천

사람의 능력을 평가해 등급을 매기는 일은 목적이 어찌됐든 반가운 일은 아니다. 그러나 '인구통계'에서는 연령을 기준으로 생산능력이 다르다고 보고 획일적으로 사람을 구분한다. 우선, 15세 이상 인구는 '생산가능인구'라고 한다. 14세 이하 인구가 생산이 불가능한 것은 아니나 유소년을 생산에 동원하는 것은 이들에 대한 착취로 볼 수 있기 때문에 통계에서만큼은 이들을 제외하는 것이다.

이러한 논리가 어르신들에게도 적용된다. 65세 이상 고령인구가 생산 활동에 동원되는 것은 아무래도 좀 너무하다고는 보는 입장을 반영한 것이다. 그래서 이 경우에는 생산가능인구에서 65세 이상 고령인구를 제외하고 '15세 이상 64세 이하 생산가능인구' 또는 좀 줄여서 '생산연령인구(15~64세)'라는 말을 쓴다.

그 중에서도 25세 이상 49세 이하는 '핵심생산가능인구' 또는 '주요생산인구'라고 한다. 15세 이상 24세 이하이거나 50세 이상 64세 이하면서 경제활동을 하는 사람들이 들으면 기분 나쁘겠지만 생산 능력 면에서 분명 '주요'하지 않거나 '핵심'은 아니라고 보는 입장에서 나온 말이다.

■ 생산가능인구의 구분

	생산가능인구		
	15세 이상 64세 이하 생산가능인구(생산연령인구)		고령인구
		핵심생산가능인구	

0세　　　14세/15세　24세/25세　　　49세/50세　　　64세/65세~

15세 이상 64세 이하를 생산연령인구로 구분하고 나면 14세 이하 유소년과 65세 이상 고령인구는 자연스럽게 부양대상인구가 된다. 이 부양대상인구를 생산연령인구로 나눈 비율을 부양비[01]라고 한다.

01　14세 이하의 유소년인구를 생산연령인구로 나눈 비율은 유소년부양비, 65세 이상의 고령인구를 생산연령인구로 나눈 비율은 노년부양비라고 한다. 따라서 부양비

따라서 인천의 생산가능인구 구성비가 높다는 말은 인천이 다른 지역에 비해 부양대상인구가 적다는 뜻이다. 즉 부양비가 낮다는 말이다.

경제적인 면에서 지역경제의 인구는 생산가능인구, 그 중에서도 64세 이하 생산연령인구, 특히 25세에서 49세의 핵심생산가능인구의 비중이 높을수록 인구의 생산성이 높아 유리하다.

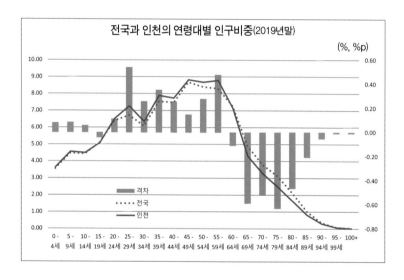

앞의 그래프에서 보는 것처럼 인천은 특히 20세 이상 59세 이하 인구의 비중이 전국에 비해 높다. 그런 점에서 인천의 인구구성은 대

(dependency ratio)는 유소년부양비와 노년부양비의 합계가 된다. 유소년과 고령인구를 합쳐 부양대상인구라고 공식적으로 이름을 정해 쓰지는 않고 있다. 하지만 부양비라는 말을 공식적으로 쓰고 있으니 사실상 부양대상인구라는 말을 공식적으로 사용해도 별 무리가 없다는 뜻이 된다.

단히 생산적이다. '15세 이상 64세 이하 생산가능인구', 특히 '핵심생산가능인구'의 비중이 전국 평균에 비해 높기 때문이다. 한마디로 인천은 인구 면에서만큼은 '젊은 도시'이며 '생산적 도시'라는 말이다.

아울러 다음의 표에서 보듯이 2019년말 기준 인천의 15세 이상 64세 이하 인구비중은 74.3%로 전국의 72.0% 보다 2.3%p가 높다. 25세 이상 49세 이하의 핵심생산가능인구 비중도 인천이 38.1%로 전국의 36.5%보다 1.6%p가 높다. 반면 14세 이하와 65세 이상의 부양대상인구의 비중은 전국이 28%인데 비해 인천은 이보다 2.3%p가 낮은 25.7%이다. 이에 따라 부양대상인구를 생산연령인구로 나눈 부양비는 인천이 34.6%로 전국 38.8%에 비해 4.2%p나 낮다.

■ 전국과 인천의 생산가능인구 비중

(명, %)

		전국		인천	
		인구	비중	인구	비중
계		51,849,861	100.0	2,957,026	100.0
0~14세		6,466,872	12.5	375,242	12.7
15세 이상		45,382,989	87.5	2,581,784	87.3
	15~64세(A)	37,356,074	72.0	2,197,236	74.3
	25~49세	18,944,965	36.5	1,126,168	38.1
	65세 이상	8,026,915	15.5	384,548	13.0
14세 이하 및 65세 이상(B)		14,493,787	28.0	759,790	25.7
부양비(B/A)		38.8		34.6	

이와 같은 생산연령인구와 부양대상인구의 구성을 인천광역시의 군·구별로 살펴보면 어떻게 될까? 어느 군·구가 가장 젊고 가장

생산적일까? 현실적으로 인구정책의 수립과 집행에 제약이 많은 지역의 입장에서 이런 통계는 어떤 의미를 가질까?

군·구별로 15세 이상 64세 이하의 생산연령인구를 기준으로 보면 가장 젊은, 즉 생산연령인구의 비중이 높은 곳은 계양구다. 부양대상인구 비중이 22.0%인데 비해 생산가능인구 비중이 78.0%로 부양비는 28.3%이다. 인천의 평균 부양비 33.9%에 비해서도 5.6%p가 낮다. 인천의 생산연령인구 100명이 평균 33.9명을 부양할 때 계양구는 5.6명이나 적은 28.3명을 부양하면 되니까 다른 군·구에 비해 부양에 여유가 있는 편이다.

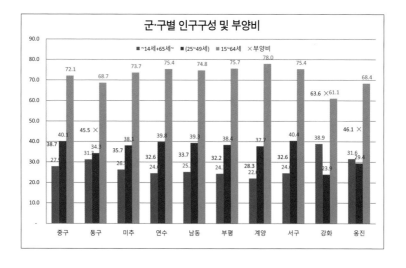

하지만 강화군의 경우 생산가능인구 비중은 61.1%인데 부양대상인구 비중 38.9%로 부양비가 63.6%에 달한다. 100명이 63.6명을 부양해야하니 거의 3명당 2명을 부양해야 하는 셈이다.

한편, 25세 이상 49세 이하의 핵심생산가능인구 비중을 기준으로 보면 서구, 중구, 연수구, 남동구가 높은 비율을 보여 가장 젊고 생산적인 구로 나타나고 있다. 경제자유구역인 청라, 영종, 송도와 시내의 중심상권이 포함돼 주로 젊은 인구의 이주가 이들 구에 집중됐기 때문이다.

인천인구도 계속 늘어날 수는 없다

우리는 이미 '과거'를 지내왔다. 아울러 '현재'에 살고 있다. '과거'와 '현재'는 이미 지내왔고 살고 있으므로 이미 대응을 해온 것이다. 걱정이 있다면 '미래'다. 미래에 대한 대비를 통해 걱정을 덜기 위해 전망을 한다. 인구문제도 마찬가지다. 전문가들은 여러 가지 방법으로 인구를 전망한다.

가장 많이 이용하는 방법은 현재의 인구에 자연적 인구증가와 사회적 인구증가를 더하는 것이다.

앞에서 본 것처럼 자연적 인구증가란 출생인구에서 사망 인구를 뺀 것이고, 사회적 인구증가는 이사 온 전입인구에서 이사 간 전출인구를 뺀 것이다. 통계청이 발표하는 장래인구추계 결과도 이 방법을 이용한다.

지방정부 등이 적극적으로 인구 증가를 전망하는 경우에는 지역 사회개발에 따른 계획인구 증가 전망치를 더한다. 즉, 지역에 산업단지를 더 만든다거나 대규모 주택단지를 개발하는 경우 개발효과로 외지에서 들어오는 입주민 증가를 더하는 방식이다.

통계청이 장래인구를 전망할 때는 보통 30년에서 50년간의 인구 변동을 추계한다. 2019년에 발표한 통계청 인구추계의 경우 2017년 인구총조사를 기초로 시·도별 인구변동요인, 즉 자연적 증감과 사회적 증감 추이를 고려해 미래의 인구 변동요인을 가정한다. 이를 기반으로 2047년까지의 장래인구를 전망한다.

인구 변동요인에 대한 가정, 즉 시나리오[02]에 따라 추계방식이 여럿으로 나뉜다. 인구가 가장 많이 늘어난다고 보는 고위 추계, 최소로 늘어난다고 보는 저위추계, 그리고 그 사이 중간쯤으로 보는 중위 추계가 있다.

이밖에 인구이동이 전혀 없다고 가정하는 무이동 추계, 출산율을 2018년 현재의 수준이 지속된다고 보는 출산율 현 수준 추계방식이 있다. 즉, 모두 5가지로 추계방식이 나눠진다.

통계청의 추계전망을 보면 중위추계 방식으로 인천인구는 2017년 292만 명에서 2035년 305만 명에 가까이 이르렀다가 2047년에는

---

02 참고로 2019년 시·도별 장래인구 추계 시나리오별 인구변동요인 가정을 보면 다음과 같다.

시나리오 명칭	인구변동요인		
	출산율	기대수명	인구이동
중위	중위	중위	중위
고위	고위	고위	중위
저위	저위	저위	중위
무이동	중위	중위	국내 및 국제 무이동
출산율 현수준	'18년 출산율 지속	중위	중위

295만 명 수준으로 하락할 것으로
전망된다.

전국인구 대비 인천인구의 비중
은 2017년 5.7%에서 2035년 5.9%, 2047
년에는 6.0%로 상승할 전망이다.

■ 인구추계상 합계출산률 가정

(명)

	2017년	2047년	
		중위	저위
전국	1.05	1.27	1.10
인천	1.01	1.27	1.09

주의할 점은 이 전망은 합계출산률이 2017년 1.01명에서 2047년
에는 1.27명으로 늘어난다는 전제하에서의 전망이라는 것이다.

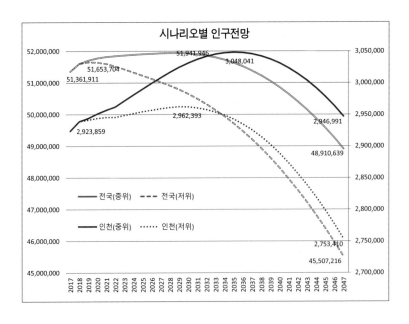

시나리오별 인구전망

전국(중위) --- 전국(저위)

인천(중위) ······ 인천(저위)

이에 비해 합계출산율이 2017년 1.01명에서 2047년 1.09명으로 늘어난다고 본 저위추계로 보면 인천인구는 2029년까지 296만 명으로 늘었다가 이후 지속 감소하여 2047년에는 275만 명으로 감소할 것으로 전망된다. 이 경우 전국인구에 대한 인천인구의 비중은 2029년 5.9%로, 2047년에는 6.1%로 상승할 전망이다.

하지만 이와 같은 추계전망이 모두 합계출산율이 증가한다고 전제하고 있어 당장 2018년이나 2019년의 실제인구가 2017년 추계인구보다 적게 늘어난 문제를 안고 있다.

따라서 합계출산율 전제를 좀 더 현실화할 필요성이 제기되고 있다. 현재의 가정과 달리 합계출산율이 향후에도 계속 하락한다고 가정하면 인구는 상대적으로 빠른 속도로 감소할 것으로 전망되기 때문이다.

인천인구 변화는 무엇을 의미하나

1) 인천의 인구 증가세가 줄어들고 있다

실제 최근의 인천인구변화를 보면 통계청 추계대로 인구가 변화할지 의문이다. 2019년에 들어서는 인구 감소세가 눈에 띄고 있을 뿐 아니라 급격한 감소를 보이고 있어 인구 전망이 그렇게 낙관적으로 보이지 않기 때문이다.

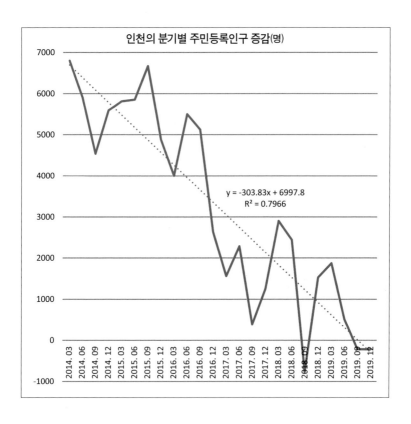

인천의 분기별 주민등록인구 증감(명)

$y = -303.83x + 6997.8$
$R^2 = 0.7966$

최근 인천의 주민등록인구를 보면 2014년만 해도 매 분기마다 인구가 6,000명 안팎의 증가를 보였는데 점차 증가 폭이 줄어들어 2018년에 들어서는 분기당 인구가 감소를 보이기에 이르렀다. 분기별 인구증가가 매 분기마다 300명 이상이 감소하는 이런 추세가 계속된다면 특별한 조치가 없는 한 인천의 인구는 지속적으로 감소할 것으로 보인다.

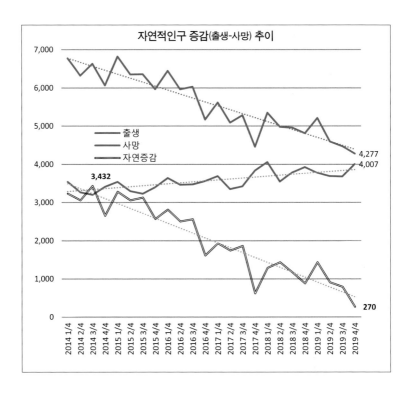

자연적인구 증감(출생-사망) 추이

인천의 인구가 감소세를 보이는 원인 중 하나는 인천의 자연적 인구증가가 날이 갈수록 줄어드는 데 있다. 2014년만 해도 출생인구에서 사망 인구를 뺀 자연적 인구증가가 분기당 3천 명을 웃돌았다. 그러나 2019년에 들어와서는 자연적 인구증가가 천 명이하로 줄어들었다. 사망자수가 매분기 3,500명 수준을 유지하고 있는데 비해 출생아수가 분기당 6,500명 수준에서 4,000명대로 줄어들었다. 결국 인구감소의 큰 원인은 급속한 저출산의 진행이라고 하지 않을 수 없다.

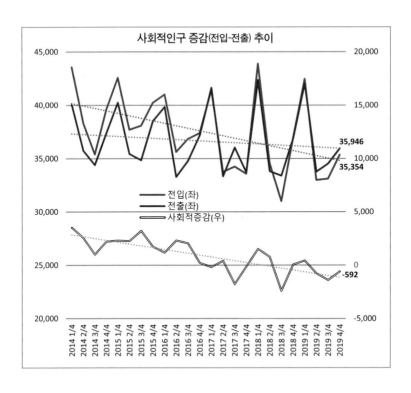

사회적인구 증감(전입-전출) 추이

뿐만 아니라 사회적 인구증가, 즉 전입인구에서 전출인구를 뺀 인구증가도 심각하게 줄고 있다. 2014년 초 분기당 3천 명 정도의 순전입을 보이던 사회적 인구가 2017년부터는 순전출을 보이기 시작했다. 단기간이지만 추세만으로 보면 2018년 하반기부터 사회적인구는 감소세로 전환되고 있다. 사회적인구가 인천의 주요한 인구증가 요인이 아니라 이제는 인구 감소요인이 되고 말았다. 전입인구는 빠른 속도로 줄어드는데 전출인구는 더디게 늘어나고 있기 때문이다.

2) 고령인구 위주로 늘어나고 있다

　최근 인천인구의 변화 중 주목할 것이 인구증가 둔화에만 있는 것은 아니다. 연령대별 인구 구성비의 변화가 심각하기 때문이다. 다음의 그래프는 2014년 말부터 2019년 말까지 최근 5년간의 연령대별 인구증감을 나타낸 것이다.

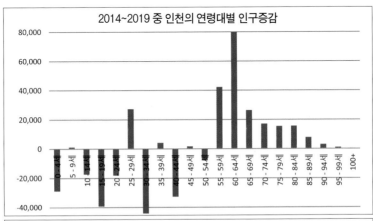

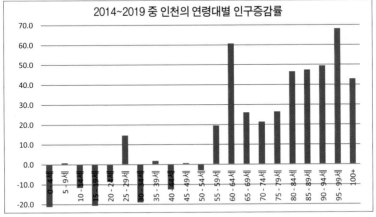

5세 단위로 연령별 인구증감을 보면 54세 이하는 대부분의 연령대에서 인구가 감소하고 있다. 늘더라도 그 정도가 미미하다. 다만 베이비부머(1968년~1955년 생) 세대의 자녀 세대인 에코세대인 25~29세는 부모세대의 워낙 큰 인구 증가로 인해 예외적으로 증가를 보이고 있다.

이에 비해 55세 이상 장년층과 고령층은 증가규모도 클 뿐 아니라 증가율도 매우 높다[03]. 요약하면 55세 이상 인구는 늘고 있고 그 미만 연령대의 인구는 줄고 있다는 말이다. 인천인구 고령화가 급속히 진행되는 데다 전입 인구의 대부분이 노령인구에 해당해 노령층의 부양대상 인구가 빠르게 증가하는 모습을 보이고 있다. 증감률로 보면 그 심각성이 더 크다는 것을 알 수 있다.

---

03 최근 인천인구의 증가가 주로 55세 이상 인구의 증가에 의존하고 있다는 것은 인천인구의 증가가 자연적 인구의 증가보다는 순이동인구의 증가에 크게 의존하고 있음을 보여 준다. 55세 이상 인구가 기대수명연장과 노령화에 따라 노년층의 사망률이 전에 비해 낮아짐에 따라 자연적 인구증가에 기여하는 점은 사실이다. 그러나 수도권의 55세 이상인구가 노년이 되면서 실직과 자녀의 출가 등에 따라 생활비의 절감을 위하여 비교적 도시화가 잘 되어 있고 수도권내 교통이 발달되어 있으면서 동시에 주택관련 비용이 상대적으로 낮은 인천지역으로 이동함에 따라 인천인구의 증가에 크게 기여하고 있는 것으로 보인다.

3) 신·구도심간 인구구조가 양극화되고 있다

인천 인구의 구성비 변화를 군·구별로 세분해 보면 이 또한 심각성을 언급하지 않을 수 없다.

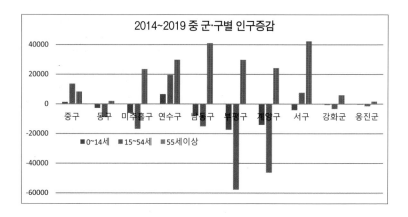

우선, 지난 5년간 인천인구가 전체적으로 증가하고는 있지만 실제 군·구별로도 증가를 보인 군·구는 중구, 연수구, 서구에 불과하다. 나머지 구는 모두 감소세를 보이고 있다. 경제자유구역을 포함한 3개구만 증가를 보이고 구도심 지역은 인구감소를 보이고 있어 인구증감 면에서 신·구도심간 현격한 격차를 보이고 있다.

그 와중에 인구가 증가하는 지역에서는 14세 이하 또는 55세 이상의 부양대상인구보다는 15세 이상 54세 이하의 주요 생산가능인구가 인구 증가를 주도하고 있다. 반면, 인구감소 지역에서는 부양대상인구만 증가하는 가운데 주요 생산가능인구가 감소를 보이거나 부양대상인구 증가에 미치지 못하고 있다. 특히, 부평구, 계양구, 동구의 경우 인구가 감소하는 가운데에서도 부양대상인구만 증가하고 있다. 남동구, 미추홀구, 강화군, 옹진군의 경우 인구가 감소하는데도 주요 생산가능인구보다는 부양대상인구가 더 크게 늘어 부양비가 상승하고 있다. 군·구별 인구구성의 격차는 군·구별 생산력 격차로 나타날 수밖에 없다.

결국 신·구도심 간의 경제력 격차의 해소는 인구구성 격차의 해결이 선행되지 않는 한 근본적인 해결이 어렵다는 것을 잘 보여준다.

4) 인구이동으로 원도심이 공동화될까 걱정이다

군·구별 인구이동 변화도 인구구성 격차에 심각한 영향을 주고 있다. 행정구역이 조정되는 등의 특별한 사유가 없는 한 인구 증가는 이동에 따른 사회적 증가나 출생, 사망으로 인한 자연적 증가가 대부분이다. 출생과 사망은 특별한 경우가 아니면 장소를 선택하기 어렵다. 군·구간의 순인구이동 격차가 크게 벌어지는 것은 지역의 매력, 경쟁력 차이가 크게 벌어진다는 것을 의미한다.

군·구별 이동 인구는 인천시내의 군·구 간 이동인구와 서울이나 경기도 등 타 시·도와의 시·도 간 이동인구로 나눌 수 있다. 다음의 그래프는 인천광역시의 군·구별 인구이동을 보여준다. 최근 5년간 (2014~2018년) 순이동인구의 누적인원이다. 인구이동으로 인구가 늘어난 주요 지역은 중구, 연수구, 남동구, 서구이다. 미추홀구, 강화군과 옹진군은 순이동으로 증가를 보였으나 미미한 수준이다. 이에 비해 동구, 부평구와 계양구는 인구이동으로 인구가 감소했다.

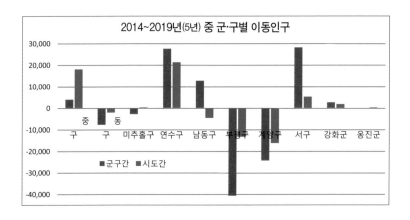

2014~2019년(5년) 중 군·구별 이동인구

인구이동으로 인구가 증가한 지역은 중구, 연수구, 서구로 경제
자유구역에 속해 개발호재가 있다고 평가되는 곳과 시청이 있고 주
요공단과 새로운 주거단지가 형성된 남동구이다. 이들 지역은 다른
구에 비해 인구를 흡인하는 매력을 가진 지역이다. 이에 비해 동구,
부평구와 계양구는 인구이동으로 인구가 크게 줄었다. 매력을 잃고
있다는 증거다.

문제는 부평구, 계양구의 인구감소가 주로 인천의 다른 군·구
로 전출된다는 점이다. 서구, 남동구의 인구증가는 주로 인천내 다
른 군·구에서의 유입에 의존하고 있다. 결국 부평, 계양구의 인구가
서구와 남동구로 이전되고 있음을 보여주고 있다. 연구수의 경우 타
시·도에서의 전입이 인천시내 다른 군·구에서의 전입보다 약간 많
은 수준이다. 중구도 다른 시·도에서의 전입이 이동인구 증가를 주
도하고 있다. 주로 인천공항 근처의 경제자유구역인 영종지역에 수
도권에서의 전입인구가 몰렸기 때문이다.

문제의 심각성을 더하는 것은 부평, 계양구에서 남동구나 서구 또는 연수구로 옮겨간 인구가 부평이나 계양구의 저소득 계층이었겠느냐 하는 점이다. 신도시의 새로운 아파트를 중심으로 옮겨간 계층이 부평과 계양구의 부유층이 대부분이라면 결국 부평과 계양구는 인구가 인구이동으로 크게 줄어든 것도 문제지만 지역 내 부유층을 중심으로 인구가 빠져나감으로써 지역의 공동화가 동시에 진행되고 있다는 점이 더욱 큰 문제인 것이다. 인천 전체로는 지역 내 인구이동으로 신구도심간 경제력 격차가 더욱 확대되고 있는 점을 걱정하지 않을 수 없다는 말이다.

제10장

인천 일자리 넉넉한가
- 인천의 고용구조

앞 장에서는 인천의 인구가 어떻게 변화해왔는지를 중심으로 인구구조를 살펴봤다. 인구구조는 일자리와 깊이 관련되어 있다. 사람이 상품을 만들어 팔고 서비스를 제공하는 것은 일자리가 있어 가능한 일이다. 또한 벌고 쓰는 것 역시 일자리가 있어 가능하다. 사람에 따라서는 일자리가 소득을 얻는 수단일 수도 있고 보람을 찾는 삶의 목적일 수도 있다. 이제 이 장에서는 경제활동에 중요한 일자리 사정이 인천에서는 어떤 모습을 보이고 있는지 주요 특징을 살펴보고자 한다.

사람마다 다른 일자리 시장에서의 명찰

일자리와 관련한 글이나 통계를 보다보면 같은 사람인데 부르는 이름이 다른 많은 단어들이 나온다. 사람마다 제각각 다른 명찰을 달고 있는 셈이다. 이 명찰을 이용해 실업률이나 고용률, 경제활동참가율 등 여러 가지 비율이 발표되고 비교된다. 함께 정리해 보자.

1) 15세 이상 생산가능인구

일자리 시장에서는 세상에 태어난 사람이라고 해 모두 시장에서 활동하는 사람으로 보지 않는다. 기본적으로 '돈 받고 일할 수 있는 사람이냐'를 기준으로 한다. 돈 받고 일할 수 있는 사람은 우선 나이가 15세 이상이어야 한다. 15세 미만을 고용해 돈벌이를 시키는 것은 아동착취에 해당한다고 보아 적절하지 않다는 판단이다. 또한, 시장에서의 돈벌이 활동인 만큼 합당한 경제활동을 하는 사람이어야 한다. 경제활동은 상품이나 서비스를 생산하기 위해 하는 일이므로 설사 돈을 받더라도 불법이거나 강제노역, 사행성 활동 등[01]은 포함하지 않는다. 나라의 부름을 받고 군대에 가 있거나 죄를 지어 형무소에 가 있는 사람 등도 제외[02]한다. 이와 같은 기준을 만족해 15세 이상으로서 적합하게 생산 활동이 가능한 인구를 '생산가능인구'라고 한다. 일자리시장에서의 사람이란 이런 정도의 자격을 갖추었다고 판단하여 '생산가능인구'라는 명찰을 달아준 사람을 말한다. 앞 장에서도

---

01 경제활동은 수입이 있더라도 법률에 위배되는 도박, 매춘 등의 비생산적 활동, 법률에 의한 강제노역이나 봉사활동, 사적으로 행하는 경마, 경륜, 증권, 선물 등의 투자 활동은 경제활동으로 보지 않는다.

02 통계청의 경제활동인구조사에서는 현역군인, 공익근무요원, 상근예비역, 전투 또는 의무경찰이나 형이 확정된 교도소 수감자 등은 설사 수입이 있더라도 경제활동으로 보지 않아 생산가능인구에서 제외한다. 인구통계에서의 15세 이상 인구와 고용통계에서의 15세 인구가 다른 주요 이유이다.

일부 언급이 되었지만 OECD국가에서 많이 이용하는 개념으로서 15세 이상 생산가능인구중 '15세 이상 64세 이하 생산가능인구'를 별도로 구분하기도 한다.

2) 경제활동인구와 비경제활동인구, 취업자와 실업자의 기본개념

생산가능인구, 즉 15세이상인구는 다시 경제활동인구와 비경제활동인구로 구분된다. 이를 구분하는 가장 핵심적인 기준은 '일할 마음'을 갖고 있느냐이다. 일할 마음이 있으면 '경제활동인구'이고, 일할 마음이 없으면 '비경제활동인구'이다.

아울러 일할 마음을 갖고 있는 경제활동인구로서 일자리를 가지고 있으면 '취업자'이고 '일할 마음'이 있는데도 일할 자리가 없어 일자리를 구하고 있으면 '실업자'다. 따라서 실업자는 경제활동인구로서 취업자가 아닌 자[03]다. 또한 일자리를 찾으려 노력[04]하고 있는 '구직자'는 당연히 '일할 마음'이 있는 '실업자'이다. 즉, 실업자와 구직자는 같은 말이다.

취업자와 실업자는 일자리를 가지고 있는지 여부로 구분한다고

---

03 국제노동기구(ILO)는 여러 조건에 동시에 충족되는 복수활동상태를 가지는 경우 우선성 규칙(priority rule)에 따라 취업자, 실업자, 비경제활동 순으로 파악한다. 입사원서를 낸 아르바이트 대학생은 입사원서를 낸 실업자이면서, 대학생이라는 비경제활동인구와 아르바이트라는 취업자 신분을 모두 가지고 있지만 우선성 원칙에 따라 먼저 취업자로 구분된다.

04 구직자가 일을 찾으려 노력했다고 함은 일이 주어지면 일하려는 의사를 가지고 적어도 지난 4주간 구직활동을 한 것을 말한다.

했지만 '일자리'도 일자리 나름이다. 통계상으로는 돈을 벌 목적으로 일주일에 1시간 이상 일한 사람[05]을 기본으로 하되 돈은 못 받지만 가족을 위해 돈 버는 일하는 사람, 그리고 일자리는 있지만 형편상 잠시 일을 못하고 있는 사람을 포함해 취업자[06]로 본다. 그러나 일주일에 한 시간도 일을 못하는 자리라든가, 수입과 관계없이 취미삼아 하는 경우 등의 일자리는 딱히 수입을 목적으로 하는 일자리라고 하지도 않거니와 그런 일자리를 갖고 있는 사람을 취업자로 보지도 않는다.

3) 취업자의 종류

취업자에도 여러 형태의 취업자가 있다. 임금을 누가 주는지, 어떻게 일하기로 계약했는지에 따라 서로 다른 지위가 부여된다. 이러

---

05 일주일에 한 시간 일하는 사람을 취업자로 분류하는 현재의 기준이 과하다는 평가가 많은 것이 사실이다. 그럼에도 불구하고 통계청은 이와 같은 국제노동기구(ILO)의 고용통계기준에 의한 취업자 기준을 따르고 있다. 경제지표의 작성 차원에서 총생산을 측정하기 위해서는 취업자수와 근로시간에 기초한 총노동투입량의 산출이 필요하고, 이를 계산하기 위해서는 수입을 목적으로 1시간 이상 수행된 모든 일이 파악되어야 하며, 특히 고용상황이 변하면서 단시간 근로, 부정기 근로, 교대 근로 등 다양한 취업형태가 나타나고 있으므로 이러한 형태의 취업을 모두 포함하기 위해서는 수입을 목적으로 1시간 이상 일한 모든 사람을 취업자로 파악할 필요가 있다는 입장이다.

06 취업자 통계를 산출하기 위해 통계청은 원칙적으로 매월 15일이 들어 있는 주에 조사를 하는데 그 조사대상주간에 수입을 목적으로 1시간 이상 일한 사람, 동일 가구의 가구원이 운영하는 농장이나 사업체의 수입을 위하여 주당 18시간이상 일한 무급가족종사자, 그리고 직업 또는 사업체를 갖고 있으나 일시적인 병 또는 사고, 연가, 교육, 노사분규 등의 사유로 일하지 못하고 일시 휴직한 사람을 취업자로 한다.

한 지위를 '종사상 지위'라고 한다. 명찰이 하나 더 추가되는 셈이다. 종사상 지위에 따라 취업자는 임금근로자와 비임금근로자로 구분된다. 임금근로자는 고용주가 주는 임금 등[07]을 받는 취업자이고 비임금근로자는 임금근로자가 아니어서 임금을 스스로 벌거나 안 받는 취업자이다.

임금근로자는 다시 '고용계약의 형태'에 따라 상시근로자, 임시근로자, 일용근로자로 구분된다. 상시근로자는 고용계약이 1년 이상이거나 고용계약은 없지만 소정의 채용절차를 거쳐 상여금, 퇴직금 등 각종 수혜를 받는 장기 근로자를 말한다. 임시근로자는 고용계약이 1개월 이상 1년 미만이거나 고용계약 없이 1년 미만의 기간에 종료되는 사업을 하도록 채용된 근로자이다. 일용근로자는 1개월 미만의 근로계약을 하거나, 근로계약 없이 매일매일 고용되어 일당 또는 일급제 급여를 받는 근로자이다. 그러니 '일용근로자'가 달고 있는 명찰을 정리하자면 일자리 시장에서의 '생산가능인구'이면서 '경제활동인구'에 해당하고 '취업자'중 '임금근로자'로서 '일용근로자'라는 타이틀을 가지고 있으니 다섯 가지 명찰을 훈장처럼 달고 있는 셈이다.

임금을 받지 않는 비임금근로자는 자영업자와 무급가족종사자로 구분된다. 자영업자(self-employed)는 말 그대로 자기가 스스로를 고용하여 임금을 줄 사람이 없는 경우이다. 자기가 자기를 고용하지 않았으면 실업자로 남아 있어야 할 사람이기 때문에 종사상 지위 통

---

07 임금근로자가 받는 임금이란 자신의 근로에 대해 임금, 봉급, 일당 등 어떠한 형태로든 일하고 받는 대가를 말한다.

계에서 자영업자는 취업자와 실업자 사이에 위치하고 있다. 자영업자는 다시 고용원이 있는 자영업자와 고용원이 없는 자영업자로 나누어진다. 무급가족종사자(unpaid family worker)는 임금을 주지 않는데도 자기의 가구에서 운영하는 농장이나 사업체의 수입을 높이기 위해 주당 18시간 이상 일한 사람을 말한다. 통계분류와 상관없이 언론 등에서는 자영업자와 무급가족종사자를 모두 포함하여 넓은 의미의 자영업자로 부르기도 한다.

4) 실업자 요건

국제노동기구(ILO)는 실업자를 지난 1주 동안 일을 하지 않았고(Without work), 일이 주어지면 일을 할 수 있고(Availability for work), 지난 4주간 적극적인 구직활동을 수행(Seeking work)한 사람이라고 정의하고 있다. 일할 마음만 있다고 실업자가 되는 것이 아니라 구직을 위한 노력으로서 구체적인 실제 활동(Activity principle)이 뒷받침돼야 하는 것이다. 따라서 설사 일할 마음이 있다고 하더라도 아무런 구직활동도 하지 않고 막연히 쉰 사람은 실업자로 분류되지 않는다. 취업 준비 중인 사람이나, 은퇴 후 쉬고 있는 사람 등은 언뜻 보기에 실업자로 생각할 수 있지만 실업자 요건 세 가지를 동시에 모두 갖추지 못했기 때문에 실업자도 못 된다는 말이다. 실업자로 분류되지 못한 이들은 아래에서 언급하는 비경제 활동인구에 포함된다.

5) 비경제활동인구

생산가능인구 중 경제활동인구를 제외한 인구가 비경제활동인구[08]이다. 일할 의사를 갖지 않아 비경제활동인구로 분류되는 사람들은 어떤 사람들일까? 실업률을 줄이기 위해 경제활동인구로서 실업자에 포함해야 할 사람들을 비경제활동인구로 분류해 아예 실업률 계산에서 제외하는 것은 아닐까? 흔히 듣는 의심어린 질문의 내용이다.

비경제활동인구는 15세이상인구지만 집에서 가사나 육아를 맡고 있는 주부, 학생, 취업준비생, 노인, 심신장애자, 자선사업가나 종교활동가와 구직단념자 등을 말한다. 고용정책상 가장 큰 관심을 기울이는 대상자는 이중에서도 구직단념자이다. 이들을 실업자가 아닌 '일할 마음'이 없는 비경제활동인구로 분류하는 이유는 위에서 말한 실업자의 3요건을 동시충족하지 못했기 때문이다. 주부로서 일도 없고 일할 준비도 되어 있었지만 구체적인 구직활동을 하지 않았다면 실업자가 아닌 비경제활동인구로 분류된다는 것이다. 경기침체로 실직된 사람이 가망성이 없다고 한 달 이상을 구직활동을 하지 않고 집에만 있었다면 '쉼' 상태의 비경제활동인구가 되는 것도 같은 이유이다.

---

08 경제활동인구는 취업자와 실업자로 구분되므로 이 역시 ILO의 취업자, 실업자, 비경제활동인구 순으로 활동상태를 정하는 우선성 원칙에 따라 비경제활동인구는 15세 이상 생산가능인구에서 취업자와 실업자 즉, 경제활동인구를 먼저 제외한 나머지 인구가 된다.

가장 많이 쓰이는 고용지표 :
고용률, 경제활동참가율, 실업률

고용상황을 파악하거나 고용정책 또는 실업대책을 강구하면서 가장 자주 쓰는 고용지표는 다음의 세 가지다.

첫째가 고용률이다. 고용률은 취업자를 15세이상인구로 나눈 비율이다. 한 지역 내에서 활동하고 있는 15세이상인구 중 몇 %가 취업자인가를 나타낸다. 사람들이 취업을 통해 소득을 얻고 자립적으로 생활해 나간다고 볼 때 얼마나 많은 사람이 경제적으로 안정되어 있는지를 나타내는 지표이기도 하다. OECD국가에서는 15세이상인구를 대신 15세 이상 64세 이하의 생산가능인구를 분모로 쓰기도 한다. 고용을 중시하는 OECD국가들은 고용정책상 현실적으로 일자리가 필요할 것으로 보이는 연령대 인구의 몇 %가 실제 일자리를 갖고 있는지를 이 지표로 확인한다.

둘째는 경제활동참가율이다. 고용률을 좀 더 확대한 개념으로 15세 생산가능인구의 몇 %가 일할 의사를 가지고 일자리를 갖고 있거나 일자리를 찾고 있는지를 나타내는 비율이다. 취업자와 실업자를 더한 경제활동인구를 15세이상인구로 나눈 비율이다.

한 지역경제에서의 생산량이 노동력의 크기에 영향을 받는다면 그 지역경제의 성장잠재력은 일자리를 찾고 있는 구직자와 실업자까지 포함한 경제활동인구의 크기에 영향을 받는다. 즉 실업자 역시 장래의 경제성장을 위해서도 중요한 자원인 것이다. 더군다나 요즘처럼 아이를 많이 낳지도 않는데 의료기술은 무서운 속도로 발전해

수명 역시 빠른 속도로 늘어나는 저출산-고령화 사회에서 노령인구를 부담하면서도 경제성장을 지속하려면 생산이 가능한 인구 중 경제활동에 참가하는 인구의 비중이 높아야 한다. 같은 값이면 생산가능인구가 많은 편이 좋지만 생산가능인구가 아무리 많아도 일자리를 가질 생각을 하지 않는다면 부양인구만 늘어나는 셈이기 때문이다. 일자리를 제공하더라도 구직활동을 하고 있는 실업자마저 없다면 경제성장의 잠재 가능성은 더욱 낮아진다.

이 때문에 대부분 일자리시장에서의 거시정책에는 비경제활동인구의 경제활동 참가 확대를 통해 경제활동참가율을 높이는 것을 목표로 하는 정책이 포함된다.

셋째는 실업률이다. 일하려 하는 사람 중 일자리가 없는 사람이 얼마나 되는지를 나타내는 지표이다. 즉 실업자를 경제활동인구로 나눈 비율이다. 고용정책을 추진하는 중앙정부나 지방정부의 입장에서는 일할 의사가 있지만 일자리가 없는 사람을 위해 취업대책을 마련해야 하므로 이 비율이 대단히 중요한 의미를 갖는다. 정부가 고용대책을 세워야 하는 사람들의 비율인 정책판단지표이기도 하면서 그 정책이 얼마나 개선 효과가 있는지를 측정하기 위한 성과측정지표이기도 하다.

하지만 실업률은 전문적 지식이 없는 사람에게 상당한 혼란을 주는 비율이기도 하다. 고용률과 경제활동참가율은 '15세이상인구'를 분모로 하는데 비해 실업률은 '경제활동인구'를 분모로 하고 있기 때문이다. 언뜻 생각하면 세상은 고용된 사람과 고용되지 않은 사람으로 구성되어 있으니, 고용된 사람의 비율인 고용률에 고용되지 않

은 사람의 비율인 실업률을 더
하면 100%가 될 것 같다. 그러
나 두 비율은 분모가 서로 다르
다. 두 비율을 더하면 예상과는
전혀 다른 훨씬 작은 숫자가 나
온다. 예로 2019.9월 인천의 취
업자(159.3만 명)를 15세이상인구
(253.4만 명)로 나눈 인천의 고용
률은 62.9%인데 비해 인천의 실
업자(5.8만 명)를 경제활동인구

■ 2019년 9월 인천의 고용지표

(천명, %)

	2019.9.
15세이상인구	2,534
경제활동인구	1,650
(경제활동참가율)	(65.1)
취업자	1,593
(고용률)	(62.9)
(15~64세)	(68.4)
실업자	58
(실업률)	(3.5)
비경제활동인구	884

(165만 명)로 나눈 실업률은 3.5%이다. 고용률 62.9%에 실업률 3.5%를
더하면 66.4%에 불과하다. 분모도 서로 다른데다[09] 15세이상인구에
는 비경제활동인구가 포함되기 때문이다.

---

09 분모를 경제활동인구로 통일하고 경제활동인구중 실업자와 취업자의 비율을 더하
면 당연히 100%가 된다. 실업률은 실업대책을 수립하는 데 꼭 필요한 비율이다. 그
러나, 경제활동인구 중 취업자의 비율은 이미 취업을 한 사람의 비율이라 정책적으
로 별의미가 없다. 따라서 실제로도 쓰지 않는 비율이다. 또한 15세이상인구를 분
모로 통일하고 취업자, 실업자, 비경제활동인구를 15세이상인구로 나눈 비율을 구
하여 모두 더하면 100%가 되므로 개념을 이해하기 쉬울 것으로 보인다. 경제활동
인구와 비경제활동인구의 비율도 마찬가지이다. 취업자의 비율은 고용률로, 경제활
동인구의 비율은 경제활동참가율로 쓰인다. 하지만 15세이상인구중 실업자의 비율
은 실업자 속에 현실적으로 취업대책에 많은 제약이 따르는 노령층 실업자가 포함
된다. 15세이상인구중 비경제활동인구 비율도 일할 의사 자체가 없는 인구에 대한
고용대책 등이 실제 의미가 없다. 따라서 이런 비율은 현실적으로 사용하지 않는다.
이에 따라 분모는 다르지만 실업률, 경제활동참가율과 고용률이 주요 고용지표로
쓰이고 있다.

인천은 경제활동참가율이 예외적으로 높다

　　좋든 싫든 세상에 태어나 어느 정도 나이가 들어 경제생활을 해나가려면 일자리를 갖고 있어야 한다. 하지만 늘 모두가 일자리를 갖고 있는 것은 아니다. 일자리가 없으면 응당 일자리를 찾아야 할 것 같지만 세상 사람들이 꼭 그렇지도 않다. 경제생활을 해나가야 할 만큼 나이도 들었고 일자리가 없는데도 일을 찾지 않는 사람이 있다. 일이 없으면 적어도 일할 마음을 갖고 일자리를 찾는 것이 바람직하다고 할 텐데도 말이다.

　　그런 점에서 인천은 경제활동에 참가하려는 사람의 비율이 높아 참 다행이다. 인천 일자리시장 특징의 하나이다.

　　우선 앞 장에서도 본 것처럼 인천은 생산가능인구의 비중이 다른 지역에 비해 높은 편이다. 뿐만 아니라 인천은 표에서 보는 것처럼 경제활동참가율도 대단히 높은 편이다.

　　즉, 최근 인천의 경제활동 참가율은 전국 2, 3위 수준을 유지하고 있다. 생산가능인구 중 일자리를 갖고 있거나 일자리를 찾고 있는 경제활동인구의 비중이 그만큼 높고, 따라서 비경제활동인구의 비중은 그만큼 낮다는 뜻이다.

■ 시·도별 경제활동참가율

(%, 등)

	2017		2018		2019	
전국	63.2		63.1		63.3	
서울	63.1	8	62.6	10	62.7	11
부산	59.0	17	58.1	17	58.8	17
대구	61.2	13	60.9	15	60.2	16
인천	64.7	2	65.7	2	65.4	3
광주	60.8	15	61.7	13	61.5	14
대전	61.0	14	61.3	14	62.4	12
울산	61.9	12	61.8	12	61.7	13
세종	62.7	9	63.2	9	64.3	7
경기	64.6	3	64.4	5	64.3	7
강원	62.6	11	62.5	11	64.6	6
충북	64.0	7	64.9	4	64.9	5
충남	64.1	5	65.6	3	65.6	2
전북	60.1	16	59.9	16	61.0	15
전남	64.1	5	64.2	6	65.1	4
경북	64.2	4	64.2	6	64.2	9
경남	62.7	9	63.3	8	63.7	10
제주	72.3	1	69.8	1	69.9	1

경제활동참가율이 인천보다 높은 제주의 경우 제조업의 비중은 낮지만 농림수산업과 관광업의 비중이 대단히 높다는 특징이 있다. 주민의 상당수가 설사 일자리를 잃더라도 귤 농사 또는 수산업에 참여하거나 쉽게 관광업 분야에서 일자리를 찾을 수 있어 복수의 직업을 갖기 쉬운 지역적 특성을 갖고 있다. 게다가 제주 여성들은 엔간하면 집에서 쉬지 않는다. 이에 따라 비경제활동인구가 대단히 작다.

따라서 제주는 지역 특성상 경제활동참가율이 예외적으로 높다. 아울러 농어촌의 비중이 높은 도 지역에서도 농어업 분야에 겸직도 쉬울 뿐 아니라 직장을 잃더라도 자영농·어업 형태의 취업활동이 늘 가능하기 때문에 도 지역의 경제활동참가율은 일반적으로 높게 나타난다. 이와 반대로 광역시 지역은 대부분 경제활동참가율이 낮은 편이다. 이런 점을 고려하면 도시화 정도가 대단히 높은 인천의 경제활동참가율은 예외적으로 높은 편으로, 사실상 전국에서 가장 높은 편이라고 할만하다.

인천의 경제활동참가율이 높은 이유가 짠하다

인천의 경제활동인구는 왜 이렇게 예외적이라고 할 정도로 높을까? 인천의 경제활동참가율이 높다는 것은 인천의 15세이상 인구 중 경제활동인구의 비중이 다른 지역에 비해 높고, 그래서 비경제활동인구의 비중은 다른 지역에 비해 낮다는 것을 말한다.

왜 인천은 비경제활동인구의 비중이 낮을까? 일자리가 없어 그냥 집에서 쉬고 있으면 비경제활동인구에 포함되는데 구직단념을 하지 않고 일자리를 찾아 나서면 경제활동인구에 포함되어 경제활동참가율이 높아진 때문이다. 즉, 일자리를 찾아 구직활동에 나서면 취업이 이뤄질 때까지 우선은 실업자로 분류되어 경제활동인구에 포함되기 때문이라는 말이다.

그러면 왜 구직단념을 하지 않고 일자리를 찾아 나서고 있을까?

1) 임금근로자 비율이 높다

다음의 표에서 보듯이 2019년중 평균으로 보면 우선, 인천의 경제활동참가율이 월등 높다. 인천의 경제활동인구는 15세 이상 인구의 65.4%로 8대 특광역시에 비해 3.3%p가 높다. 이와 같이 인천의 경제활동참가율이 높은 주된 이유는 무엇보다도 인천의 고용률, 즉 15세 이상 인구중 취업자의 비중이 62.5%로 8대 특광역시의 59.5%에 비해 3.0%p가 높기 때문이다. 또한, 인천의 고용률이 이렇게 높은 이유는 15세 이상 인구중 임금근로자의 비중이 50.1%로 8대 특광역시의 47.4%에 비해 2.8%p가 높은 데 주로 기인한다. 이를 전국과 비교하면 전국의 임금근로자 비중 45.9%에 비해서는 5.4%p나 높으니 임금근로자로만 따지면 10%이상 비중이 높은 셈이다.

■ 2019년중 15세 이상 인구 고용상태 비교

(천명, %, %p)

	전국		8대 시		9개 도		인천				
		(A)		(B)		(C)		(D)	D-A	D-B	D-C
15세이상	44,504	100.0	19,862	100.0	24,643	100.0	2,529	100.0	0.0	0.0	0.0
경제활동인구	28,186	63.3	12,331	62.1	15,853	64.3	1,653	65.4	2.0	3.3	1.0
취업자	27,123	60.9	11,823	59.5	15,302	62.1	1,581	62.5	1.6	3.0	0.4
비임금근로자	6,683	15.0	2,408	12.1	4,274	17.3	313	12.4	-2.6	0.3	-5.0
임금근로자	20,440	45.9	9,412	47.4	11,028	44.8	1,268	50.1	4.2	2.8	5.4
상용근로자	14,216	31.9	6,502	32.7	7,715	31.3	830	32.8	0.9	0.1	1.5
비상용근로자	6,224	14.0	2,913	14.7	3,312	13.4	439	17.4	3.4	2.7	3.9
실업자	1,063	2.4	510	2.6	554	2.2	72	2.8	0.5	0.3	0.6
비경제활동인구	16,318	36.7	7,529	37.9	8,790	35.7	876	34.6	-2.0	-3.3	-1.0

임금근로자는 임금으로 먹고사는 사람이다. 실업자가 되면 대부분은 집에서 쉴 수 있는 처지가 아니다. 어떻게든 또 다시 일자리를 구해야 한다. 더구나 인천의 임금근로자는 앞장에서도 일부 설명하였듯이 외지에서 이주해온 경우가 대부분으로 실업 후 집에서 쉴 수 있을 정도로 자본축적이 많은 경우가 많지 않으므로 실업이 돼도 비경제활동인구로 빠질 여유가 없어 싫든 좋든 구직에 나서야 한다. 이러한 임금근로자의 비중이 다른 지역에 비해 월등 높으니 인천의 경제활동참가율이 다른 지역에 비해 높을 수밖에 없다.

2) 임금근로자 중에서도 임시·일용근로자의 비중이 높다

2019년중 인천의 임금근로자중 34.5%가 근로계약기간이 1년 미만인 임시근로자이거나 1개월 미만인 일용근로자이다. 전국은 이러한 비상용근로자의 비중이 30.5%이다. 4.1%p가 차이가 난다. 임시·일용근로자수로만 따지자면 10%이상이 많은 셈이다.

앞의 표에서 보듯이 15세이상인구 중 비상용근로자인 임시·일용근로자의 비율이 17.4%이다. 전국의 14.0%에 비해 3.4%p가 높다.

임금근로자 중에서도 특히 임시·일용근로자가 일자리를 잃으면 그야말로 위급상황이다. 집에서 쉴 수 없는 것은 당연하다. 다음 날로 바로 일자리를 구하러 다녀야 하는 것이 대부분 임시·일용직 생활자들의 현실이다. 임금근로자 비중이 높은 것도 중요한 이유이지만 그중 임시일용근로자의 비율이 높다는 것도 인천의 경제활동참가율을 높이는 중요한 요인이 된다.

■ 2019년중 임금근로자 비중

(천명, %, %p)

	전국		8대 시		9개 도		인천			
		(A)		(B)		(C)		(D)	D-A	D-B	D-C
임금근로자	20,440	100.0	9,412	100.0	11,028	100.0	1,268	100.0	0.0	0.0	0.0
상용근로자	14,216	69.5	6,502	69.1	7,715	70.0	830	65.5	-4.1	-3.6	-4.5
비상용	6,224	30.5	2,913	30.9	3,312	30.0	439	34.5	4.1	3.6	4.5

3) 여성의 경제활동참가율도 높다

인천 여성의 경제활동참가율은 2018년 중 55.7%로 전국의 여성 경제활동참가율 53.5%에 비해 2.2%p가 높다. 물론 남자도 인천의 경제활동참가율이 전국에 비해 1.7%가 높다. 인천 여성들의 경제활동 참가율은 다른 지역과 비교해 남성들의 경제활동참가율 못지않게 높다. 따라서 구직에 있어서도 여성의 비율이 그만큼 높아지게 되므로 전체적으로 인천의 경제활동참가율을 높이는 요인으로 작용한다.

■ 2019년중 성별 경제활동참가율

(%, %p)

	전국(A)	8대 시(B)	9개 도(C)	인천(D)	D-A	D-B	D-C
계	63.3	61.6	64.3	65.4	2.1	3.8	1.1
남자	73.5	71.2	74.9	75.2	1.7	4.0	0.3
여자	53.5	52.7	53.8	55.7	2.2	3.0	1.9

인천의 경제활동참가율이 늘 높은 것은 아니다

아래의 그래프에서 보는 것처럼 인천의 경제활동참가율은 전국 평균에 비해 대체로 높은 수준을 보인다. 그렇다고 인천의 높은 경제활동참가율이 늘 보장되는 것은 아니다. 1997년 이후 닥친 외환위기나 2004년 이후의 카드채 사태 등 경제전망이 불투명한 경제위기거나 불황기 또는 극심한 침체기에는 인천의 경제활동참가율이 전국 평균을 밑도는 경우가 발생한다.

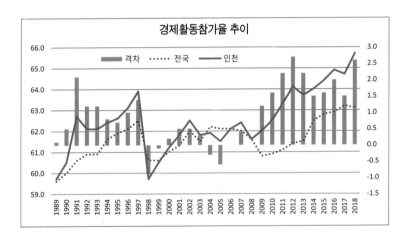

인천 경제의 특성상 전국 경기가 불경기에 접어들면 인천경기는 전국경기에 선행하여 더욱 빠른 속도로 하강하고 뒤늦게 상승하는 경향을 보인다[10]. 경기침체가 급격하거나 경기전망이 극도로 어두운 경우 15세 이상 생산가능인구 중 취업자가 일자리를 잃고 이들이 구

---

10   보다 자세한 설명은 제7장 알기 힘든 인천의 경기변동을 참조

직활동조차 포기하면서 다른 지역에 비해서도 인천의 비경제활동인구비중이 크게 증가한다. 이에 따라 인천의 경제활동참가율이 전국 평균에도 미치지 못하는 현상이 발생한다.

그만큼 인천의 경제활동참가율은 다른 지역에 비해 경기변동에 민감하게 반응한다는 것을 보여주고 있다. 경기변동에 대비한 일자리의 대응뿐만 아니라 구직의사를 관리하여야 한다는 차원에서 심리적 대처에도 인천의 사전적 대비가 절실함을 보여준다.

인천의 높은 고용률은 자랑할 만한가

일자리 시장과 관련해 인천이 자랑하고 싶어는 것 중의 하나는 인천의 높은 고용률이다. 고용률이 높다는 것은 누가 무슨 일자리에서 일하건 간에 많은 일자리를 공급한 노력의 결과일 수 있다. 다음의 표에서 보는 것처럼 인천의 고용률은 적어도 특·광역시 중에서는 예외 없이 1위를 차지하고 있다. 겸업이 거의 불가능한 도시지역의 특성상 고용률을 도 지역과 비교하기는 어렵다. 도 지역은 농업이나 어업 또는 관광업 등과의 겸업이 가능해 주당 1시간도 일하지 않는 실업상태에 빠지기가 상대적으로 쉽지 않기 때문이다. 이런 점을 감안하면서 도 지역을 포함하여 전국 17개 시·도와 비교하더라도 인천은 7위 이내의 높은 고용률을 보이고 있다. 그러니 인천은 높은 고용률을 자랑할 만하다.

(%, 등)

	2015	순위		2016	순위		2017	순위		2018	순위		2019	순위	
전국	60.5			60.6			60.8			60.7			60.9		
서울	60.0	9	2	60.0	9	2	60.2	11	3	59.6	11	3	60.0	11	3
부산	56.3	16	7	56.2	16	7	56.3	17	8	55.7	17	8	56.6	17	8
대구	59.4	11	4	59.3	12	4	58.8	15	7	58.2	16	7	57.9	16	7
인천	61.1	7	1	61.8	5	1	61.7	7	1	62.9	4	1	62.5	5	1
광주	58.5	14	6	58.1	15	6	59.0	13	5	59.4	12	4	59.3	13	5
대전	59.6	10	3	59.7	11	3	58.9	14	6	58.7	14	6	59.8	12	4
울산	59.0	13	5	59.0	13	5	59.8	12	4	59.0	13	5	59.1	15	6
세종	-			-			61.2	8	2	61.8	7	2	62.5	5	1
경기	61.7	6		61.7	6		62.1	5		62.0	6		61.9	8	
강원	57.9	15		58.2	14		61.0	9		60.7	10		62.3	7	
충북	62.4	3		62.0	4		62.6	2		63.3	3		62.9	4	
충남	62.3	5		61.7	6		62.3	4		63.5	2		63.7	2	
전북	59.2	12		59.9	10		58.6	16		58.3	15		59.3	13	
전남	62.8	2		62.7	2		62.1	5		62.4	5		63.4	3	
경북	62.4	3		62.4	3		62.5	3		61.6	8		61.7	9	
경남	60.6	8		60.6	8		60.9	10		61.4	9		61.3	10	
제주	68.5	1		69.3	1		70.9	1		68.4	1		68.4	1	

하지만 고용률의 구조를 잘 살펴보면 고용정책만으로 고용률을 올리기는 쉽지 않음을 알 수 있다. 고용률은 제 앞가림을 하여야 할 나이에 있는 사람의 몇 %가 일을 하고 있느냐를 나타내는 비율이다. 산술적으로는 취업자를 15세이상인구로 나눈 비율이다. 취업자는 경제활동인구에서 실업자를 뺀 인원이다. 이를 15세이상인구로 나눈 것이니 경제활동인구를 15세이상인구로 나눈 비율에서 실업자를 15

세이상인구로 나눈 비율을 뺀 것이다.[11] 즉. 고용률은 경제활동참가 율에서 15세이상인구 중 실업자 비중을 뺀 것이다.

그런데 경제활동참가율은 60%를 넘는 큰 숫자고, 움직임도 1% 이상 크게 움직이는 때가 많다. 그러나 15세이상인구 중 실업자 비중 은 실업률(실업자/경제활동인구)보다 훨씬 작은 2~3%수준의 작은 숫 자일 뿐 아니라 변화하더라도 소수점 미만에서 움직인다. 따라서 고 용률은 사실상 거의 대부분 경제활동참가율의 크기에 좌우된다.

경제활동참가율이 올라가려면 15세이상인구 중 경제활동인구비 중이 커져야 한다. 이는 15세이상인구 중 비경제활동인구 비중이 줄 어야 한다는 말이다. 비경제활동인구 비중이 줄어들기 위해서는 경 제활동인구와 경제활동을 멈추고 있는 인구가 우선 일할 의욕을 갖 고 일자리를 찾아 나서야 한다. 즉 비경제활동인구에서 빠져나와 먼 저 실업자가 되어야 한다는 말이다. 실업자에게 일자리를 주는 것도 쉽지 않은 일이지만 일할 의사가 없는 비경제활동인구를 일자리 시 장으로 이끌어 내는 일도 쉽지 않은 일이다.

요약하면 인천의 높은 고용률은 인천의 높은 경제활동참가율에 달려 있다는 말이다. 인천의 높은 경제활동참가율은 앞에서도 설명 한 것처럼 적극적으로 구직활동을 할 수 밖에 없는 인천 고용시장의 인천구성에 주로 기인한다는 것이다.

---

11 고용률=취업자/15세이상인구=(경제활동인구-실업자)/15세이상인구=경제활동인 구/15세이상인구-실업자/15세이상인구=경제활동참가율-실업자/15세이상인구. 실업률은 실업자/경제활동인구이므로 실업자/15세이상인구와는 다르다.

물론 인천의 높은 경제활동참가율이 정책당국의 적절한 고용정책으로 취업자 수를 적극적으로 늘린 결과이며 그에 따라 인천의 고용률이 높아진 것이라는 주장도 일부는 가능하다. 취업자 수의 비중이 높아지면 당연히 고용률은 올라간다. 계산방식을 달리하면 고용률은 경제활동인구 중 취업자 수의 비중과 경제활동참가율의 곱[12]이기 때문이다. 그러나 아쉽게도 인천의 경제활동인구중 취업자 수의 비중(달리 붙여진 이름은 없으나 편의상 '취업률'이라고 하자[13])은 늘 전국 평균보다도 낮은 수준을 보여 왔다. 뿐만 아니라 과거의 실제 추이를 보면 고용률은 취업률의 변동보다는 경제활동참가율의 변화와 훨씬 가까운 변화를 보여 왔다.

　　다음의 그래프는 인천과 전국의 고용률 추이와 경제활동참가율, 취업률 추이를 대비해 보여주고 있다. 전국이나 인천의 고용률 추이는 모두 경제활동참가율 추이와 비교해 보면 구분이 어려울 정도로 닮아 있음을 보여 주고 있다. 고용률의 변동은 취업률에 비해 실제 경제활동참가율에 크게 영향을 받고 있다는 것이다.

12　고용률의 분자와 분모에 경제활동인구를 곱했다 나누어주는 방식으로 변형을 가하면

고용률=취업자/생산가능인구=(취업자/경제활동인구)x(경제활동인구/생산가능인구)=[(경제활동인구-실업자)/경제활동인구]x경제활동참가율=(1-실업률)x경제활동참가율이 된다. 취업자/경제활동인구를 취업률이라고 하면 실업률과 취업률의 합은 100%가 된다.

13　15세이상인구중 취업자비율은 고용률이지만 경제활동인구중 취업자의 비율은 명칭이 없다. 이를 취업률이라고 하면 취업자는 경제활동인구에서 실업자를 뺀 것이므로 취업률은 100에서 실업률을 뺀 것과 같다.

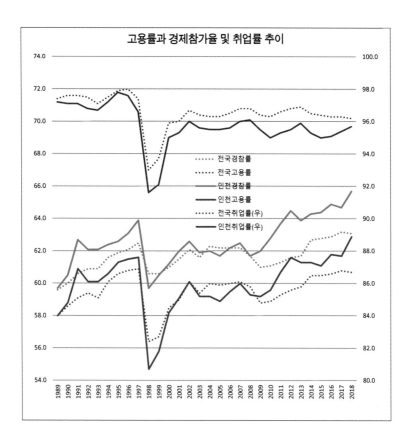

고용률과 경제참가율 및 취업률 추이

범례:
전국경참률
전국고용률
인천경참률
인천고용률
전국취업률(우)
인천취업률(우)

  따라서 인천의 높은 고용률은 취업률 보다는 높은 경제활동참가
율에 기인한다고 할 것이며, 인천의 취업률이 전국 평균보다는 높은
상태라면 몰라도, 아직은 아래에서 설명하는 것처럼 인천의 실업률
이 높아 취업률은 낮은 상황에서 인천의 고용률이 높다고 자랑할 일
은 아니다.

인천은 실업률도 높다

인천 일자리시장의 큰 특징 중의 하나는 상대적으로 높은 고용률에도 불구하고 실업률도 높게 나타난다는 점이다.

다음의 표와 그래프에서 보는 것처럼 인천의 실업률은 전국 평균에 비해 늘 높았다. 17개 시·도 및 8개 광역시중 거의 1위를 차지하여 왔다. 최근 2018년 중에는 조선, 자동차, 기계공업 분야의 구조조정과 사드사태에 따른 중국과의 마찰 등으로 타 시·도가 고용의 애로를 겪으면서 일시적으로 실업률 순위가 하락하기도 했으나 2019년에 들어서는 타 시·도의 순위 회복으로 다시 1위 자리로 돌아왔다.

고용률이 늘 높은 상태인데도 불구하고 인천의 실업률이 이렇게 높은 것은 언뜻 보면 모순으로 보인다. 실업률이 높다면 고용률이 낮아야 하는데 인천은 대부분의 경우 둘 다 높다는 것이 쉽게 이해되지 않기 때문이다.

■ 시·도별 실업률 추이

(%, 등)

	2015			2016			2017			2018			2019		
		순위			순위			순위			순위			순위	
전국	3.6			3.7			3.7			3.8			3.8		
서울	4.2	2	2	4.2	2	2	4.5	3	3	4.8	1	1	4.4	1	1
부산	4.1	3	3	3.9	4	4	4.6	1	1	4.1	6	6	3.7	8	5
대구	3.5	5	4	4.1	3	3	4.0	4	4	4.4	3	3	3.7	8	5
인천	5.0	1	1	4.9	1	1	4.6	1	1	4.3	4	4	4.4	1	1
광주	2.9	10	6	3.1	11	7	2.9	9	7	3.8	8	7	3.7	8	5
대전	3.4	7	5	3.2	8	6	3.4	7	6	4.2	5	5	4.2	3	3
울산	2.9	10	6	3.8	6	5	3.5	6	5	4.6	2	2	4.2	3	3
세종	-			-			2.3	15	8	2.3	16	8	2.7	14	8
경기	3.9	4		3.9	4		3.9	5		3.8	8		3.8	6	
강원	3.2	8		2.8	13		2.6	13		2.9	12		3.6	11	
충북	2.6	12		2.6	14		2.2	16		2.4	15		3.1	12	
충남	3.5	5		3.2	8		2.8	11		3.1	10		2.9	13	
전북	1.7	16		2.1	16		2.5	14		2.7	14		2.7	14	
전남	2.5	14		3.0	12		3.2	8		2.8	13		2.6	16	
경북	3.0	9		3.2	8		2.8	11		4.1	6		3.9	5	
경남	2.6	12		3.3	7		2.9	9		3.0	11		3.8	6	
제주	1.9	15		2.2	15		1.9	17		2.0	17		2.1	17	

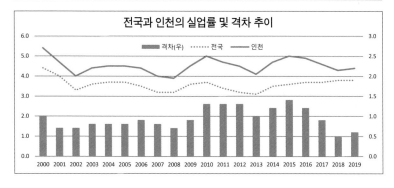

전국과 인천의 실업률 및 격차 추이

여성보다는 남성이, 청년층보다는 노년층 실업이 심각

중앙정부나 지방정부 모두 실업률 해소를 위해 다각적 노력을 기울인다. 당연히 중앙정부는 전국적인 시각에서 실업대책을 세우고 집행하기 마련이고 지방정부는 전국에 비해 특히 실업이 심한 분야를 대상으로 보완책을 강구한다. 인천시가 관심을 갖고 독자적인 대책을 세워 대응해야할 성별, 연령대별 실업분야는 무엇일까?

우선, 성별로 보면 다음 그래프에서 보는 것처럼 인천 남성과 여성 실업률의 전국평균과의 격차가 그리 크지 않다. 많은 정치적 구호 등의 영향 탓에 인천에서는 여성의 실업률이 남성에 비해 크게 높을 것으로 판단해 정책적 관심이 여성 실업에 집중되고 있지만 실제 통계가 꼭 그렇게 나타나고 있는 것은 아니다. 실업률 수준으로 보면 오히려 남자 실업률이 4% 후반에서 5%사이에서 움직이는데 비해 여자 실업률은 4% 전반에서 움직이고 있어 일반적으로는 남자 실업률이 여자 실업률을 상회하고 있다.

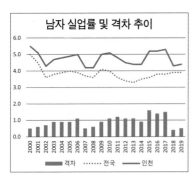
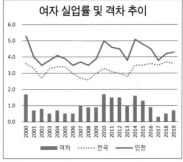

연령대별로도 비슷한 현상이 나타나고 있다. 청년실업률이 높아 고용정책의 가장 큰 관심이 청년층에 몰려있다. 하지만 아래의 그래프에서 보듯이 인천의 실업률 수준 자체는 청년층이 높지만 전국 평균과의 격차는 인천의 고령층이 훨씬 크다. 인천시의 실업대책이 고령층에 대한 대책에도 집중돼야 할 필요성을 보여주고 있다. 청년층의 경우 인천의 실업률이 전국 평균보다 오히려 낮은 수준이고 핵심생산연령층도 전국평균과의 실업률 격차가 거의 없는 상태이다. 그러나 고령층의 경우 실업률이 기본적으로 높은 데다 인구가 급속히 증가되고 있어 실업률이 지속적으로 높은 수준을 유지할 전망이다.

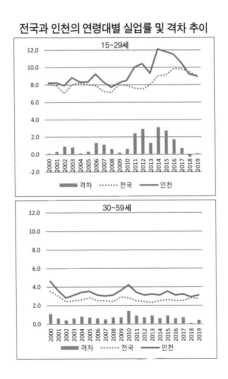

전국과 인천의 연령대별 실업률 및 격차 추이

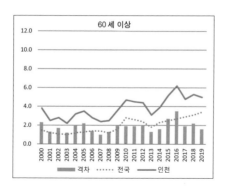

인천의 높은 실업률의 원인

1) 경기적 실업

　　실업의 가장 큰 근본적인 원인은 부진한 업황이다. 제7장
에서도 언급했지만 인천은 경기 하강기에는 전국 경기에 선행하면
서 상승기에는 후행하는 특성을 갖고 있어 경기부진 기간이 다른 지
역에 비해 길게 나타난다. 이에 따라 인천의 평균적으로 실업률이 높
게 나타나게 된다.

2) 높은 구직인구 비율

　앞에서 인천의 경제활동참가율이 높은 이유를 설명하면서 언급
됐던 것과 마찬가지로 인천은 인구 구성상 임금근로자 비율이 높고
특히 임시·일용근로자 비율이 높은 데다 여성의 경제활동참가자 비
율도 높아 구직인구 즉, 실업인구 비율을 높이는 요인으로 작용한다.

3) 높은 3D업종 집중과 교통혼잡비용

인천의 실업률을 높이는 이유는 지역 여건에도 있다. 인천은 뿌리산업을 비롯해 소위 3D업종이 밀집되어 있다. 3D업종의 특징은 높은 이직률에 있다. 이직률이 높다는 것은 그만큼 취업도 많다는 뜻이다. 따라서 일자리시장에서 상대적으로 경쟁력이 떨어지는 근로자들이 인천을 찾아오는 이유 중의 하나가 된다. 아울러 고속도로와 지하철 등으로 잘게 분할돼 있는 한편 내부순환도로가 없어 인천시 내에서 조차 원활한 이동이 어려운 것도 인천의 실업률을 높이는 요인이 된다. 즉, 강화의 실업자가 남동공단에 취업이 된다고 해도 사실상 출퇴근이 어렵다. 소위 도시 분할에 따른 도시혼잡비용이 실업률을 높이는 요인이 된다는 말이다.

4) 자영업비율이 낮은데 따른 실업흡수 여력 제약

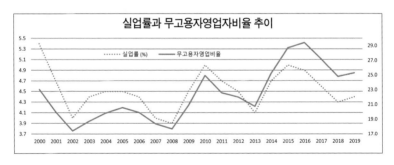

인천의 낮은 자영업자비율도 인천의 실업률을 높이는 원인이 된다. 그림에서 보는 것처럼 인천의 실업률과 고용원 없는 자영업자의

비율은 대단히 높은 상관관계를 갖는다. 즉 실업률이 높은 때 실업자는 고용원을 둘 처지가 되지는 못하지만 자영업 창업에 나섬으로써 실업률 상승을 억제하는 데 기여하고 있다는 의미가 된다. 자영업자가 스스로를 고용하여 구직자를 취업자로 만들어 줌으로써 실업률을 낮추는 역할을 하기 때문이다. 그러나 신도시, 부도심개발에 따라 생겨나는 대형소매점은 주변의 자영업 상권을 흡수하면서 자영업자 비율이 타 지역에 비해 낮아지게 하는 한편 그만큼 인천의 실업률을 높이는 요인으로 작용하기도 한다.

5) 취업자 전출 및 실업자 전입

뿐만 아니라 주변시·도로부터의 실업자 전입도 인천의 높은 실업률에 한 몫을 한다. 예로 서울의 취업자가 직장을 잃는 경우 취업 전까지 머무를 곳으로 주거비용이 상대적으로 저렴하면서도 상대적으로 교통망이 우수한 곳으로의 이전을 계획할 수 있다. 이들이 서울에 머물러 있으면 서울의 실업자가 될 것이나 인천으로 전입해 들어오면 인천의 실업률이 상승한다. 수도권 내 경기변동 격차나 이에 따른 실업률 격차가 주변지역으로 전이되는 문제의 원인이다. 이들의 일부가 직장을 구해 다시 서울로 떠나면 취업자는 인천을 떠나고 인천에는 실업자만 남는 결과를 낳는다. 이러한 점을 감안하면 인천의 실업문제는 인천이 홀로 해결하는 데 한계가 있다. 인천에서 청년 취업대책을 강화하면 서울과 경기지역의 실업청년이 인천으로 이동하기 때문에 대책의 추진도 어렵거니와 효과도 제대로 나타나지 않는 문제점도 안고 있다. 따라서 교통이 발달하여 같은 1일 생활권에 속하는 수도권의 경우 서울, 경기와 함께 인천이 서로 협력해 실업에 대처하는 수도권 종합 일자리 대책의 필요성이 높다. 공동으로 해결해야 할 실업문제의 예로 2017년 시작된 사드사태의 여파로 서울의 서비스업이 한파를 맞게 됐다. 인천과 경기도의 청년들의 서울 취업이 막히면서 이들이 출신지역에 남게 되자 서울의 청년층 실업률은 변함없는데 인천과 경기지역의 청년실업률이 상승하게 됐다. 실제로는 서울지역의 취업문제인데 실업률은 경기도와 인천에서 상승한 것으로서 공동대처가 필요한 사례이기도 하다.

6) 구직활동에 따른 실업률 상승

아울러 함께 고려해야 할 것이 실업률 산정 방식의 특성이다. 비경제활동인구가 구직활동에 나서 실업자가 되면 실업자 전원을 취업시키지 않는 한 실업률은 상승한다. 예로 실업자가 4명이고 경제활동인구가 100명이면 실업률은 4%이다. 그런데 비경제활동인구 2명이 구직에 나서면 실업자는 6명이 되고 경제활동인구는 102명이 된다. 따라서 실업률은 6/102=5.88%, 약 6%가 된다. 즉, 비경제활동인구의 구직활동은 실업률의 급격한 상승요인이 된다.

다른 예로 실업자가 4명이고 경제활동인구가 100명으로 실업률이 4%인 똑같은 상황에서 비경제활동인구 10명이 구직에 나섰다고 하자. 인천시가 한명이라도 더 일자리를 갖게 하기 위해 최선을 다한 결과 8명은 취업을 시켰으나 2명에게는 일자리를 주지 못해 계속 실업상태라고 하자. 그러면 실업률은 6/110=5.45%, 약 5.5%로 1.5%p가 상승한다.

10명의 신규 구직자중 8명에게 일자리를 주었다면 물론 칭찬할 만하다. 그럼에도 불구하고 실업률은 증가한다. 구직자가 증가하여 1명이라도 실업자가 생기면 실업률은 올라간다. 정리하자면 구직자가 많으면 실업률은 높을 수밖에 없다는 말이다.

더 많이 힘들게 일하고 덜 받는 일자리

인천 일자리의 특성 중의 하나는 일자리의 질이 그렇게 내세울 형편이 못 된다는 점이다. 인천의 1인당 지역총소득이 상대적으로 낮다는 사실에서도 알 수 있지만 경제활동참가율과 고용률이 높으면서도 실업률 역시 높다는 것은 이미 인천 일자리의 질이 그만큼 낮다는 것을 의미한다.

다음의 표는 인천의 일자리의 질을 나타내는 몇 가지 지표를 요약하여 전국평균과의 격차를 나타낸 것이다.

■ 전국과 인천의 일자리 질 관련 지표(2019년중)

(천명, %, %p)

			전국		인천		B-A
				(A)		(B)	
취업자 계			27,123	100.0	1,581	100.0	0.0
종사상 지위별	비임금근로자		6,683	24.6	313	19.8	-4.8
		자영업자	5,606	20.7	275	17.4	-3.3
		고용원이 있는 자영업자	1,538	5.7	93	5.9	0.2
		고용원이 없는 자영업자	4,068	15.0	182	11.5	-3.5
		무급가족종사자	1,077	4.0	38	2.4	-1.6
	임금근로자		20,440	75.4	1,268	80.2	4.8
		상용근로자	14,216	52.4	830	52.5	0.1
		임시근로자	4,795	17.7	369	23.3	5.7
		일용근로자	1,429	5.3	70	4.4	-0.8
직종별	관리자·전문가		5,965	22.0	294	18.6	-3.4
		관리자	408	1.5	12	0.8	-0.7
		전문가 및 관련 종사자	5,557	20.5	282	17.8	-2.7
	사무 종사자		4,749	17.5	298	18.8	1.3
	서비스·판매 종사자		6,146	22.7	401	25.4	2.7
		서비스 종사자	3,116	11.5	188	11.9	0.4
		판매 종사자	3,030	11.2	213	13.5	2.3
	농림어업 숙련 종사자		1,332	4.9	15	0.9	-4.0
	기능·기계조작·조립·단순노무 종사자		8,931	32.9	574	36.3	3.4
		기능원 및 관련 기능종사자	2,372	8.7	148	9.4	0.6
		장치,기계조작 및 조립종사자	3,026	11.2	214	13.5	2.4
		단순노무 종사자	3,534	13.0	212	13.4	0.4

		전국		인천		B-A
			(A)		(B)	
산업별	농업, 임업 및 어업	1,395	5.1	15	0.9	-4.2
	광공업	4,444	16.4	328	20.7	4.4
	광업	15	0.1	0.0	0.0	-0.1
	제조업	4,429	16.3	328	20.7	4.4
	사회간접자본 및 기타서비스업	21,284	78.5	1,238	78.3	-0.2
	건설업	2,020	7.4	120	7.6	0.1
	도소매·숙박음식점업	5,966	22.0	356	22.5	0.5
	사업·개인·공공서비스 및 기타	10,139	37.4	554	35.0	-2.3
	전기·운수·통신·금융	3,160	11.7	208	13.2	1.5
취업 시간별	36시간미만	5,402	19.9	292	18.5	-1.4
	1-17시간	1,821	6.7	88	5.6	-1.1
	18-35시간	3,581	13.2	204	12.9	-0.3
	18-26시간	1,678	6.2	89	5.6	-0.6
	27-35시간	1,904	7.0	116	7.3	0.3
	36시간 이상	21,314	78.6	1,264	79.9	1.4
	36-44시간	11,269	41.5	669	42.3	0.8
	45-53시간	6,122	22.6	357	22.6	0.0
	54시간 이상	3,924	14.5	239	15.1	0.6
	일시휴직자	407	1.5	25	1.6	0.1
주당평균취업시간(시간)			40.7		41.3	0.6
	1~14시간	1,302	4.8	63	4.0	-0.8
	15~35시간	4,100	15.1	230	14.5	-0.6
	36~52시간	17,287	63.7	1,020	64.5	0.8
	53시간이상	4,027	14.8	244	15.4	0.6
상용 월평균 임금(원)			3,405,769		3,121,843	-283,926
임금상승률(%)			4.5		3.6	-0.9

우선, 인천 근로자의 일자리 질을 나타내는 대표적 지표는 근로자의 종사상 지위 별 근로자의 비중이다. 최근 근로관계법이 개정되면서 인천에서도 일용근로자 비율이 크게 하락해 이제는 전국 평균 수준을 밑도는 정도(-0.8%p)에 이르렀다. 그러나 임시근로자는 전국이 전체 취업자의 17.7%인 데 비하여 인천은 23.3%에 달하여 5.7%p의 격차를 보이고 있다. 임금근로자의 비중이 전국보다 높기는 하나 그 이유가 임시근로자의 비중이 높은 데 기인하여 근로자의 종사상 지위 면에서는 아직도 인천 근로자의 일자리 질에 개선의 여지가 많은 것으로 나타나고 있다.

아울러, 근로자 일자리의 질을 나타내는 주요한 지표의 하나인 주당 평균 취업시간별로 근로자 비중을 보면 인천은 36시간 미만 단시간 근로자는 전국평균에 비해 1.4%p정도 작은 반면 36시간 이상 근로자는 전국평균보다 그만큼 높다. 이에 따라 주당 평균 근로시간은 인천의 41.3시간으로 전국평균 40.7시간보다 0.6시간이 더 길다. 하지만 상용근무자를 기준으로 월평균 임금을 보면 전국 평균이 341만원 정도인 데 비해 인천은 312만원 수준으로 8.3%p나 적다. 인천의 근로자들이 다른 지역근로자들에 비해 평균적으로 더 많은 시간 일하면서도 훨씬 더 적은 임금을 받고 있음을 보여준다.

한편 직종별로는 비교적 고급 직종인 관리자나 전문가의 비중이 전국은 취업자의 22%인 데 비해 인천은 3.4%p가 낮은 18.6%에 불과하다. 서비스나 판매종사자는 전국에 비해 2.7%p가 높고 제조, 건설부문의 기계조작, 조립이나 단순노무 종사자는 전국보다 3.4%p 높다. 전국에 비해 상대적으로 고급 직종의 취업자 비율이 낮은 편이다. 산업별로는 서비스 부문에 비해 제조 및 건설 부문의 취업비중이 높다. 특히 제조업을 중심으로 한 광공업 종사자의 비중이 전국에 비해 4.4%p가 높다. 안정적 직장으로 알려진 제조업 취업이 더 높음에도 불구하고 급여수준이 낮고 임시근로자 비중이 높은 것은 제조업에 저임금 임시근로자 취업이 집중되어 하고 있음을 의미한다.

향후 인천의 실업률은 비경제활동인구의 경제활동 참여가 변수

앞 장에서 인천인구의 증가율이 점차 줄어들고 있음을 언급했다. 저출산 고령화로 인해 인구 증가율이 감소하면서 청소년층 비중이 감소하고 노년층 비중은 급속하게 증가하고 있다. 아래의 표는 2019년 6월 발표된 통계청의 인구추계자료를 통해 인천의 연령별 인구증가를 연도별로 전망한 자료이다.

자료를 보면 청년층(15~29세)의 경우 이미 인구감소가 진행되고 있다. 보수적으로 전망한 저위추계를 전제하더라도 2021년까지 2019년 대비 약 2만 7천 명 정도가 감소할 것으로 보이며 이 보다는 현실적인 중위추계를 전제해도 2만5천 명 정도가 감소할 것으로 보인다.

■ 2019년대비 연령대별 추계인구 증가전망

(명)

		2020	2021	2022	2023	2024	2025	2026
저위추계	~14세	-10,527	-22,070	-35,608	-49,833	-61,351	-71,626	-83,090
	15~29세	-13,156	**-26,938**	-43,114	-57,742	-72,881	-87,958	-100,599
	30~59세	-13,335	-28,661	-33,741	**-40,878**	-42,197	-48,920	-54,350
	(15~59세)	-26,491	-55,599	-76,855	-98,620	-115,078	-136,878	-154,949
	60세~	39,893	81,982	116,827	155,870	186,825	221,742	253,863
	계	2,875	4,313	4,364	7,417	10,396	13,238	15,824
중위추계	~14세	-8,744	-18,352	-29,148	-39,805	-47,814	-54,627	-62,714
	15~29세	-12,196	**-25,093**	-40,463	-54,390	-68,929	-83,540	-95,836
	30~59세	-12,453	-26,835	-30,904	-36,914	**-36,978**	-42,310	-46,199
	(15~59세)	-24,649	-51,928	**-71,367**	-91,304	-105,907	-125,850	-142,035
	60세~	40,431	83,212	118,848	158,837	190,833	226,907	260,309
	계	7,038	12,932	18,333	27,728	37,112	46,430	55,560

주: 1. 저위 추계(최소인구 추계): 출산율-저위 / 기대수명-저위 / 국제이동-저위 / 국내이동-중위)
  2. 중위 추계(기본 추계) : 출산율-중위 / 기대수명-중위 / 국제이동-중위 / 국내이동-중위
  3. 2018년 연앙인구 대비 증가(2018년 7월 1일대비 연중 증가)기준

그런데 2019년 월평균 15세 이상 29세 이하 청년층의 실업자가 2만 5천 명 수준이다. 청년 인구의 일자리가 2019년 현재의 수준을 계속 유지하는 경우 인천의 청년실업인구에 비해 인천의 청년인구감소가 더 커 2021년에는 인천의 청년 일자리에 비해 청년인구가 모자라는 상황이

■ 연령별 실업자

(천명)

	2019
15 - 29세	25
30 - 59세	35
(15~59세)	60
60세이상	12
계	72

발생할 수 있다는 전망이다. 물론 일자리 수가 줄어들 수 있고 청년

층의 일자리 요구가 바뀔 수도 있으며 외국인을 비롯한 외지 인력으로 충당될 수도 있다. 따라서 이러한 인구 추세가 유지된다고 해도 실업률이 0% 수준으로 급격하게 하락하지는 않겠지만, 청년인구의 부족 현상은 인천이 그동안 경험해 보지 못한 새로운 현실이 될 수밖에 없다.

이러한 현상은 청년층에만 국한되는 것이 아니다. 30세 이상 59세의 중장년층에도 그대로 적용된다. 2019년 현재 중장년층의 실업인구는 3만 5천 명 수준인 데 비하여 이들 중장년층의 인구는 2023년까지 보수적으로 전망하더라도 3만 6천 명이, 현실적으로 전망하면 4만 1천 명이 감소할 것으로 보인다. 중장년층 역시 이러한 인구 추세가 지속된다면 멀지 않은 장래에 일자리에 비해 인구가 부족해지는 현상이 발생할 가능성을 안고 있다. 더구나 실제의 인구동향을 보면 오히려 인구가 감소하고 있어 통계청의 저위추계 마저도 과도한 것으로 나타나고 있어 청년과 중장년 인구부족은 이보다도 더 빠르고 심하게 나타날 것으로 보인다.

부족한 인구는 어디서 충당될 것인가

앞의 표에서도 보듯이 60세 이상의 노년층은 인구가 크게 증가하고 있고 이러한 추세는 지속될 전망이다. 노년층 실업자도 지속적으로 증가할 전망이다. 즉, 노년층의 경제활동참가는 계속 활발한 수준을 유지할 것으로 보인다. 그런 점에서 청년층과 장년층의 부족한

인력은 경제활동에 참가하고 있는
노년층으로 우선 충당할 수 있을
것이다.

노년층의 실업 인원으로도 부
족 인원을 원활하게 충당하지 못
할 경우 중장년층의 지역 간 인구
이동이 없다면 지역 내 비경제활
동인구의 경제활동참여를 유도할
수밖에 없다.

■ 비경제활동인구(2019년)

(천명)

	전국	인천
육아	1,175	67
가사	5,812	334
통학	3,708	191
연로	2,221	
심신장애	427	284
기타	2,976	
계	16,318	876

인천의 비경제활동인구는 위의 표에서 보는 것처럼 2019년 현재
87만 6천 명 달하고 있으며, 육아·가사에 종사하고 있는 여성인력이
40만 1천 명으로 비경제활동인구의 45.8%를 차지한다.

통학인구는 19만 명에 달하지만 대부분이 정규교육기관이나 입
시학원 통학자다. 일부 취업을 위한 학원이나 기관에 통학하고 있는
인원도 있을 것이나 1만여명 내외일 것으로 추정[14]된다. 또한 기타 사
유로 취업하지 않고 있는 비경제활동인구 28만 4천 명 중 '취업준비'
나 '쉼' 상태인 인원도 11만 명을 넘을 것으로 추정[15]돼 이들에 대한 대

---

14 전국의 경우 비경제활동인구 중에 포함되어 있는 통학자 3,708천 명 중 취업을 위해
    학원 등에 통학하고 있는 인원은 235천 명으로 6.1%를 차지하고 있다. 이 비율을
    인천에 적용하는 경우 1만 2천 명에 달할 것으로 보인다.

15 전국의 비경제활동인구 중 취업준비 및 쉼은 기타 비경제활동인구의 43.6%로 인천
    의 비경제활동인구에 이를 적용하면 이에 해당하는 비경제활동인구가 11만 3천 명
    에 달할 것으로 보인다.

책도 필요하다.

고용 정책적 차원에서 비경제활동인구의 경제 참여를 독려하는 것도 필요하다. 그러나 산업 정책적 차원에서 인적 자원의 역량을 강화하고 생산기술 개발, 시설투자확충을 통해 자본 장비율 개선 등 노동생산성을 높이는 선제적 노력이 역시 대단히 필요하다.

제11장

인천사람들의 벌이는 왜 작을까

- 1인당 지역총소득 결정구조

제7장에서 인천의 1인당 소득이 상대적으로 적다는 것을 짚어 보았다. 제10장에서는 인천의 근로자들이 더 많이 일하고도 비교적 낮은 임금을 받아 일자리의 질이 만족스럽지 않다는 것도 알아봤다. 보기에 따라 '자본 vs 노동'의 관계에서 노동이 열위에 있기 때문으로도 볼 수 있다.

그것이 불만족스럽고 불공평할 수 있다는 사람의 감정적 판단과 관계없이 경제는 시장원리에 따라 시장에서의 '균형'을 찾아 결정된다. 따라서 현재 상황이 불편하게 느껴진다면 현재 상황이 도래하게 된 원인을 규명하고 명확한 개선방안을 마련해 해결해야 한다. 이 장에서는 1인당 지역 소득의 결정 구조를 살펴보고 그 개선방안을 찾아보고자 한다.

1인당 지역총소득의 결정요인

　　1인당 지역총소득은 어떻게 계산할까? 당연히 지역총소득을 인구로 나눈 값이다. 따라서 지역총소득이 줄어도 1인당 지역총소득이 줄고 인구가 많아져도 1인당 지역총소득이 줄어든다. 1인당 지역총소득의 결정요인은 지역총소득과 인구이다.

　　1인당 지역총소득은 아래에서 보는 식처럼 변형해 계산할 수도 있다. 그 결과 1인당 지역총소득은 노동생산성, 취업자비중, 경제활동참가율, 생산가능인구비중의 곱으로 표시된다.

　　1인당 지역총소득
　　= 지역총소득/인구
　　= (지역총소득/생산가능인구) x (생산가능인구/인구)
　　= (지역총소득/경제활동인구) x (경제활동인구/생산가능인구) x
　　　생산가능인구 비중
　　= (지역총소득/취업자수) x (취업자수/경제활동인구) x
　　　경제활동참가율 x 생산가능인구 비중
　　= 노동생산성 x 취업자 비중 x 경제활동참가율 x
　　　생산가능인구 비중

　　이와 같은 식은 1인당 지역총소득을 결정하는 요인을 찾아가는 과정이다. 결정요인을 분해하면서 가능하면 1인당 지역총소득의 결정요인을 통제가 가능한 변수로 변화시키도록 노력하는 것이다.

앞의 식에서 보면 처음에 나오는 지역총소득이나 인구는 정책수단을 동원하더라도 바꾸기 어려운 변수다. 그러나 식을 변형해 포함시킨 결정요인을 보면, 노동생산성을 비롯해 취업자 비중이나 경제활동참가율, 생산가능인구 비중은 쉽지는 않지만 정책적 노력으로 어느 정도는 바꾸는 것이 가능한 정책변수들이다. 각각의 변수에 대하여 가능하면 긍정적인 결과가 나오도록 유도하는 정책을 만들어 모은다면 그것이 바로 1인당 지역총소득을 높이는 개선방안이 된다.

인천의 1인당 지역총소득의 결정요인에 대한 평가

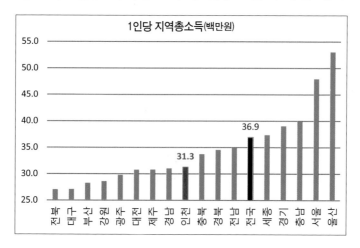

제7장에서 제기한 문제점은 인천의 인구도 늘어나고 있고 지역내총생산도 늘어나고 있는데 정작 중요한 1인당 지역총소득이

수도권은 물론 전국평균에 비해서도 상대적인 크기가 낮고, 그 격차가 점점 커지거나 줄지 않는다는 것이다. 1인당 지역총소득은 노동생산성, 경제활동참가율, 생산가능인구 비중이라는 변수로 결정된다. 이러한 변수가 다른 지역에 비해 열위에 있으면 그 변수가 인천의 1인당 지역총소득을 낮추는 요인이므로 먼저 각 요인이 다른 지역에 비해 어느 정도 수준에 있는지를 따져볼 필요가 있다.

인천의 2018년 1인당 지역총소득은 3,127만원으로 전국 17개 시·도 중 9위이다. 전국 평균 3,691만원에 비해 한참 낮은 수준이다. 이제, 인천의 1인당 지역총소득이 왜 다른 지역에 비해 떨어지는지 위에서 설명한 요인들을 비교해 가면서 무엇이 원인인지 찾아보자.

1) 생산가능인구 비중은 약간 미흡

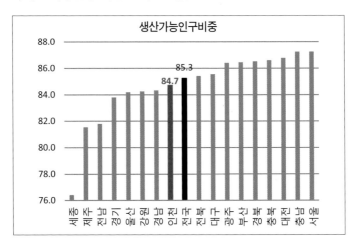

1인당 지역총소득의 중요한 결정요인의 하나인 15세 이상 생산가능인구 비중(2018년)은 84.7% 수준으로 인천은 전국 17개 시·도중 10위권이다. 전국 평균 85.3% 보다 낮은 편이다. 1인당 지역총소득 결정요인으로서 인천의 생산가능인구 비중은 경쟁시·도로 일컬어지는 경기, 부산이나 대구에 비해서는 상당히 떨어지는 편이다. 즉, 생산가능인구가 많을수록 지역총소득이 늘어나는 점과 15세 이하 인구는 부양인구인 점을 고려하면 현재로서는 인천의 생산가능인구 수준이 인천의 1인당 지역총소득을 떨어뜨리는 요인으로 작용하고 있다.

2) 경제활동참가율은 매우 양호

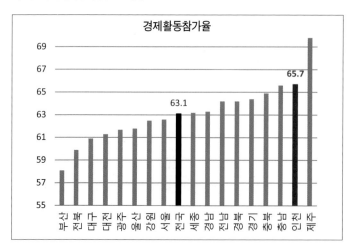

1인당 지역총소득을 결정하는 또 다른 요인인 인천의 경제활동

참가율은 65.7%로 전국평균 63.1%에 비해 크게 높다. 인천시가 전국 2위로 매우 우수한 수준이다. 농업과 관광업 분야에 많은 인력이 투입되면서도 겸직이 가능한 제주를 제외하면 인천은 경제활동참가율이 가장 높은 편이다.

인천은 다른 지역에 비해 생산가능인구 중 경제활동인구의 비중이 월등히 높아 1인당 지역총소득을 상승시키는 요인으로 작용하고 있다.

3) 취업자 비중이 문제

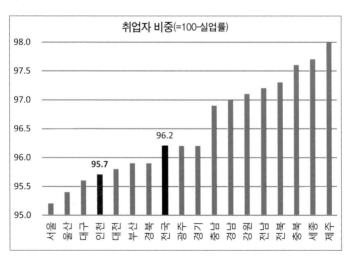

그러나 취업자 비중 즉, 취업자를 경제활동참가자로 나눈 비율은 매우 낮게 나타나고 있다. 취업률은 '1-실업률'과 같은 것이므로 취업률이 낮다는 것은 곧 실업률이 높다는 것을 의미한다. 실업률이 높으

면 1인당 지역총소득이 떨어질 수밖에 없다. 따라서 인천의 1인당 지역총소득이 다른 지역에 비해 낮은 가장 큰 이유는 낮은 취업자 비중, 즉 실업률이 전국에서 매우 높은 편이기 때문이다.

4) 노동생산성도 문제

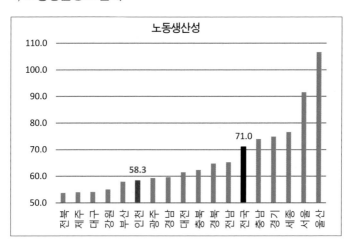

이와 더불어 노동생산성도 인천은 전국평균보다 크게 낮은 것으로 나타나고 있다. 노동생산성은 지역총소득을 취업자 수로 나는 것으로, 근로자 1명이 지역총소득에 얼마나 기여하는가를 보여 주는 수치다. 2018년 인천의 노동생산성은 5천834만원으로 전국 17개 시·도 중 12위에 머물고 있다. 전국평균 7천102만원에 비해서도 크게 낮은 수준을 보이며 1인당 지역총소득을 낮추는 주요 요인으로 작용하고 있다는 것을 알 수 있다.

노동생산성의 결정요인

노동생산성은 지역총소득을 취업자 수로 나누어 산출한다. 노동생산성을 올리기 위한 정책수단에는 무엇이 있을까? 위에서 1인당 지역총소득 산출식을 변형시킴으로써 지역총소득의 결정요인으로 분해하여 정책수단을 찾아내었다. 마찬가지로 노동생산성 산출식을 변형시켜 결정요인으로 분해하여 보면 아래와 같이 자본생산성과 근로자 자본장비율로 분해된다.

노동생산성
= 지역총소득/근로자수
= (지역총소득/자본총량)x(자본총량/근로자수)
= 자본생산성 x 근로자 자본장비율

위의 식에서 보듯이 자본생산성은 지역총소득을 자본총량으로 나눈 값이다. 이 때 자본총량은 지역총소득을 산출해내는 데 동원된 산업시설 등 생산시설의 총 누적액을 말한다. 가령 1억원을 버는 데 들어간 모든 생산시설의 금액이 20억원이라면 자본생산성은 5%(=1억원/20억원)이다. 역으로 말하면 자본총량 20억원을 들여 연간 5%인 1억원의 지역총소득을 번다는 말이다.[01] 당연히 자본을 투입하는 사

---

01 시장에서 보면 투입된 자본량으로 거둘 수 있는 수익으로서 자본생산성은 자본수익률로 인식된다. 이에 따라 자본을 어디에 운용할 것인가를 정하는 입장에서는 금융시장에서의 운용수익률과 산업현장에서의 자본생산성을 비교하게 된다. 따라서 산업설비에 투하된 자본의 자본생산성은 적어도 금융시장에서의 동일한 자본의 운용

업가는 금융시장에서의 운용수익률과 비교하여 결정하게 되므로 자본생산성은 대체로 자본시장에서의 균형금리 수준에서 결정되는 것으로 이해된다. 즉, 자본생산성은 지역경제차원에서 정책적으로 조정할 수 있는 성질의 것이 아니라는 말이다.

이에 비해 근로자 자본장비율은 자본총량을 근로자수로 나눈 것으로 취업자 1인이 생산에 활용할 수 있는 자본총량 즉, 생산시설의 양을 의미한다. 자본장비율이 올라가면 노동생산성이 올라간다는 뜻이다. 따라서 노동생산성을 올리려면 자본장비율을 올려야 하는데 자본장비율을 올리려면 생산시설을 늘려야 한다는 말이다. 한마디로 생산설비에 대한 투자가 증가하여야 노동생산성이 올라간다는 것이다. 얼마나 더 생산하느냐는 그 취업자가 어떤 장비를 쓰는지에 달려 있음을 알 수 있다.

예를 들어 삽으로 땅을 파는 사람과 중장비를 이용하여 땅을 파는 사람의 생산성은 전혀 다를 수밖에 없다. 남·북한 근로자들의 생산력이 엄청나게 나는 이유다. 서비스업에 해당하는 의료업 종사자로서 같은 진료를 하는 의사일지라도 노후화된 장비를 이용하는 의사와 최첨단 의료설비를 사용하는 의사의 생산성은 차이가 크게 날 수밖에 없다.

수익률을 상회하여야 하므로 자본시장에서는 자본생산성과 시장수익률이 일치하는 선에서 균형을 이루게 된다.

인천의 노동생산성이 낮다는 것은 인천의 취업자가 사용하는 자본장비의 총량이 평균적으로 다른 지역에 비해 적다는 뜻이다. 이는 전적으로 근로자가 사용하는 산업시설에 대한 사업자의 투자가 부족하다는 의미이기도 하다. 즉, 인천의 경우 사업자의 산업시설에 대한 투자가 낮아 그만큼 노동생산성이 떨어지게 되고 결과적으로 지역의 1인당 지역총소득이 다른 지역에 비해 낮다는 것이다.

인천의 1인당 지역총소득이 낮은 것은 높은 실업률과 낮은 시설투자 때문

위에서 살펴본 1인당 지역총소득 결정요인과 노동생산성 결정요인에 대한 분석을 종합하면 1인당 지역총소득은 얼마나 많은 사람들이 경제 활동을 하는 생산가능인구인지, 같은 생산가능인구라도 얼마나 많은 사람이 일을 하거나 직업을 구하는 등의 경제 활동에 참가하는지, 경제활동에 참가하더라도 실제로 얼마나 취업해일하고 있는지, 똑같은 일을 하더라도 그들이 얼마나 더 많이 생산할수 있는지에 달려 있다.

하지만, 인천의 1인당 지역총소득이 낮은 이유는 한마디로 다른 지역에 비해 실업률이 높고 시설투자가 부족하기 때문이라는 것으로 요약된다.

제3편

인천의
금융경제

지금까지 인천의 실물경제와 일자리경제를 살펴봤다. 앞서 살펴본 실물경제는 가격에 따라 상품이 거래된다. 그에 비해 일자리 경제에서는 임금에 따라 '노동'이 거래된다. 그 결과, 소득이 생기고 소비가 이루어진다. 소비하고 남은 돈은 저축으로 축적되지만 모자라는 돈은 어디선가 꾸어 와야 한다. 남는 돈을 운용하면서 금융자산이 생기고 모자라는 돈을 조달하면서 부채가 생긴다. 금융자산은 필요에 따라 주택이나 토지 등 부동산으로 투자될 수도 있다. 이와 같은 부동산과 금융자산을 모두 더한 것이 총자산이다. 총자산에서 부채를 뺀 순자산이 부의 크기를 결정한다.

　　인천에 사는 사람의 상당수는 인천에서 태어난 사람이 아니다. 대강 네 명중 세 명이상이 어디에선가 이사 온 사람들이다. 이렇게 많은 사람들이 인천으로 이사 올 때 아무런 빚 없이 전액 자기 돈으로 집을 짓거나 사서 들어오는 경우는 많지 않다. 주택을 구입하거나 세를 얻어 들어오면서 빚을 지는 경우가 대부분이다. 그래서 인천 가계에는 빚이 많다. 그래도 소득이 충분하면 시간을 두고라도 천천히 갚아 나가면 된다는 희망을 가질 수 있다. 그러나 소득도 충분치 못하다면 무언가 대책을 강구해야 한다.

인천의 기업환경도 크게 다르지 않다. 최종소비재를 생산하기보다 하도급을 받아 중간투입을 위한 반제품이나 부분품을 생산하는 경우가 다른 지역에 비해 많다. 그 중심에는 국가산업단지가 있지만 1970년대 산업화 시대에 조성된 탓에 입주기업 시설이나 인프라가 많이 노후돼 있다. 게다가 비교적 규모가 큰 기업이 인천을 떠나면서 생긴 빈자리를 외지에서 들어 온 영세 임차기업들이 메운 경우가 많다. 매출액 성장성은 그런대로 괜찮다 싶은데도 많은 기업이 수시로 자금부족을 호소한다. 경제위기가 올 때마다 원청 대기업들은 원가절감과 재고비용 부담을 하청기업이 부담해 줄 것을 요구한다. 기술개발과 경영합리화로 대처한다고 해도 수익성이 좋아질 만하면 크고 작은 경제위기가 찾아와 같은 요구가 반복된다. 이에 따라 수익성 악화가 장기화된다. 매출액 신장을 통해 기업성장이 좋다고 해도 빚은 늘어난다. 인천에 자리 잡은 기업들의 경영 불안정이 커지는 이유다.

이 편에서는 지역과 가계, 기업의 자금사정을 차례로 짚어 보고자 한다.

우선, 인천의 지역자금 사정을 살펴본다. 인천의 예금은 얼마나 되고 대출은 얼마나 되는지, 대출은 충분한 것인지, 산업지원에 별 문제가 없는지가 궁금하다. 늘 외지에서 돈을 조달해 와야 하는데 지쳐 인천은행 설립방안이 제기되고 있어 검토가 필요하다. 다만, 설립도 중요하지만 이미 지방은행이 폐쇄되었던 아픈 경험이 있는 만큼 설립한 지방은행의 유지가능성도 소홀히 할 수 없는 검토 과제이다.

가계가 빚이 많은 것은 우선은 소득에 비해 소비가 많기 때문이다. 그 결과 저축이 축적되지 않으니 자산에 비해 부채가 많아진다. 따라서 건전성이 떨어진다. 부채가 커지는 주된 이유는 무엇인지, 그래서 대출은 어떻게 받고 있는지, 인천 가계의 재무상태가 궁금하다.

비교적 성장성은 좋아도 수익성과 안정성에 대한 걱정이 잘 날 없는 인천의 기업자금 대출은 원활할까? 은행 등 금융기관은 얼마나 기업자금에 관심을 갖고 있고 기업들은 어느 업종에서, 무슨 용도로, 얼마나 대출을 받고 있을까? 그 결과 인천 기업들의 숨통은 틔고 있는 것일까를 짚어 보고자 한다.

제12장

인천지역 돈은 충분한가
- 인천의 지역금융

    지금까지 실물경제에 이어 일자리경제를 다뤘다. 이제 실물시장이나 노동시장에서 실물과 노동의 흐름을 뒷받침하는 금융부문을 살펴보고자 한다. 인천 금융부문의 특성을 살펴보기 위해, 먼저 가계와 기업을 모두 포함하는 인천지역 전체의 금융사정을 짚어보고자 한다.

예대율이 전국에서 가장 높은 인천

    한 지역의 자금사정을 판단하는 가장 기초적인 지표가 '예대율'이다. 예금 대비 대출이 얼마나 되느냐는 것이다. 지역별 예대율은 특정 지역 금융기관의 대출금을 그 지역의 예금으로 나눈 비율이다. 이것을 보면 한 지역에 예금이 100이라고 할 때 대출금이 얼마나 되는지 알 수 있다.

■ 시·도별 예금은행 예대율현황(2019년말)

(10억원, %, 등)

	예금(A)	대출금(B)	예대율(B/A)	순위
전국	1,515,519.5	1,698,612.9	112.1	
서울	791,160.6	641,634.1	81.1	16
부산	90,142.9	120,127.2	133.3	9
대구	52,113.4	80,062.2	153.6	6
인천	**46,757.3**	**92,157.9**	**197.1**	**1**
광주	25,261.5	36,888.6	146.0	8
대전	33,905.4	35,318.1	104.2	12
울산	16,646.3	28,495.1	171.2	3
세종	11,646.8	8,803.9	75.6	17
경기	223,043.4	376,464.3	168.8	4
강원	25,501.3	20,991.4	82.3	15
충북	21,582.6	26,399.9	122.3	11
충남	25,555.5	37,360.9	146.2	7
전북	36,495.5	30,488.3	83.5	14
전남	23,693.8	23,785.6	100.4	13
경북	34,777.2	43,118.9	124.0	10
경남	47,388.8	78,235.3	165.1	5
제주	9,847.4	18,281.1	185.6	2

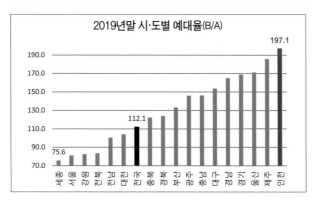

2019년말 시·도별 예대율(B/A)

특정지역의 예금 및 대출금은 금융기관의 소재지를 중심으로 파악한다. 예를 들어 인천지역의 예금은 소재지가 인천인 금융기관의 예금을 말한다. 물론 타 지역사람이 일부러 인천에 와서 예금을 하는 경우도 있겠지만 인천에 소재한 금융기관의 예금은 인천사람들의 예금으로 보아 별 무리가 없다고 보는 것이다. 대출금의 경우도 마찬가지이다. 외지 사람이 특별한 사정이 있어 일부러 인천에서 대출을 받는 경우가 없지는 않을 것이나 인천지역 금융기관의 대출금은 인천사람들이 빌린 대출금으로 보아 별 무리가 없다는 것을 전제로 한다. 따라서 인천의 예대율은 인천사람들이 금융기관에서 빌린 대출금이 인천사람들이 금융기관에 맡겨 놓은 예금의 몇 %에 달하느냐를 나타내는 지표이다. 인천의 예대율이 200%라면 인천에 있는 은행에 맡겨 놓은 예금은 100밖에 없는데 대출을 200만큼 받아 갔으니 인천사람들은 예금의 두 배를 빌려 쓰고 있다는 뜻이다. 인천의 자금 사정이 아주 어렵다는 것을 의미하게 된다.

이때 특정지역의 금융기관[01]은 주변에서 흔히 보는 은행인 예금

---

01 금융기관은 크게 예금취급기관과 기타금융기관으로 나눈다. 예금취급기관은 중앙은행, 예금은행, 그리고 비은행금융기관으로 구분된다. 중앙은행은 한국은행으로 은행만을 대상으로 거래하므로 가계나 기업 등 민간과의 거래는 거의 없다. 예금은행은 8개 시중은행, 6개 지방은행, 4개 특수은행, 40개 외국은행 국내지점을 말한다. 한편, 비은행금융기관은 예금 등의 수신이나 대출 등 여신이 있어 예금은행과 유사하지만 은행업에 해당하지 않는 신탁회사(은행이나 증권회사, 보험회사의 신탁부문으로 비은행이다), 상호저축은행(상호에 '은행'이 들어 있어도 비은행이다), 신용협동조합, 상호금융, 새마을금고, 기타기관(우체국과 한국수출입은행을 말한다)이다. 기타금융기관은 생명보험회사, 우체국보험과 한국증권금융 등을 말한다. 일반적으로 은행이라고 하면 예금은행을 지칭하며, 제2금융권이라고 하면 비은행금융기관을 말한다. 통상 광의의 금융기관 또는 예금취급기관이라고 하면 예금은행과 비은행금융기관을 포함하는 개념이다.

은행으로 한정[02]하는 것이 일반적이다. 지역에 자금이 부족해 대출을 많이 빌리면 예대율이 높아진다. 나라 전체의 대출금은 예금보다 작아야 할 것으로 보이지만 실제로 금융기관의 예금으로만 자금을 조달하는 것은 아니다. 중앙은행인 한국은행에서 돈을 빌려 올 수도 있고 금융채를 발행할 수도 있다. 다양한 금융수단으로 자금을 조달해 대출에 사용하기 때문에 대출금을 예금으로 나누면 100이 넘는다.

앞의 표에서 보듯이 우리나라 전체로는 이 예대율이 100%를 넘는다. 2019년 말 기준 예금이 약 1,516조원인 데 비해 대출이 1,699조원으로 예대율이 112.1%이다. 각 시·도는 그 지역에서 조달한 자금을 바탕으로 대출하지만 지역자금이 충분치 못한 경우 금융기관은 다른 시·도의 본지점 등을 통해 자금을 들여와 대출하기 때문에 예대율이 100%를 넘는다. 즉, 예대율이 100% 넘는다는 말은 그 지역의 예금으로는 대출을 모두 충당할 수 없어 다른 지역에서 조성한 자금을 들여와 대출한다는 뜻인 만큼 해당 지역은 돈이 모자란다는 것을 의미한다.

이런 의미를 갖는 예대율이 인천은 전국에서 가장 높다. 즉, 인천은 필요한 돈에 비해 가지고 있는 돈이 가장 적은 곳이며, 따라서 돈이 가장 부족한 지역이란 뜻이기도 하다. 2019년 말 지역별 예대율을 보면 인천은 197.1%로 다른 지역에 비해 월등히 높은 비율로 전국

---

02 지역에서의 자금사정을 판단하기 위한 예대율 산정시 일반적으로 비은행금융기관을 제외하는 것은 비은행금융기관의 상당수가 여유자금의 투자운용을 위한 기관으로서 해당지역의 자금사정에 관계없이 수신의 대부분을 외지에서 운용하는 경우가 많기 때문이다.

1위를 차지하고 있다. 지역 내 총예금이 46조 8천억원인데 비해 대출금은 거의 두 배에 가까운 92조 2천억원에 달하는 데 따른 것이다. 이와 같은 인천의 높은 예대율은 특히, 외환위기 이후 수도권의 개발 붐에 이어, 글로벌 금융위기 이후에도 인천경제자유구역 등의 대규모 지역개발이 지속된 데 따른 높은 주택담보대출 증가 등에 크게 기인한다.

■ 시·도별 전금융기관 여수신률(2019년말)

(10억원, %, 등)

	수신	여신	여수신율	순위
전국	3,433,832.4	2,291,773.3	66.7	
서울	1,849,226.5	780,372.4	42.2	17
부산	162,487.5	152,513.4	93.9	7
대구	105,897.7	107,955.9	101.9	4
인천	91,370.8	116,195.0	127.2	1
광주	57,689.2	53,592.7	92.9	8
대전	68,546.9	50,929.3	74.3	12
울산	43,028.1	42,604.0	99.0	6
세종	16,908.5	12,252.4	72.5	13
경기	449,858.4	491,712.1	109.3	2
강원	58,035.0	37,489.8	64.6	16
충북	57,478.3	47,043.1	81.8	10
충남	74,843.7	65,902.1	88.1	9
전북	79,230.4	55,660.3	70.3	14
전남	70,131.4	47,333.9	67.5	15
경북	100,114.8	79,023.4	78.9	11
경남	118,888.3	120,082.0	101.0	5
제주	30,096.9	31,111.2	103.4	3

또한, 이러한 특성은 예금은행 예대율에서만 나타나는 것이 아니다. 앞의 표에서 나타나는 것처럼 비은행금융기관을 포함한 전금융기관의 총수신 대비 총여신의 비율에서도 인천은 127.2%로 전국평균 66.7%를 크게 웃돌고 있어 상황은 차이가 없는 것으로 나타나고 있다.

이러한 인천의 높은 예대율을 긍정적으로 보면 금융기관의 인천지역에 대한 자금지원이 매우 적극적인 것으로 볼 수 있으나, 이면에는 자금 부족에 따라 인천의 외부자금 의존이 그만큼 심하다는 것을 의미한다. 즉, 인천지역의 대규모 주택건설이나 기업지원 등이 주로 외부자금 차입을 바탕으로 이루어져 왔음을 나타낸다.

다음의 그래프에서 보는 것과 마찬가지로 장기간에 걸쳐 인천의 예금증가율은 전국평균에 비해 낮은 데 비해, 대출금증가율은 대부분의 기간 중에 전국평균을 상회하고 있다. 또한 전국의 대출금 증가는 예금 증가와 비슷한 속도로 늘어나고 있는 데 비해 인천의 경우 대출금 증가속도가 예금 증가속도를 뛰어넘어 높은 예대율을 보이고 있다. 이는 인천의 과도한 외부자금 차입의존이 장기간에 걸쳐 구조화돼왔다는 것을 의미한다. 주택담보대출에 크게 의존해온 인천지역의 가계나 외부차입에 의존해온 인천지역 중소기업 채무부담의 심각성을 보여주고 있다.

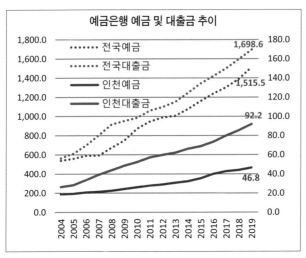

예금은행 예금 및 대출금 추이

전국예금
전국대출금
인천예금
인천대출금

1,698.6
1,515.5
92.2
46.8

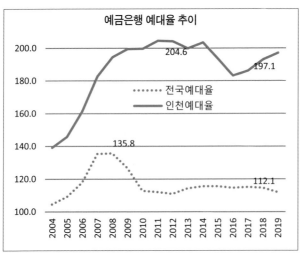

예금은행 예대율 추이

전국예대율
인천예대율

204.6
197.1
135.8
112.1

은행으로 들어와 비은행권을 통해 빠져나가는 자금흐름

인천 지역금융의 두 번째 특성은 은행권을 통해 인천으로 유입된 외부자금이 비은행금융기관을 통해 인천 밖으로 유출되는 구조를 갖고 있다는 점이다.

비은행금융기관은 상호금융, 저축은행 등의 지역친화적 금융기관으로서 지역 내 관계금융의 기반을 이룬다. 즉, 지역에서 받은 예수금을 지역의 중소기업, 소상공인이나 서민에게 빌려 주는 역할을 한다. 그러나 인천의 경우 은행권을 통해 주택담보대출 등으로 유입된 자금이 지역 내 금융기관에 예입돼 지역에 머물러 재투자되지 못하고, 상당한 금액이 은행의 신탁계정이나 자산운용사의 투자신탁계정 등 비은행금융기관을 통해 다른 지역에 유가증권 투자 등으로 유출돼 운용된다.

예를 들어 인천 사람 갑이 인천지역 은행에 100을 예금하면 특별한 사정이 없는 한 인천지역 은행은 그 100을 인천 사람한테 대출하는 데 쓴다. 하지만 갑이 그 돈을 인천의 비은행금융기관인 투자신탁에 맡기면 그 투자신탁은 갑에게 약속한 배당을 해 주기 위하여 자금운용사에 맡은 돈을 보내어 수익을 거두도록 하여야 한다. 하지만 인천에는 자금운용사가 없다. 따라서 자금운용사가 밀집되어 있는 서울로 맡은 돈을 보내야 한다.

이에 따라 지역의 자금수요를 충족하지 못하고 빠져나가는 자금의 유출은 다시 외부자금의 지역 유입을 초래하고 결과적으로 지역 전체가 지속적으로 외부자금에 의존하게 되는 악순환을 유발하기도 한다.

■ 금융기관 여수신을 통한 자금유출입 규모(2019년말)

(조원)

	예금은행			비은행			전금융기관		
	예금	대출금	유출입(-)	수신	여신	유출입(-)	수신	여신	유출입(-)
전국	1,515.5	1,698.6	183.1	1,918.3	593.2	-1,325.2	3,433.8	2,291.8	-1,142.1
서울	791.2	641.6	-149.5	1,058.1	138.7	-919.3	1,849.2	780.4	-1,068.9
부산	90.1	120.1	30.0	72.3	32.4	-40.0	162.5	152.5	-10.0
대구	52.1	80.1	27.9	53.8	27.9	-25.9	105.9	108.0	2.1
인천	46.8	92.2	45.4	44.6	24.0	-20.6	91.4	116.2	24.8
광주	25.3	36.9	11.6	32.4	16.7	-15.7	57.7	53.6	-4.1
대전	33.9	35.3	1.4	34.6	15.6	-19.0	68.5	50.9	-17.6
울산	16.6	28.5	11.8	26.4	14.1	-12.3	43.0	42.6	-0.4
세종	11.6	8.8	-2.8	5.3	3.4	-1.8	16.9	12.3	-4.7
경기	223.0	376.5	153.4	226.8	115.2	-111.6	449.9	491.7	41.9
강원	25.5	21.0	-4.5	32.5	16.5	-16.0	58.0	37.5	-20.5
충북	21.6	26.4	4.8	35.9	20.6	-15.3	57.5	47.0	-10.4
충남	25.6	37.4	11.8	49.3	28.5	-20.7	74.8	65.9	-8.9
전북	36.5	30.5	-6.0	42.7	25.2	-17.6	79.2	55.7	-23.6
전남	23.7	23.8	0.1	46.4	23.5	-22.9	70.1	47.3	-22.8
경북	34.8	43.1	8.3	65.3	35.9	-29.4	100.1	79.0	-21.1
경남	47.4	78.2	30.8	71.5	41.8	-29.7	118.9	120.1	1.2
제주	9.8	18.3	8.4	20.2	12.8	-7.4	30.1	31.1	1.0

　　인천지역의 금융권별 여수신 상황을 보면 2019년 말 예금은행의 예금은 46조 8천억원인 데 비해 대출이 92조 2천억원에 달하고 있어 예금은행을 통해 약 45조 4천억원의 외부자금이 인천으로 유입되었음을 보여준다. 이에 비해 인천지역 비은행금융기관의 경우 수신이

44조 6천억원에 달하고 있음에도 불구하고 지역내 여신은 24조원에 불과해 나머지 20조 6천억원을 외지로 유출시키고 있음을 보여준다. 결과적으로 외부자금의 총유입이 24조 8천억원인 점을 감안할 때 비은행금융기관을 통한 자금유출을 최소화한다면 인천지역의 전체적인 외부자금유입은 크게 줄어들 수 있음을 보여주고 있다.

경제규모에 비해서는 돈이 부족한 인천

은행권을 통해 인천으로 자금이 들어오고 있음에도 불구하고 다른 한편으로는 비은행을 통해 자금이 밖으로 흘러 나가고 있다면 "인천에는 자금이 충분해 넘쳐나는 것인가"란 의문을 가질 수 있다. 혹시라도 은행권을 통한 자금유입이 '과도한 결과' 남는 돈이 은행권이 아닌 비은행권을 통해 유출되는 것은 아닐까 하는 의문이다.

앞에서 언급한 것처럼 비은행권을 통한 자금의 유출은 일반적인 현상으로서 인천만의 문제는 아니다. 앞의 표에서도 보는 것처럼 다른 시·도에서도 같은 모습을 보이고 있으며, 인천의 비은행권을 통한 자금유출이 다른 시·도에 비해 특별히 심한 편이라고 하기도 어렵다.[03]

그러나 예금은행과 비은행을 모두 더한 전 금융기관을 통한 자금유출입을 시·도별로 보면 2019년말 현재 인천, 대구, 경남 및 제주는

---

03 자세한 내용은 한국은행 인천본부의 지역경제조사연구 인천 제2019-1호 "인천지역 자금유출입 동향 및 시사점(2019.4)"을 참조

금융기관을 통한 자금유입이 플러스를 보이고 있는 반면 나머지 시·도는 모두 마이너스로 자금유출을 보이고 있다. 즉, 대부분의 지역에서는 수신 범위 내에서 여신이 이루어지고 나머지는 역외에서 금융자산으로 운용되고 있음을 보여 주고 있다. 다시 말해 인천, 대구, 경남 및 제주는 전 금융기관을 통한 자금 유출입에 있어 자금부족을 보이고 있으며 특히 인천은 그 중에서도 자금부족이 심하다는 것으로 요약된다.

한편, 실물경제 운용과 관련하여 지역자금의 과부족 정도를 간접적으로 설명해주는 지표의 하나가 금융연관비율이다. 금융연관비율은 실물경제에 비해 금융부문의 발전정도가 얼마나 되는지를 보여주는 지표이다. 여기에서는 지역별 비교를 위해 각지표의 예금은행과 비은행 금융기관의 여수신 합계액을 해당지역 지역내총생산액으로 나누어 계산한다.

다음의 그래프는 2018년 지역별 지역내총생산을 2018년말 지역별 전금융기관의 여수신합계액으로 나누어 계산한 금융연관비율이다.

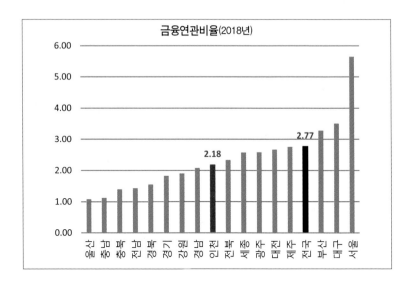

금융연관비율(2018년)

인천은 금융권의 여수신총액이 지역총생산의 2.18배로서 전국 평균 2.77배에 미달한다. 그 결과 인천의 금융연관비율은 전국 17개 시·도 중 9위에 머물고 있다. 시·도별로 보면 다음의 표에서 보는 것처럼 광역시 중에서는 울산을 제외하면 가장 낮은 수준이다. 그만큼 인천지역은 지속적인 자금유입과 지역경제의 지속적인 성장지원에도 불구하고 지역내 금융자산 축적이 낮아 금융부문의 발전이 상대적으로 지체된 모습을 보이고 있다. 특히 금융연관비율을 금융권역별로 보면 은행권만으로는 인천이 전국 17개 시·도중 6위에 위치하고 있지만 비은행권의 경우는 14위에 머물고 있다. 요약하면 인천의 자금유입이 큰 것은 유입자체가 과다한 것이 아니라 지역 내 금융자산 축적의 부족에 따른 수신부족과 비은행을 중심으로 금융부문의 낙후에 주로 기인한다는 것이다.

■ 시·도별 금융연관비율(2018년)

(조원, 배, 등)

	은행 여수신	비은행 여수신	전금융 여수신	GRDP	금융연관비율					
					은행	순위	비은행	순위	전금융	순위
전국	2,995.3	2,260.3	5,255.6	1,900.0	1.58		1.19		2.77	
서울	1,336.2	1,046.0	2,382.2	422.4	3.16	1	2.48	1	5.64	1
부산	194.6	99.2	293.8	89.7	2.17	2	1.11	7	3.27	3
대구	122.9	75.4	198.3	56.7	2.17	3	1.33	3	3.50	2
인천	**130.0**	**62.6**	**192.6**	**88.4**	**1.47**	**6**	**0.71**	**14**	**2.18**	**9**
광주	57.6	45.2	102.7	39.8	1.45	7	1.13	5	2.58	6
대전	64.2	45.8	109.9	41.2	1.56	5	1.11	6	2.67	5
울산	43.5	38.3	81.8	75.6	0.58	16	0.51	17	1.08	17
세종	20.2	8.4	28.6	11.1	1.82	4	0.75	13	2.57	7
경기	557.3	307.5	864.9	473.8	1.18	9	0.65	15	1.83	12
강원	42.9	46.7	89.5	47.0	0.91	12	0.99	8	1.91	11
충북	44.4	52.8	97.2	69.7	0.64	14	0.76	12	1.40	15
충남	60.8	71.5	132.3	117.7	0.52	17	0.61	16	1.12	16
전북	56.7	62.4	119.0	51.0	1.11	10	1.22	4	2.34	8
전남	44.4	64.9	109.3	76.5	0.58	15	0.85	11	1.43	14
경북	73.3	95.8	169.0	109.0	0.67	13	0.88	10	1.55	13
경남	120.4	109.3	229.7	110.5	1.09	11	0.99	9	2.08	10
제주	25.9	28.8	54.8	19.9	1.30	8	1.45	2	2.75	4

인천의 금융부문이 제대로 발전하지 못하고 있다는 것은 지역내 총생산 중 금융부문 즉, 금융보험업의 비중으로도 알 수 있다. 다음 의 그래프에서 보듯이 인천지역의 금융보험업의 부가가치가 전 산 업의 총부가가치에서 차지하는 비중은 4.5%이다. 인천이 경제력이 집중되는 수도권의 대도시임에도 불구하고 전국평균 6.0%에 비해

서도 뒤질 뿐 아니라 울산이나 세종 등 신설 시를 제외하면 광역시 중에서도 가장 낮은 편이다. 이러한 금융산업 낙후의 배경에는 일부 상호저축은행 등 지역밀착형금융기관을 제외하고는 인천에 주사무소를 둔 은행이 없는 것도 큰 이유를 차지하고 있다[a].

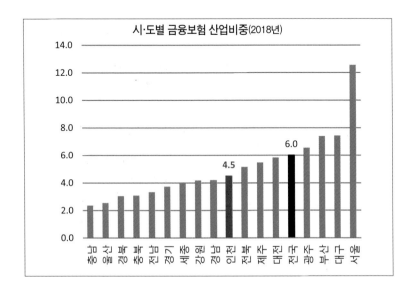

시·도별 금융보험 산업비중(2018년)

이 장의 주된 의문은 그래서 인천지역은 돈이 잘 돌고 있는가에 있다. 물론 상대적으로 자금융통에 어려움을 겪고 있는 가계나 기업이 모두 동의하기는 어렵겠지만, 인천의 대단히 높은 예대율을 고려하면 인천지역은 분명 돈이 잘 돈다. 다만 가진 돈이 부족한 것이 문제라는 것이다.

a 인천은행을 설립하면 되지 않을까

인천의 과도한 외부자금 의존과 지역 금융부문 발전의 부진을 해소하기 위한 대책의 하나로 '지방은행' 설립을 검토할 수 있다. 일반적으로는 자금의 지역 내 환류 촉진, 금융비용의 역내 소득환원 필요성 등을 이유로 인천지역을 기반으로 하는 지방은행, 소위 인천은행의 설립 주장이 제기된다.

우선은 지방은행의 설립을 주장하게 되는 이유를 살펴볼 필요가 있다. 동시에 지방은행을 설립했을 경우 그 지방은행이 과거 폐쇄된 경기은행의 전철을 밟지 않고 제대로 유지될 것인 지에 대하여도 또한 진지하게 따져보아야 한다. 전자가 지방은행 설립의 필요조건이라면 후자는 지방은행 설립의 충분조건이다. 지방은행 설립의 필요충분조건이 모두 만족될 때 비로소 지방은행의 설립에 나설 수 있을 것이기 때문이다.

지방은행의 설립 필요성은 여러 면에서 제기될 수 있다. 첫째, 자금의 역외유출이 심각해 지방은행을 설립함으로써 이를 시정할 필요가 있거나, 지역 내 자금부족이 심각해 지방은행을 통해 보다 효과적으로 외부자금을 조달할 필요가 있다는 '지역금융 확보' 차원의 필요성이다. 둘째는 타 지방에 설립되거나 전국을 상대로 하는 금융기관이 지점설립을 통해 인천으로 들어와 인천지역 고객의 특성을 제대로 파악하지 못하는 소위 정보 비대칭이 심각해 지방은행 설립을 통해 이를 시정할 필요가 있는 '관계금융의 활성화' 차원의 필요성이다. 셋째는 지역의 금융의존이 경제성장에 기여하고 특히 지방은행이 경제성장에 기여함에 있어 강한 상관성을 갖고 있다는 '지역성장 지원'의 필요성이다. 일부에서는 지방은행의 설립에 따른 고용 등 일자리 창출효과와 인천 인재 양성의 중요성을 추가하기도 한다.

뿐만 아니라 인천의 인구가 3백만인데 수도권의 광역시로서 지방은행 하나 정도는 당연히 가지고 있어야 한다는 다분히 정서상의 이유도 매우 강한 논거가 된다는 점을 부인할 수 없다.

지방은행 설립을 위한 필요조건은 인천에 설립된 지방은행이 지역금융 확보에 기여하는 한편, 관계금융 활성화에 기여하고 지역의 성장을 지원할 것이 확실해야 한다는 것이다. 이와 함께 갖추어야 할 충분조건은 인천지역에 기반을 둔 지방은행이 지역 내에서는 물론 지역 외 인천고객에 의해 지속적인 지지를 받고 유지할 수 있어야 한다는 '지속가능성'이다. 아울러, 지방은행 설립의 인허가권을 가진 금융위원회 등 관계당국의 입장은 우호적인가 하는 것도 매우 중요하다.

우선, 필요조건 면에서 인천은 금융부채가 금융자산에 비해 크게 많은 편이다. 즉,

이미 내부자금의 역외유출보다 외부자금의 역내유입이 과도하다는 말이다. 따라서 지역 금융 확보는 크게 문제시되지 않는다는 것이다. 다만, 인천은행이 설립돼 서울 등 지역 외에서 활동하는 인천은행의 지점이 수신면에서 경쟁력을 보여 외부자금을 끌어 들이는 역할을 한다면 어느 정도는 긍정적 평가를 할 수 있을 것이다.

관계금융 활성화 차원의 문제는 현재도 대부분 금융기관이 인천영업본부 체제로 운영되고 있어 지방은행이 설립된다고 해도 이들보다 관계금융 면에서 우위를 보일 것이라는 보장은 거의 없다. 모든 은행은 은행법 등의 관계법규에 따라 사실상 동일한 업무방법으로 여수신 업무를 취급하고 있어 지방은행이라고 해 별도의 관계금융 방식에 따른 심사를 할 수도 없다. 특히 과거 경기은행이 해산된 후 지역은행이 없어지면서 지역금융 확보나 관계금융 면에서 타격이 있었느냐를 따져보면 실제 경기은행 파산 후 금융시장의 타격은 거의 나타나지 않았다.

현재 인천에 진출한 은행들의 운영체계나 자금동원 역할 등을 되짚어 볼 때 지방은행이 지역경제 성장지원 면에서 보다 큰 상관성을 보일 가능성도 크지 않아 보인다. 다시 말해 인천은행이 생겼을 때 현재 전국은행의 지역영업본부에 비해 지역의 산업을 훨씬 더 효율적으로 지원할 것이라는 보장을 하기가 쉽지 않다는 것이다.

마지막으로 인천은행 설립이 가져오는 고용증대와 인재양성의 가능성이다. 실제 인천에서 영업 중인 전국은행의 인천지점은 대부분 인천지역 영업본부 산하에서 운영되는데 영업전략상 인재의 연고지 배치가 무시될 수 없으므로 자연스럽게 인천사람이 채용되고 인천에서 일하게 된다. 인천은행이 설립된다고 하더라도 이들 금융기관에서 일하고 있는 인천인재가 옮겨와야 하므로 현실적으로 신규 고용창출이나 인재확충의 가능성은 그리 크지 않은 점도 고려해 두어야 할 일이다.

아울러, 충분조건 면에서 인천에 기반을 둔 인천은행의 지속가능성을 확보하자면 저금리 자금조달과 고금리 자금운용이 필수적이다. 하지만 인천은행의 설립을 원하는 인천시민들의 바람은 저금리의 대출금차입과 고금리의 예금운용이다. 아무리 정서상의 필요성과 주장을 감안하더라도 설립된 인천은행의 입장과 인천은행의 설립을 주장하는 장래 고객의 입장이 상충된다는 것이다. 이러한 점을 감안하면 저금리시대의 치열한 경쟁 여건 하에서 지역 내에서는 물론 지역 외에서 인천 연고 고객을 중심으로 대규모의 자금을 조달하고 운용하면서 그 규모를 계속 확대해 나가리라는 보장과 가능성을 찾는 것 역시 쉽지 않은 일이다.

게다가 그동안 금융의 세계화, 대형화, 증권화 및 전산화를 추구해 온 정책당국의 입장에서는 금융기관의 세계화와 대형화에 역행할 수 있는 지방은행의 설립 주장에 극히 미온적이라는 점도 동시에 지적하지 않을 수 없다.

제13장

인천의 가계살림은 건강한가
- 인천의 가계금융

    앞 장에서는 인천지역의 금융부문을 조망하는 차원에서 지역금융의 주요 특성을 살펴봤다. 이 장에서는 기업부문과 함께 가장 중요한 경제주체의 하나인 가계부문의 금융사정을 파악해보고자 한다.

    가계 금융사정은 가계의 재무상황에서 출발한다.

    재무상황은 소득흐름이 뒷받침한다. 소득흐름은 가계의 소비와 밀접한 관련을 갖는다. 아무리 돈을 잘 벌어도 씀씀이가 헤프면 돈이 모자란다. 모자라는 돈은 꿔야 한다. 아무리 아껴 써도 버는 돈이 부족하면 돈을 꿔야 하는 것은 마찬가지이다. 가계금융이 발생하는 이유이다.

    가계금융의 필요성이 벌이와 씀씀이에만 달린 것은 아니다. 집도 사고 살림도 마련해야 한다. 소득이 충분해 미리 저축을 해 뒀다면 별문제가 없을 것이나 갑자기 돈이 필요한 경우에는 소득이 있어도 돈을 빌려야 하는 일이 생긴다. 결혼하거나 식구가 늘어 살림살이를 갖춰야 할 때, 갑자기 위중한 환자가 생기거나 예상치 못한 실직 또는 사고가 있을 때 등이다.

물론 소득이 충분해서 미리 저축을 해뒀다면 상황은 많이 달라진다. 집과 살림을 미리 장만했어도 마찬가지다. 그러고 보면 평소 돈에 대한 인식과 태도에 따라 벌이와 씀씀이가 바뀌고, 이에 따라 재산상태가 달라지며, 그에 따라 가계금융 상황이 달라진다.

이제 개인의 살림살이에서 눈을 돌려 인천 전체로 보자. 인천 가계의 재무상황은 어느 수준일까? 빚이 많다면 인천 가계의 소득은 향후 재무상황을 개선시킬 만큼 충분할까? 인천의 가계는 왜 돈을 빌리게 될까? 부족한 자금은 금융기관에서 빌려와야 할 텐데 금융기관은 가계에 얼마나 융통을 해 주고 있을까?

상대적으로 열악한 인천 가계의 재무상태

각 지역별 가계금융의 수준을 보여주는 주요 통계자료로는 '가계금융·복지조사결과'가 있다. 2012년 이후 통계청과 한국은행 및 금융감독원이 공동 작업을 통해 발표하고 있는 자료다. 이 자료는 특히 지역별 가구당 총자산, 부채, 순자산과 함께 소득수준을 공표하고 있어 지역민의 가계금융 수준을 비교적 소상하게 시·도별로 비교할 수 있게 한다.

1) 낮은 자산 수준과 금융자산 비중

다음의 표를 보면 2019년 3월말 기준 인천의 가구당 총자산은 3억 5,159만원이다.

■ 시·도별 가구당 평균 자산상황(2019.3말 현재)

(만원, 등)

	자산							실물자산				
			금융자산								부동산		기타
				저축액		보증금							
서울	64,240	1	15,889	1	9,928	1	5,960	1	48,351	1	46,819	1	1,532
부산	35,781	7	7,986	11	6,504	15	1,482	7	27,795	7	26,102	7	1,693
대구	41,818	5	9,029	7	7,479	7	1,549	6	32,790	5	30,524	5	2,266
인천	35,159	9	9,074	6	7,142	11	1,932	4	26,085	10	24,223	10	1,862
광주	34,387	11	9,485	5	8,070	4	1,415	8	24,902	11	22,716	11	2,186
대전	35,692	8	8,830	8	7,244	9	1,586	5	26,861	9	25,114	8	1,747
울산	39,305	6	10,246	4	8,880	2	1,366	9	29,060	6	26,891	6	2,169
세종	58,784	2	11,355	3	8,033	5	3,321	3	47,429	2	45,107	2	2,322
경기	47,546	4	11,905	2	8,315	3	3,590	2	35,641	4	33,235	4	2,406
강원	34,879	10	7,952	12	7,198	10	753	16	26,927	8	24,551	9	2,377
충북	31,152	14	7,902	13	6,886	12	1,016	12	23,250	14	20,704	14	2,546
충남	29,534	16	6,922	17	5,847	17	1,075	11	22,612	15	19,794	15	2,818
전북	28,877	17	7,715	15	6,811	13	904	14	21,162	17	18,362	17	2,799
전남	30,196	15	8,195	10	7,487	6	708	17	22,001	16	18,382	16	3,620
경북	31,316	13	7,239	16	6,432	16	807	15	24,077	13	21,192	13	2,885
경남	32,049	12	7,875	14	6,752	14	1,123	10	24,174	12	21,758	12	2,416
제주	50,459	3	8,446	9	7,449	8	996	13	42,014	3	38,645	3	3,369
전국	43,191		10,570		7,873		2,697		32,621		30,379		2,242
수도권	52,741		13,159		8,820		4,339		39,582		37,584		1,998
비수도권	34,344		8,172		6,996		1,176		26,172		23,704		2,468

총자산이란 부동산 등의 실물자산과 은행의 저축 등 금융자산을 더한 금액이다. 집을 빌리면서 집주인에게 낸 전세보증금은 나중에 돌려받을 수 있는 것이므로 금융자산에 포함돼 있다.

인천의 가구당 총자산은 전국 가구당 평균 총자산인 4억 3,191만 원의 81.4% 수준이다. 서울의 가구당 평균 총자산 6억 4,240만원의 54.7%로 절반을 겨우 넘는 수준이며, 경기도 4억 7,546만원의 73.9%에 불과하다. 17개 광역시·도중 9위로, 8개 특·광역시 중 7위로 광주를 빼면 가장 낮은 수준이다.

인천의 가구당 평균자산은 부동산 등 실물자산의 비중이 상대적으로 작고 저축액 등 금융자산의 비중이 상대적으로 높은 편이다. 인천 가구의 금융자산 비중은 총자산의 25.8%로, 전국 평균 24.5%를 웃돌고 있고 순위도 전국 6위를 보이고 있다. 외지에서 세를 얻어 이사 오는 주민의 비중이 큰 만큼 금융자산 중 거주지 마련을 위한 전월세 보증금의 비중이 상대적으로 높은 때문이다. 인천의 가구당 평균 전월세보증금은 서울, 경기, 세종에 이어 전국에서 4번째로 높은 수준이다.

2) 높은 부채 수준과 주택담보대출 비중

가구당 총자산이 광역시의 하위권인 데 비해 가구당 부채는 7,277만원으로 17개 시·도 중 6위다. 8대 광역시 중에는 서울, 세종, 대구에 이어 4위이다.

■ 시·도별 가구당 평균 부채 및 순자산 상황(2019.3월말 현재)

(만원, 등)

	부채		금융부채		담보대출		신용대출		기타	임대보증금		순자산	
서 울	10,635	1	6,196	4	5,024	4	797	3	375	4,439	1	53,605	1
부 산	6,217	10	4,745	10	3,662	10	757	6	326	1,472	8	29,564	8
대 구	7,546	4	5,874	5	4,940	5	573	16	361	1,672	6	34,272	5
인 천	7,277	6	5,792	6	4,806	6	690	9	296	1,485	7	27,882	11
광 주	5,003	14	4,081	16	3,108	13	649	13	324	922	13	29,385	9
대 전	6,763	8	4,947	8	3,934	8	628	15	385	1,816	4	28,928	10
울 산	6,672	9	4,860	9	3,842	9	707	8	311	1,812	5	32,633	6
세 종	10,145	3	7,470	2	6,004	2	1,204	1	262	2,675	2	48,639	2
경 기	10,217	2	7,664	1	6,103	1	1,024	2	537	2,553	3	37,329	4
강 원	4,924	16	4,100	15	3,073	14	792	4	235	824	16	29,954	7
충 북	5,195	12	3,795	17	3,020	16	508	17	267	1,400	9	25,957	13
충 남	5,225	11	4,263	11	3,256	12	629	14	378	962	12	24,309	16
전 북	4,973	15	4,114	14	3,072	15	715	7	327	859	15	23,903	17
전 남	4,765	17	4,137	13	2,815	17	788	5	534	628	17	25,432	14
경 북	5,067	13	4,206	12	3,293	11	678	10	235	860	14	26,249	12
경 남	6,804	7	5,599	7	4,585	7	671	11	343	1,206	10	25,244	15
제 주	7,289	5	6,313	3	5,417	3	658	12	238	976	11	43,170	3
전 국	7,910		5,755		4,583		786		386	2,155		35,281	
수 도 권	10,046		6,868		5,527		896		445	3,178		42,694	
비수도권	5,932		4,724		3,709		684		331	1,208		28,413	

이처럼 부채 순위가 상대적으로 높은 이유는 무엇보다도 금융부채 중 주택담보대출 비중이 높은 데다 특히 신용대출 비중이 높고 임대보증금도 비교적 많은 편이기 때문이다.

자산순위는 낮은데 부채순위는 높음에 따라 총자산에서 부채를 뺀 순자산의 순위는 낮을 수 밖에 없다. 인천의 순자산은 가구당 2억 7,882만원으로 전국 평균 3억 5,281만원의 79.0%에 불과하다. 서울 5억 3,605만원의 52.0%, 경기도 3억 7,329만원의 74.7%로 전국 17개 시·도중 11위이다. 인천보다 가구당 순자산 규모가 낮은 곳이 8개 특·광역시 중에서는 없다.

3) 낮은 재무건전성

자산규모의 순위는 낮은데 부채규모의 순위가 높아 순자산규모의 순위가 크게 낮은 상황에서 인천의 재무건전성 역시 좋을 리 없다. 특히 금융부채가 많고 금융자산이 적으니 인천의 각종 재무비율이 썩 좋지 않다.

우선, 인천의 가구당 평균 부채비율은 2019.3월말 현재 20.7%로 전국 17개 시·도 중 3위다. 8대 특광역시 중에서는 1위다. 순자산대비 부채비율로 보아도 결과는 마찬가지이다. 주택담보대출이 부채의 상당액을 차지하고 있는 경기와 경남과 함께 전국에서 가장 높은 수준이다.

이에 따라 인천의 가구당 금융자산(전월세보증금 제외)에서 주택담보대출 등 금융부채가 차지하는 비중은 81.1%로 8대 특·광역시에서는 세종시를 제외하고는 가장 높은 편이다.

■ 시·도별 건전성비율(2019.3월말 현재)

(%, 등)

	부채/자산		부채/순자산		금융부채/금융자산	
서 울	16.6	12	19.8	12	62.4	11
부 산	17.4	7	21.0	7	73.0	7
대 구	18.0	5	22.0	5	78.5	6
인 천	**20.7**	**3**	**26.1**	**3**	**81.1**	**5**
광 주	14.5	15	17.0	15	50.6	17
대 전	18.9	4	23.4	4	68.3	9
울 산	17.0	10	20.4	10	54.7	16
세 종	17.3	8	20.9	8	93.0	1
경 기	21.5	1	27.4	1	92.2	2
강 원	14.1	17	16.4	17	57.0	13
충 북	16.7	11	20.0	11	55.1	15
충 남	17.7	6	21.5	6	72.9	8
전 북	17.2	9	20.8	9	60.4	12
전 남	15.8	14	18.7	14	55.3	14
경 북	16.2	13	19.3	13	65.4	10
경 남	21.2	2	27.0	2	82.9	4
제 주	14.4	16	16.9	16	84.7	3
전 국	18.3		22.4		73.1	
수 도 권	19.0		23.5		77.9	
비수도권	17.3		20.9		67.5	

주 : 금융자산은 전월세보증금 제외

4) 쉽지 않은 재무구조 개선 여력

자산 순위가 낮고 부채 순위는 높아 건전성이 열악하다고 하더라도 소득수준이 높다면 그나마 희망을 가질 수 있다. 즉, 열악한 자산부채구조의 개선을 위해서는 무엇보다도 장기적인 소득증가가 뒷받침돼야 한다. 최근 인천의 가계소득 수준이 개선의 기미를 보이고는 있지만, 순자산 증대를 통해 재무구조의 순조로운 개선을 기대하기에는 아직 상황이 녹록치 않다.

인천의 가구당 소득은 순위로 보자면 2018년중 전국 17개 시·도 중 6위를 차지하고 있다. 외견상 중간 이상의 순위에 해당한다.

하지만 8대 특·광역시 중 5위로 인천의 가구당 평균소득 5,704만원은 전국 평균 5,828만원에도 미치지 못할 뿐 아니라 서울 6,595만원의 86.5%, 경기 6,430만원의 88.7%에 불과하다. 어중간한 소득수준으로 자산 형성과 차입금 상환 등의 순조로운 재무구조 개선이 쉽지 않을 것이란 전망이다.

한편으로는 향후 대규모 주택단지의 개발이 뒤따르지 않는 한 인천의 부채비율도 크게 증가 하지는 않을 것으로 보인다.

이에 따라 재무건전성도 크게 악화되지 않을 전망이다. 소득수준의 급격한 향상이 뒤따르지 않는 한, 눈에 띄는 정도로 재무건전성이 개선되기는 어려울 것으로 보인다.

■ 시·도별 가구당 평균소득(2018년중)

(만원, 등)

	가구소득					
			근로소득	사업소득	재산소득	이전소득
서 울	6,595	2	4,433	1,080	609	473
부 산	5,181	12	3,266	1,027	382	507
대 구	5,301	10	3,179	1,188	374	560
인 천	**5,704**	**6**	**3,803**	**1,109**	**354**	**438**
광 주	5,796	5	4,032	896	271	596
대 전	5,688	7	3,725	1,154	320	490
울 산	6,413	4	4,829	893	267	424
세 종	7,147	1	4,997	1,132	525	493
경 기	6,430	3	4,433	1,230	344	422
강 원	5,088	14	2,989	1,210	312	576
충 북	5,042	15	2,967	1,220	303	553
충 남	5,348	9	3,235	1,351	274	488
전 북	5,156	13	2,912	1,211	457*	576
전 남	4,981	16	2,673	1,458	253	597
경 북	4,830	17	2,637	1,412	230	551
경 남	5,187	11	3,300	1,138	261	487
제 주	5,437	8	3,118	1,420	419	481
전 국	5,828		3,781	1,177	380	489
수 도 권	6,412		4,361	1,157	450	444
비수도권	5,286		3,244	1,196	316	531

인천 금융기관의 높은 가계자금 대출 비중

인천에서 영업하고 있는 '예금은행'의 큰 특성 중의 하나는 가계자금 대출 비중이 상당히 높은 편이라는 점이다. 그만큼 인천 가계의 차입의존이 강하기 때문이다.

■시·도별 가계대출비중(2019년말)

(%, 등)

	전금융기관		예금은행		비은행	
서울	41.4	16	43.3	9	32.5	17
부산	43.3	15	43.8	8	41.6	16
대구	40.3	17	38.1	14	46.6	14
인천	**50.5**	**9**	**49.9**	**3**	**52.4**	**13**
광주	48.5	13	44.8	7	56.6	12
대전	52.1	5	49.1	4	58.9	9
울산	50.7	7	42.5	10	67.4	4
세종	64.7	1	72.0	1	46.1	15
경기	54.5	3	53.0	2	59.4	8
강원	57.3	2	47.9	6	69.2	2
충북	49.3	11	40.0	12	61.1	7
충남	51.0	6	41.9	11	62.9	5
전북	47.0	14	37.4	15	58.7	11
전남	50.5	8	38.5	13	62.6	6
경북	49.8	10	33.9	17	68.8	3
경남	48.8	12	36.4	16	72.0	1
제주	52.7	4	48.5	5	58.8	10
전국	47.3		45.2		53.3	

2019년 말 인천 금융기관의 가계대출 비중은 49.9%로 전국 평균 45.2%에 비해 4.7%p가 높다. 전국 17개 시·도 중에서는 3위를 차지하면서 특·광역시 중에서는 세종을 제외하면 가장 높은 편이다. 예금은행에 비은행을 더한 전금융기관(예금취급기관)을 대상으로 하더라도 인천은 50.5%로 전국 9위에 머물면서도 특·광역시 중에서는 4위를 차지하고 있다.

2019년 말 우리나라 전체 금융기관의 총대출 중 가계대출의 비중은 47.3%다. 전국적으로 가계부채가 급격하게 늘어난 2016년 이후 가계대출에 대한 엄격한 규제가 생기면서 이후 가계자금 대출 비중은 정체 상태이다. 인천의 가계자금 비중도 전국에 비해서는 높은 수준이지만 과거보다 전국 평균과의 격차가 크게 줄어들어 있다.

특히 비은행금융기관의 가계자금 대출 비중은 과거 70%를 넘는 정도의 높은 비율을 보이며 전국 평균 대비 20%p가 넘는 격차를 보이기도 했다. 그러나 최근에는 신용협동조합, 상호금융 등 지역밀착형 금융기관 대출을 중심으로 그 비중이 급격히 감소해 전국과 큰 차이가 없는 59% 수준을 나타내고 있다.

그 결과 예금은행의 가계대출 비중은 전국적으로 완만하게 증가하고 있으나 인천은 2011년 이후 감소하고 있으며 비은행 금융기관은 전국과 함께 인천도 2016년 그동안의 증가세에서 빠른 폭의 감소세로 전환돼 추세를 이어가고 있다.

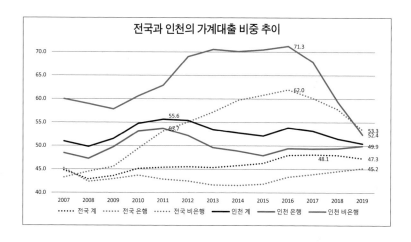

가계대출은 은행권 대출이 중심

위에서 본 것처럼 금융권별로는 예금은행보다 비은행금융기관의 가계대출 비중이 높다. 즉, 인천의 경우 은행권의 가계대출 비중은 49.9%이지만 비은행 금융기관의 가계대출 비중은 52.4%이다. 그러나 비은행 금융기관의 가계대출 비중이 예금은행의 가계대출 비중에 비해 높다고 하여 비은행 금융기관의 가계대출금액이 예금은행의 가계대출금액보다 큰 것은 아니다.

■ 금융권별 가계대출 비중(2019년말)

(%, 등)

	은행		비은행	
서울	86.0	1	14.0	17
부산	79.6	3	20.4	15
대구	70.1	6	29.9	12
인천	**78.5**	**4**	**21.5**	**14**
광주	63.6	8	36.4	10
대전	65.4	7	34.6	11
울산	56.0	9	44.0	9
세종	79.9	2	20.1	16
경기	74.4	5	25.6	13
강원	46.9	12	53.1	6
충북	45.6	14	54.4	4
충남	46.6	13	53.4	5
전북	43.5	15	56.5	3
전남	38.3	16	61.7	2
경북	37.2	17	62.8	1
경남	48.6	11	51.4	7
제주	54.0	10	46.0	8
전국	70.8		29.2	

위의 표에서 보는 것처럼 전국적으로는 가계대출의 70.8%를 예금은행이 대출해 준다. 비은행 금융기관은 29.2%이다. 이에 비해 인천은 가계대출의 78.5%를 예금은행이 취급하고 나머지 21.5%의 가계대출을 비은행 금융기관이 취급해 주고 있다. 최근 들어 가계자금 대출증가세가 주춤해지면서 예금은행의 비중 역시 하락세를 보이고 있다.

주택담보대출 위주의 가계자금 대출

인천 금융기관의 가계자금 대출 비중이 높은 것은 왜 그럴까? 예금은행이 가계자금 대출 중에서도 주택담보대출에 크게 의존하고 있다면 금융기관의 가계자금대출 중 주택담보대출은 얼마나 될까?

■ 가계대출중 주택담보대출 비중

(%, 등)

	계		은행		비은행	
서울	60.1	7	64.1	10	35.3	6
부산	69.5	2	75.6	4	45.6	3
대구	65.2	4	73.0	5	46.9	1
인천	70.9	1	79.9	1	37.7	5
광주	62.2	6	71.0	6	46.8	2
대전	58.4	8	66.9	9	42.2	4
울산	52.2	9	67.1	8	33.2	7
세종	66.1	3	78.7	2	16.0	17
경기	64.6	5	77.7	3	26.3	13
강원	40.9	15	57.2	14	26.5	11
충북	42.7	12	62.5	12	26.0	14
충남	41.9	13	63.1	11	23.4	15
전북	42.8	11	56.9	15	31.8	8
전남	37.4	16	55.0	16	26.4	12
경북	41.0	14	59.3	13	30.2	9
경남	48.5	10	68.7	7	29.4	10
제주	31.3	17	38.1	17	23.2	16
전국	58.5		69.6		31.5	

앞의 표는 2019년 말 우리나라 시·도별 주택담보대출 비중을 금융권별로 나누어 보여주고 있다. 우리나라 전 금융기관의 가계대출 중 주택담보대출의 비중은 58.5%이다. 인천은 전국보다 10%p 이상 높은 70.9%로 전국 17개 시·도중 1위를 차지하고 있다.

이중 예금은행은 전국 평균이 69.6%인데 비해 인천은 79.9%로 10%p의 격차를 보인다. 상대적으로 대출 취급 규모가 은행권에 비해 작지만, 비은행 금융기관도 전국의 가계대출 평균 비중이 31.5%인데 비해 인천은 37.7%의 대출 비중을 보여 비은행권 중에서도 전국 5위에 이르고 있다.

금융기관의 가계대출 중 주택자금대출 비중은 금융당국의 억제 시책에도 불구하고 실제 큰 변동없이 높은 비율을 유지하여오고 있다. 특히, 2011년 이후 가계자금대출 억제책의 일환으로 주택자금대출을 억제하면서 증가세가 둔화되기도 하였으나 2019년에 들어와서는 주택가격상승에 따른 가계의 부동산담보대출 증가로 다시 상승하는 모습을 보이고 있다.

비은행금융기관의 가계대출중 주택담보대출은 그나마 약세를 보여 전국의 경우 2009년 44.4%를 고비로 이후 감소 추세를 보여 2019년 31.5%까지 하락하고 있다. 인천도 같은 추세를 보이고는 있어 2007년 50.4%에서 2019년 37.7%로 하락하고는 있으나 전국보다는 여전히 높은 수준을 보이고 있다.

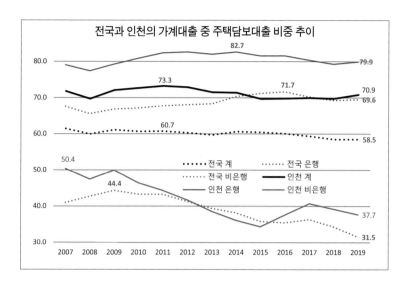

전국과 인천의 가계대출 중 주택담보대출 비중 추이

　　이상 가계 재무상황을 요약하면 인천은 가계의 높은 주택담보대출에 따른 차입의존으로 금융부채가 많아 전체적으로 채무 비중이 높고 그에 따라 순자산 비중이 낮게 나타나는 등 타 시·도보다 가계의 재무상황이 상대적으로 열악한 편이지만, 아직은 소득수준이 크게 상승되지 않고 있어 쉽게 개선되기도 어려운 상황이다.

제14장

인천의 기업자금사정 웬만한가
- 인천의 기업금융

　　　　실물부문과 노동부문을 다뤄온 데 이어 금융부문을 살펴
보고 있다. 금융부문에서는 우선 지역금융의 주요 특성을 짚어 보고,
경제주체 중 하나인 가계에 대한 금융을 살펴봤다. 이 장에서는 가계
와 함께 양대 경제주체의 하나인 기업에 대한 금융의 특성을 살펴보
고자 한다.

　　기업금융을 다루기 위해서는 기업에 대한 금융기관 여신을 기
업 규모별, 산업별, 자금 용도별로 살펴보고 그 결과가 반영되어 나
타나는 기업경영 분석결과를 살펴봐야 한다. 다만, 기업금융에 포함
되는 주식과 회사채 인수 등 직접금융[01]시장과 기업여신에 포함되는
인수, 지급보증 등의 지역통계가 아직 별도로 제공되고 있지 않아 분
석대상에 포함하지 못하고 있다. 비은행 금융기관의 대출에 관한 자

01　금융은 직접금융과 간접금융으로 구분한다. 회사채, 주식 등을 거래하는 직접금융
　　에서는 금융상품이 발행된 형태 그대로 금융기관을 통해 전달된다. 그러나 간접금
　　융에서는 예금이 대출로 바뀌는 등 형태가 변경되어 전달된다.

료도 최근 들어 공표되기 시작했지만, 아직 그 상세한 내역은 제대로 발표되지 않고 있다. 따라서 예금은행의 기업대출을 중심으로 기업금융을 살펴보고 주요 기업경영 지표를 통해 인천의 기업금융과 재무상황의 특성을 짚어 보려 한다.

낮은 인천의 기업자금대출 비중

금융기관에서 빌려 가는 대출을 차주별로 나누면 가계대출, 기업대출, 기타대출로 나눠진다. 지역경제에서는 가계대출과 기업대출이 대부분이다. 한 지역이 높은 생산성을 유지하면서 잠재성장력을 키워나가려면 금융기관이 가계대출보다는 부가가치가 높은 기업대출에 집중되는 것이 바람직하다. 하지만 인천은 주택담보대출을 중심으로 한 가계대출의 비중이 높다. 그만큼 금융기관 대출에서 차지하는 기업대출의 비중이 낮다. 또한 기업대출 중에서는 자금차입능력이 상대적으로 부족하더라도 지역의 중소기업에 대한 대출비중이 높은 것이 보다 바람직하다.

인천의 기업금융 규모를 금융기관 대출금 기준으로 파악하면 다음의 표에서 보는 것처럼 2019년 말 현재 54조 6천억원에 달한다. 금융기관의 총대출금 116조 2천억원의 47%에 해당한다. 이중 예금은행을 통한 기업대출이 44조 5천억원, 비은행금융기관의 기업대출이 10조원이다. 인천은 대기업비중이 높지 않아 기업대출의 대부분이 중소기업에 지원된다. 2019년말 현재 중소기업대출은 예금은행 41조 2

천억원, 비은행금융기관 9조 5천억원으로 총 41조 2천억원으로 기업대출의 92.9%를 차지하고 있다.

■ 시·도별 기업대출(2019년말)

(조원)

	예금은행			비은행금융기관			계		
	총대출	기업대출		총대출	기업대출		총대출	기업대출	
			중소 기업			중소 기업			중소 기업
서울	641.6	354.8	231.6	138.7	64.1	53.7	780.4	418.9	285.2
부산	120.1	65.2	59.9	32.4	15.1	13.0	152.5	80.3	72.9
대구	80.1	48.1	44.8	27.9	10.2	9.9	108.0	58.4	54.7
인천	**92.2**	**44.5**	**41.2**	**24.0**	**10.0**	**9.5**	**116.2**	**54.6**	**50.7**
광주	36.9	19.9	19.1	16.7	5.2	5.0	53.6	25.1	24.1
대전	35.3	17.5	16.1	15.6	4.6	4.3	50.9	22.1	20.3
울산	28.5	16.0	13.4	14.1	3.8	3.6	42.6	19.8	17.0
세종	8.8	2.4	2.4	3.4	1.2	1.2	12.3	3.6	3.6
경기	376.5	174.0	160.6	115.2	40.4	39.7	491.7	214.5	200.3
강원	21.0	10.7	10.4	16.5	3.1	3.1	37.5	13.8	13.5
충북	26.4	15.5	13.5	20.6	5.5	5.1	47.0	21.0	18.7
충남	37.4	21.4	19.0	28.5	8.4	8.4	65.9	29.8	27.4
전북	30.5	18.6	17.3	25.2	7.6	7.3	55.7	26.2	24.6
전남	23.8	14.4	13.7	23.5	6.6	6.5	47.3	20.9	20.2
경북	43.1	27.9	25.4	35.9	10.0	9.8	79.0	37.8	35.2
경남	78.2	48.6	45.1	41.8	9.6	9.4	120.1	58.2	54.5
제주	18.3	9.1	9.1	12.8	3.9	3.9	31.1	13.1	13.0
전국	1,698.6	908.7	742.7	593.2	209.3	193.3	2,291.8	1,118.0	936.0

다음의 표는 위의 금융기관 기업대출을 금융권별 비중으로 다시 계산하여 정리한 것이다. 금융기관의 총대출 중 기업대출 비중(A), 총대출 중 중소기업대출 비중(B), 기업대출에서 중소기업대출이 차지하는 비중(B/A)을 금융권별로 표시하였다.

■ 시·도별 기업대출(중소기업대출) 비중(2019년말)

(조원)

지역	예금은행 기업(A)		중소(B)		B/A		비은행금융기관 기업(A)	중소(B)	B/A	계 기업(A)		중소(B)		B/A	
서울	55.3	9	36.1	16	65.3	17	46.2	38.7	83.7	53.7	2	36.5	15	68.1	17
부산	54.3	10	49.9	9	92.0	11	46.7	40.1	85.9	52.7	3	47.8	2	90.8	14
대구	60.1	5	56.0	5	93.1	6	36.7	35.4	96.4	54.1	1	50.7	1	93.7	6
인천	**48.3**	**15**	**44.7**	**14**	**92.6**	**9**	**41.7**	**39.5**	**94.5**	**47.0**	**7**	**43.6**	**7**	**92.9**	**11**
광주	54.0	11	51.8	6	96.1	4	31.0	30.0	96.6	46.8	8	45.0	4	96.2	5
대전	49.6	14	45.5	13	91.7	12	29.3	27.4	93.6	43.3	14	39.9	13	92.1	12
울산	56.2	8	47.1	12	83.8	16	26.6	25.6	96.4	46.4	9	40.0	12	86.2	16
세종	27.1	17	26.9	17	99.2	2	34.9	34.9	100.0	29.3	17	29.2	17	99.5	2
경기	46.2	16	42.6	15	92.3	10	35.1	34.5	98.3	43.6	13	40.7	11	93.4	9
강원	50.9	12	49.8	10	97.8	3	18.7	18.5	99.3	36.7	16	36.0	16	98.1	3
충북	58.9	6	51.3	7	87.2	15	26.7	24.9	93.4	44.7	11	39.7	14	88.8	15
충남	57.2	7	51.0	8	89.0	14	29.5	29.3	99.4	45.2	10	41.6	10	92.0	13
전북	61.1	3	56.7	4	92.8	7	30.2	28.9	95.8	47.2	6	44.2	6	93.7	7
전남	60.5	4	57.5	3	95.1	5	27.8	27.5	98.9	44.2	12	42.6	8	96.3	4
경북	64.6	1	59.0	1	91.3	13	27.8	27.3	98.3	47.9	5	44.6	5	93.1	10
경남	62.1	2	57.6	2	92.8	8	23.0	22.5	97.6	48.5	4	45.4	3	93.6	8
제주	49.8	13	49.6	11	99.5	1	30.8	30.7	99.9	42.0	15	41.8	9	99.6	1
전국	53.5		43.7		81.7		35.3	32.6	92.4	48.8		40.8		83.7	

우선 2019년말 현재 전체 금융기관 총대출금에서 기업대출금이 차지하는 비중은 48.8%다. 예금은행의 기업대출 비중이 53.5%로 비은행 금융기관의 기업대출 비중 35.3%보다 18.2%p가 높다. 아무래도 비은행 금융기관은 가계대출에 치중하기 때문에 기업대출의 비중이 작다.

기업대출 비중의 금융권간 격차가 인천에서는 상당히 완화되어 나타난다. 전 금융기관의 기업대출 비중은 47.0%이다. 예금은행의 기업대출 비중이 48.3%인 데 비해 비은행금융기관의 기업대출비중은 41.7%로 금융권간 격차가 6.6%p에 불과하다. 문제는 타 지역과 비교해서 인천의 기업대출 비중이 낮은 데 있다. 인천 기업대출의 80% 이상을 차지하고 있는 은행권의 기업대출비율은 전국 17개 시·도 중 15위로, 특히 8대 특·광역시에서는 소비금융의 비중이 높은 세종을 제외하면 가장 낮은 수준이다. 비은행 금융기관을 포함한 전 금융기관을 기준으로 하더라도 인천의 기업대출 비중은 전국 17개 시·도 중 7위에 위치하지만 인천의 기업대출비중 47.0%는 전국 평균 48.8%에 미치지 못하고 있다.

기업대출 중 중소기업대출 비중도 낮아

기업대출이 차지하는 비중이 낮은 편이니 금융기관의 총대출에서 차지하는 중소기업대출의 비중이 낮은 것은 자연스러울 수 있다. 문제는 기업대출 중 중소기업대출의 비중이 어느 정도를 차지하느냐다.

아쉽게도 인천은 크게 내세울 만할 대기업이 많지 않아 기업대출 중 중소기업 대출의 비중이 높을 것 같은데도 실제 기업대출 중 중소기업대출의 비중은 그리 높지 않다.

앞의 표에서 보는 것처럼 전국의 전체 금융기관의 총대출금 중 중소기업에 대한 대출은 40.8%이다. 인천은 43.6%로 17개 시·도 중 7위를 차지하고 있다. 중소기업 대출의 대부분을 취급하고 있는 예금은행의 경우 총대출 중 중소기업대출 비중이 44.7%로 14위의 낮은 순위를 보이고 있다. 대기업대출과 가계대출의 비중이 높은 서울, 경기도, 세종시를 빼면 가장 낮은 수준이다.

여기서 기업대출만 보면 중소기업의 대출 비중이 92.6%이다. 기업대출의 대부분을 중소기업에 지원한다는 말이다. 비율은 높아 보이지만 17개 시·도 중 9위로 낮은 편이다. 이렇게 인천의 기업대출 중 중소기업대출 비중의 순위가 낮은 것은 비은행 금융기관의 중소기업에 대한 대출이 워낙 순위가 낮은 데다 예금은행의 기업대출 중에서도 중소기업에 대한 대출이 92.6%로 전국 17대 시·도 중 9위에 머물고 있기 때문이다.

기업대출 비중은 점차 개선되어 가는 추세

인천의 기업대출 비중이 전국에 비해 낮은 수준인 가운데 그나마 다행인 것은 기업대출의 대부분을 차지하고 있는 예금은행의 기업대출 비중이 꾸준히 증가하고 있다는 것이다. 전국적으로는 기업대출 비중이 2014년 이후 감소 추세를 보이고 있는 반면, 인천은 2011년 이후 금융감독 당국이 가계대출에 대한 억제대책을 추진하면서 증가세를 이어가고 있다.

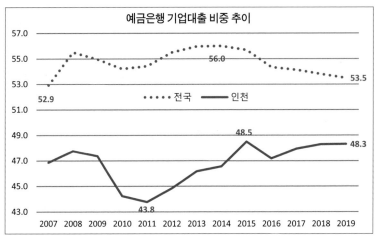

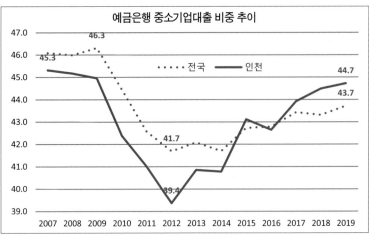

2019년 기준 인천 예금은행의 총대출금 중 기업에 대한 대출금의 비중은 48.3%로 전국의 53.5%에 비해 5.2%p의 격차를 나타내고 있다. 그러나 추이로 보면 인천의 기업대출 비중은 2011년 43.8%에서 그동안 지속적인 상승을 보였지만 전국적으로는 2014년 56.0%에서 계속 하락하고 있다. 전국과 인천의 기업대출 비중 격차가 2011년, 2012년 10.7%p에 달했던 점을 감안하면 격차가 절반 이하로 줄어든 셈이다. 이와 함께 인천의 총대출금 중 중소기업대출 비중이 증가하면서 2015년을 지나면서 전국수준을 오히려 상회하고 있는 것으로 나타나고 있다.

산업별로는 제조업에 지나치게 치중

기업에 대한 대출은 가능하면 기업의 생산 활동을 지원해 지역경제의 성장을 지원하는 것이 바람직하다. 따라서 기업대출은 가능한 한 생산성이 높은 산업이나 업종에 집중 지원되는 것이 지역의 성장을 보다 촉진하는 방안이 될 수 있다.

이런 점에서 참고할만한 자료가 지역의 총부가가치에서 차지하는 각 산업별 비중과 금융기관의 산업별 대출금 비중의 격차다. 이 격차가 작을수록 금융기관의 기업대출이 산업간 균형적인 성장을 지원하고 있다는 뜻이다. '선택과 집중'의 논리에 충실하자면 산업별로 총매출액 대비 총부가가치의 비율, 즉 '부가가치율'을 비교해 이 비율이 높은 업종에 집중적으로 지원하는 것이 바람직하다고 할 수 있다.

우선, 부가가치와 대출금의 산업별 비중을 비교하면 인천은 제조업에 특히 집중되는 모습을 보이고 있다. 다음의 표에서 보는 것처럼 2017년을 기준으로 인천 제조업의 부가가치 비중은 28%지만 대출금비중은 48.7%에 달하고 있다[02]. 전국의 예금은행이 제조업에 대해 산업비중보다 7.4%를 초과해 지원하고 있는 데 비해 인천은 20.7%를 초과하여 지원하고 있다. 금융기관의 대출이 신용대출보다는 산업시설 등을 담보로 하는 담보대출 관행에 주로 의존하고 있는 것도 이를 설명하는 중요한 이유이다. 인천 제조업의 부가가치율이 26.6%로 전국에 비해서도 낮고, 다른 산업에 비해서도 낮지만, 인천에서의 금융기관 지원은 제조업에 과도하게 집중되고 있다. 도소매업과 부동산업에서도 비슷한 현상이 나타나고 있다.

이에 비해 서비스업의 경우는 부가가치율이 높지만, 금융기관의 기업대출지원이 산업 비중에 크게 모자라는 실정이다. 특히, 서비스업 중에서도 생산자 지원 서비스업에 해당하는 사업서비스업이나 교육, 문화서비스업에 대한 지원이 부족하다. 단순히 보기에는 산업 비중과 대출금 비중의 격차가 크지 않다고 생각할 수 있다. 그러나 인천의 사업서비스업의 경우 산업 비중이 6.8%로 건설업보다도 높은 수준이며 도소매업과 큰 차이가 없는 비중을 보이고 있음에도 불구하고 금융지원 비중은 0.5%에 불과한 실정이다. 교육서비스

---

02 부가가치율을 계산하기 위한 통계청의 지역내총부가가치 및 요소소득 자료는 2017 년까지만 공표되어 있다. 이에 따라 예금은행 대출 자료도 2017년말을 기준으로 하여 비교하였다.

업은 5.1%로 인천의 주요한 산업시설인 전기·가스·수도업 4.6%보다 큰 비중을 차지하고 있지만, 기업대출금에서 차지하는 비중은 1.1%에 불과한 형편이다.

■ 전국과 인천의 산업별 부가가치와 대출금 비중 비교

(2017년, %, %p)

	총부가가치(A)		대출금(B)		B-A		부가가치율	
	전국	인천	전국	인천	전국	인천	전국	인천
농림어업	2.0	0.3	2.5	0.7	0.4	0.3	55.1	50.1
광업	0.2	0.2	0.1	0.1	0.0	-0.1	48.9	52.0
제조업	**29.4**	**28.0**	**36.8**	**48.7**	**7.4**	**20.7**	**28.0**	**26.6**
전기가스수도	1.7	4.6	2.0	2.3	0.2	-2.3	32.6	32.0
건설업	6.0	6.4	3.2	2.3	-2.7	-4.2	38.9	38.7
도매 및 소매업	8.0	7.1	12.5	12.4	4.4	5.4	52.0	52.7
운수 및 창고업	3.4	11.1	2.9	2.6	-0.4	-8.5	39.1	36.4
숙박 및 음식점업	2.5	2.5	4.3	3.1	1.8	0.6	30.5	30.2
정보통신업	4.7	1.7	2.9	1.0	-1.8	-0.8	53.6	47.0
금융 및 보험업	5.8	4.2	3.9	0.3	-1.9	-3.9	57.3	57.4
부동산업	**7.9**	**8.2**	**19.5**	**16.7**	**11.6**	**8.5**	**71.7**	**72.7**
사업서비스업	9.4	6.8	1.0	0.5	-8.4	-6.4	54.6	61.5
공공행정사회보장	6.4	6.1	3.5	4.9	-2.9	-1.2	73.3	72.1
교육서비스업	5.2	5.1	0.8	1.1	-4.4	-4.0	67.8	68.5
보건복지	4.5	4.6	2.8	2.5	-1.7	-2.1	52.5	54.2
문화서비스	3.0	3.2	1.3	0.9	-1.6	-2.3	45.7	44.4
계	100.0	100.0	100.0	100.0	0.0	0.0	41.6	39.4

이러한 생산자지원서비스업에 대한 지원 부족은 금융지원 자체의 효율성을 약화시킬 뿐 아니라 서비스업의 다른 산업 지원까지도

약하게 만들어 다시 산업 전반의 효율성과 생산성을 하락시키는 악순환을 가져올 수 있다. 산업간 균형성장을 지원하기 위한 개선이 필요한 상황이다.

자금 용도별로는 시설자금 비중이 높아

금융기관의 대출금을 용도별로 나누면 크게 시설자금과 운전자금으로 구분할 수 있다. 운전자금은 재고상품이나 인건비, 관리비 등 운영비의 조달을 위한 것이며, 시설자금은 건축물을 포함해 산업설비나 소프트웨어 등 지식재산생산물에 대한 투자를 위한 것이다. 즉, 운전자금은 차주의 비용으로 소모되는 한편 시설자금은 대부분 고정자본형성에 기여한다. 따라서 경제의 장기성장 또는 성장 잠재력의 확충을 위해서는 시설자금 투자 확대가 중요하다.

시설자금은 자금지원의 대상이 되는 시설물을 담보로 돈을 빌려주는 경우가 많기 때문에 운전자금 등 별도로 담보를 제공하여야 하거나 담보가 부족한 경우가 많은 다른 대출 등에 비해 대출이 쉬운 특성을 갖고 있기도 하다.

그런 점에서 인천의 시설자금 대출은 대단히 바람직한 모습이다. 인천 기업대출의 대부분을 차지하는 중소기업대출 중 시설자금 대출은 2019년말 현재 55.8%로 전국의 51.1%를 웃돌면서 전국 17개 시·도 중 2위를 차지하고 있다. 인천의 시설자금 지원이 다른 지역에 비해 상대적으로 높은 수준임을 보여주고 있다.

■ 시·도별 예금은행 시설자금 대출비중

(조원, %, 등)

	총대출금				중소기업대출			
		시설자금	비중			시설자금	비중	
서울	641.6	187.8	29.3	3	231.6	127.2	54.9	3
부산	120.1	31.7	26.4	9	59.9	29.5	49.2	6
대구	80.1	24.0	29.9	2	44.8	21.7	48.5	7
인천	**92.2**	**24.8**	**26.9**	**7**	**41.2**	**23.0**	**55.8**	**2**
광주	36.9	9.3	25.1	10	19.1	8.8	46.1	10
대전	35.3	8.5	24.1	14	16.1	7.8	48.4	8
울산	28.5	7.7	27.0	6	13.4	6.5	48.2	9
세종	8.8	1.6	18.5	17	2.4	1.6	66.2	1
경기	376.5	92.2	24.5	13	160.6	85.7	53.4	4
강원	21.0	4.4	20.8	15	10.4	4.2	40.1	16
충북	26.4	6.6	25.0	11	13.5	5.6	41.1	15
충남	37.4	9.2	24.7	12	19.0	8.1	42.7	13
전북	30.5	9.8	32.2	1	17.3	8.8	50.9	5
전남	23.8	6.5	27.4	5	13.7	6.2	45.0	11
경북	43.1	11.5	26.8	8	25.4	10.7	42.0	14
경남	78.2	22.0	28.1	4	45.1	20.3	45.0	12
제주	18.3	3.7	20.1	16	9.1	3.6	39.7	17
전국	**1,698.6**	**461.4**	**27.2**		**742.7**	**379.3**	**51.1**	

성장성에 비해 안정성과 수익성이 낮은 인천 기업성과

기업의 경영성과를 보는 기준은 여러 가지가 있다. 매년
각 지역의 기업성과를 분석하는 한국은행은 기업경영분석으로 성장

성, 수익성, 안정성을 보여주는 9가지 지표를 대표적인 기준으로 삼는다.

성장성에서는 기업이 얼마나 커졌는지를 알기 위해 매출액[03]과 총자산[04] 및 유형자산 증가율[05]을 비교한다. 기업이 얼마나 버는지를 알기 위해서는 수익성 지표로서 매출액 영업이익률[06]과 세전 수익률[07], 그리고 이자보상비율[08]을 살펴본다. 마지막으로 빚이 얼마나 부담이 되는지를 알기 위한 안정성 지표로 부채비율[09], 차입금의존도[10] 및 자

---

03 매출액증가율은 금년의 매출액을 전년의 매출액으로 나누어 매출액이 얼마나 증가 또는 감소했는지를 나타내는 비율이다. 수익 등을 따지기 전에 우선 손익계산서상 총매출에 의한 외형이 얼마나 커졌는지를 측정하는 지표이다.

04 총자산증가율도 금년말의 총자산을 전년말의 총자산 잔액으로 나눈 비율로 대차대조표상의 총자산을 기준으로 이 역시 외형이 얼마나 커졌는지를 살펴보는 지표이다.

05 토지, 건물 등 부동산과 기계장치 등의 설비를 모두 더한 유형자산에 대한 투자가 얼마나 이루어졌는지를 살펴보기 위한 지표이다. 금년말의 유형자산 잔액을 전년말 유형자산 잔액으로 나누어 산출하며 주로 기업의 설비투자 동향이나 성장잠재력을 나타내는 지표로 쓰인다.

06 기업의 영업활동에 의한 성과를 나타내는 지표로서 영업의 효율성 측정을 위하여 제조나 판매활동에 의한 순수 영업이익만을 구하여 이를 매출액으로 나누어 계산한다.

07 판매나 제조 등 기업의 주된 영업활동 뿐만 아니라 자금운용에 따른 수익 등 재무활동에서 발생한 경영성과를 모두 더한 세전이익을 매출액으로 나누어 구하며, 기업의 경영성과를 총괄적으로 나타내는 대표적 지표이다.

08 영업이익이 이자비용의 몇 배나 되는지를 계산한 지표이다. 자금을 차입한 후 갚아야 하는 이자비용의 지급에 필요한 수익의 창출능력을 측정하는 지표이다.

09 자기가 조달한 돈(자기자본)의 몇 배를 남에게서 빌렸는지(타인자본)를 계산한 비율이다. 부채를 자기자본으로 나누어 계산하며 빌린 돈의 몇 배가 내 돈인지를 계산하는 자기자본 비율과 역의 관계에 있다. 이 비율이 낮을수록 안정성이 높다.

10 총자본 중 밖에서 빌려온 돈이 얼마나 되는지를 계산하는 비율이다. 장단기차입금과 회사채금액을 더한 다음 총자본으로 나누어 구한다. 남의 돈에는 이자비용 등을

기자본비율[11]을 짚어본다.

인천지역의 기업은 앞에서 살펴본 것처럼 경기가 좋을 때는 뒤늦게 경기가 좋아지는 후행성은 있으나 전국 평균보다 비교적 활동이 활발하다. 이에 따라 성장성 지표가 비교적 높게 나타나게 된다.

■ 인천과 전국의 전산업 경영비율 비교

(%, %p)

		전국(A)			인천(B)			격차(B-A)		
		2016	2017	2018	2016	2017	2018	2016	2017	2018
성장성	매출액증가율	2.57	9.19	3.99	2.53	9.50	3.73	-0.04	0.31	-0.26
	총자산증가율	6.28	7.59	5.83	6.03	7.25	3.14	-0.25	-0.34	-2.69
	유형자산증가율	4.42	6.65	5.42	5.06	5.58	0.90	0.64	-1.07	-4.52
수익성	매출액영업이익률	5.42	6.11	5.64	5.42	5.43	4.31	0.00	-0.68	-1.33
	매출액세전순이익률	4.93	6.08	5.32	4.55	4.46	3.60	-0.38	-1.62	-1.72
	이자보상비율	442.05	537.36	470.86	344.62	329.44	269.05	-97.43	-207.92	-201.81
안정성	부채비율	121.15	114.07	111.12	143.89	140.04	119.00	22.74	25.97	7.88
	차입금의존도	29.80	28.84	28.82	35.81	35.68	33.54	6.01	6.84	4.72
	자기자본비율	45.22	46.71	47.37	41.00	41.66	45.66	-4.22	-5.05	-1.71

2016년, 2017년에는 전국경기가 완만하게 정점을 향해 올라가는 기간이었고 2018년에는 다시 경기가 하강하는 시점이었다. 이에 따라 인천의 기업 활동도 2016년과 2017년 성장성 면에서 일부 호조세를 보였다. 위의 표에서 보듯이 매출액증가율이나 유형자산증가율

지급하여야 하므로 이 비율이 낮을수록 수익성도 좋아지고 안정성도 높아진다.

11 총자본 중에 자기자본이 얼마나 되는지를 나타낸 비율이다. 자기자본에 대하여는 금융비용을 부담하지 않으므로 이 비율은 높을수록 수익성과 안정성이 좋아진다.

이 전국과 비슷하거나 오히려 높았다[12]. 그러나 2018년에 들어서는 전국 경기가 하강하면서 다시 전국과의 격차가 확대되는 모습을 보이고 있다.

수익성에서는 인천 기업이 대체로 차입의존이 커 전국 평균에 비해 낮게 나타나고 있다. 외부차입이 많으면 그만큼 영업이익에 비해 이자지급비용이 커 이자보상비율이 낮게 나타난다. 영업활동뿐만 아니라 재무면의 성과를 함께 평가하는 매출액 세전 순이익률도 전국 평균에 비해 낮게 나타난다. 외부자금 차입에 따른 부채가 많아 안정성에서도 전국에 비해 크게 낮은 것으로 나타난다. 외부자금 의존이 큰 인천의 기업 경영분석에서 나타나는 특징이다.

인천의 제조업과 비제조업의 기업경영비율을 전국과 비교하면 이러한 현상이 더욱 극명하게 나타난다.

인천의 제조업은 성장성 면에서도 전체 기업보다 유형자산 증가율 격차가 크게 벌어지고, 수익성, 안정성 면에서도 크게 악화되고 있다. 다음의 표에서 보면 제조업경영지표가 전국에 비해 양호한 모습을 보인 것은 2016년 매출액증가율이 유일하다. 대부분의 경영지표가 경기에 관계없이 전국에 비해 낮게 나타나는 것은 산업구조 운용 차원에서도 전반적인 재고가 필요함을 보여 주는 것이다.

---

12 표에서 전국과의 격차가 붉은 색으로 표시된 것이 전국보다 경영지표가 나쁘거나 악화되어 있는 부분이다.

(%, %p)

		전국(A)			인천(B)			격차(B-A)		
		2016	2017	2018	2016	2017	2018	2016	2017	2018
성장성	매출액증가율	-0.55	9.01	4	-0.41	8.75	1.99	0.14	-0.26	-2.01
	총자산증가율	5.07	6.49	5.13	5.05	2.48	1.30	-0.02	-4.01	-3.83
	유형자산증가율	4.44	7.12	5.02	1.87	1.90	0.54	-2.57	-5.22	-4.48
수익성	매출액영업이익률	5.99	7.59	7.28	4.49	4.25	3.41	-1.50	-3.34	-3.87
	매출액세전순이익률	6.14	7.94	7.32	3.94	3.54	2.73	-2.20	-4.40	-4.59
	이자보상비율	640.83	914.29	848.28	326.54	346.08	273.56	-314.29	-568.21	-574.72
안정성	부채비율	80.20	76.99	73.55	124.30	121.07	94.43	44.10	44.08	20.88
	차입금의존도	23.69	22.68	22.28	33.65	32.48	28.75	9.96	9.80	6.47
	자기자본비율	55.49	56.50	57.62	44.58	45.23	51.43	-10.91	-11.27	-6.19

　　인천의 제조업이 경영지표 면에서 전국에 비해 열악한 모습을 보이는 데 비해 서비스업 등 비제조업의 경우는 아래의 표에서 보듯이 안정성 면을 제외하면 그런대로 경쟁력을 유지하고 있는 것으로 나타나고 있다. 다만, 비제조업의 경우도 외부차입의존이 과도하여 부채비율이나 자기자본비율만 낮은 것이 아니라 이자보상비율도 전국에 비해 낮아 수익성에도 일부 영향을 미치고 있음을 보여준다.

■ 인천과 전국의 비제조업 경영비율 비교

(%, %p)

		전국(A)			인천(B)			격차(B-A)		
		2016	2017	2018	2016	2017	2018	2016	2017	2018
성 장 성	매출액증가율	5.34	9.34	3.98	7.27	10.66	6.42	1.93	1.32	2.44
	총자산증가율	7.19	8.39	6.33	7.39	13.81	5.47	0.20	5.42	-0.86
	유형자산증가율	4.40	6.26	5.76	11.52	12.20	1.51	7.12	5.94	-4.25
수 익 성	매출액영업이익률	4.94	4.87	4.26	6.81	7.24	5.64	1.87	2.37	1.38
	매출액세전순이익률	3.92	4.52	3.63	5.46	5.88	4.88	1.54	1.36	1.25
	이자보상비율	335.92	348.88	286.79	364.55	315.82	265.13	28.63	-33.06	-21.66
안 정 성	부채비율	165.17	151.69	149.19	176.80	168.53	158.39	11.63	16.84	9.20
	차입금의존도	34.26	33.23	33.43	38.75	39.63	39.32	4.49	6.40	5.89
	자기자본비율	37.71	39.73	40.13	36.13	37.24	38.70	-1.58	-2.49	-1.43

그럼에도 불구하고 인천의 대출금은 제조업에 치우치고 있다. 결국, 경기가 크게 좋아져 영업환경이 큰 폭으로 개선되지 않는 한 외부자금 의존을 줄이기 위한 적극적 구조조정 노력이 필요하다는 것을 보여주고 있다.

앞의 글을 통해 인천경제를 세 편으로 나누어 살펴보았다. 상품, 사람, 돈에 관한 얘기를 각각 한 편씩 정리했다. 각 편의 장별로 세분화하여 다시 하나씩의 주제를 정하여 다루었다. 각 주제별로 무엇이 왜 인천경제의 문제이며, 적어도 어떤 특징을 가지고 있는지, 가능하다면 그 문제는 무엇을 위해 어떻게 해결해야 하는지 또는 어떤 방향으로 처리하는 것이 바람직한지를 말하고 싶었다. 이제 지금까지 살펴본 것을 편과 장으로 요약해본다.

제1편 인천의 실물경제

제1편에서는 가급적 경제흐름의 순서에 따라 인천의 실물경제를 정리하고자 했다. 산출액과 부가가치를 통해 인천의 생산성을 살펴보고 그 결과 창출된 지역내총생산을 통해 인천의 산업구조를 짚어보았다. 역외소득과 이전소득을 추가해 인천의 소득과 분배구조를 알아보았다. 이어 지역내총생산에 대한 지출구조를 통해 인천의 소비와 투자

의 행태와 구조를 파악하였다. 여기에 인천 지역내총생산의 동태적 분석에 해당하는 경기변동을 첨가하였다. 마지막에는 인천의 거시경제흐름을 한 눈에 파악할 수 있도록 위의 내용을 하나의 표로 묶어 보았다.

제1장 생산구조 및 생산성

제1장에서 다루고자 한 것은 생산성이 낮은 인천의 생산구조 문제이다. 다른 지역과 산출액이 같더라도 인천은 상대적으로 중간투입이 많고 부가가치가 작다. 다른 지역에 비해 인천의 부가가치율이 낮다. 2018년 부가가치율이 전국 평균은 41.6%인데 인천은 39.4%이다. 경쟁도시인 서울의 49.7%나 부산의 43.8%, 대구의 45.3%에 비해 너무 낮다. 정책적으로 같은 규모의 산출지원을 하더라도 인천에서는 그 지원효과가 떨어질 수 있다는 뜻이 된다.

산출액에 비해 너무 높은 중간투입비중은 다른 지역에 비해 외국산 원자재에 크게 의존하는데다 국내산 원재료마저도 외지 의존이 심하고 산출물의 상당부분이 중간재이기 때문이다.

낮은 생산성을 갖는 인천의 생산구조를 개선하기 위해서는 원재료 조달의 지역내 전환이 필요하다. 이를 위해서는 지방정부와 기업 등 인천 경제주체의 의도적인 노력이 절실하다. 제품의 완성도를 제고하여 최종소비재에 가까운 제품생산을 확대함으로써 부가가치의 역외 누출을 억제하여야한다. 아울러 서비스산업의 고부가가치화를 추구하고, 제조업 생산에 투입되는 서비스 자원의 비중을 높이는 것이 바람직하

다. 동시에 외국산 소재부품의 국산화와 국산 원자재의 지역 내 조달
비중 제고를 위한 노력이 요구된다.

제2장 인천의 지역내총생산

제2장에서는 전국인구 대비 인천인구의 비중은 늘어나는데 지역내
총생산의 전국 대비 인천비중이 줄어들고 있는 것을 문제로 지적하고
자 하였다. 인천의 인구비중은 느는데 경제비중은 줄어서 문제라는 것
이다.

인천이 직할시로 승격된 이듬해인 1992년 전국인구의 4.6%이던
인천인구가 2018년에는 5.7%로 상승하였다. 하지만 같은 기간 인천의
지역내총생산은 전국의 5.1%에서 4.7%로 떨어졌다. 인구비중이 느는
데 지역내총생산비중이 떨어진 것은 인천 인구 1인당 지역내총생산이
떨어진 때문이다. 다시 말해 인천의 1인당 생산성이 하락한 것이다. 인
천 지역경제의 문제를 가장 압축하여 드러내는 상징적 문제점이기도
하다.

겉보기에는 노동생산성 문제로 보이지만 이하의 장에서 제기하고
있는 인천의 실물경제 전반의 문제가 사실상 모두가 이 문제에 긴밀히
연결되어 있다. 이하 각 장을 통해 해결방안을 모색해 보았다. 그나마
다행인 것은 주요 경쟁 시·도에 비해서는 지역내총생산의 전국 대비
인천비중이 그나마 크게 떨어지지 않고 어느 정도 유지하고 있다는 점
이다.

제3장 인천의 산업구조

제3장에서는 인천의 산업구조 변화에 따른 문제점과 과제를 다루었다.

산업구조로만 보면 인천은 이제 더 이상 제조업 도시라고하기 어렵다. 2018년 인천의 제조업 비중이 27.6%로 전국 평균 29.1%에도 미달할 뿐 아니라 서비스업의 비중이 63.0%에 달하니 서비스업 도시라고 하는 것이 오히려 합당하다. 그래도 8대 특·광역시에서는 울산을 제외하면 제조업 비중이 가장 높으니 제조업 중심 도시임은 분명하다.

인천의 산업구조 변화의 주요특징을 보면 제조업비중이 크게 줄어든 대신 전기·가스업과 함께 운수·창고업 등 서비스업의 비중이 증가하면서 전체적으로 경제가 서비스화 되었다는 점이다. 우선, 인천의 제조업 비중이 1988년 전 산업의 47.0%에서 2018년 27.6%로 줄었다. 수도권에 전력을 공급하기 위한 발전소로 인해 전기·가스업의 비중은 2003년 인천 전 산업의 2.3%에서 2015년 6.2%로 늘었다. 인천공항 개항으로 운수·창고업 비중은 1997년 4.9%에서 2018년에는 10.4%로 급격히 커졌다. 이에 따라 인천의 서비스업 비중은 2018년 63.0%에 달하고 있다.

1960년대부터 1980년 초 인천의 제조업 성장과 함께 1982년 수도권정비계획법이 제정되었다. 이후 수도권정비계획법이 인천의 성장과 발전에 지속적인 제약요인으로 작용하는 가운데, 급격한 산업구조의 변화와 지역경제의 양극화 확대는 인천의 경기변동성을 증대시키는 한편 경기대응력을 약화시키는 부작용을 낳고 있다.

인천의 산업구조 변화는 동시에 산업구조 고도화를 통하여 수도권

서부의 지역중심 첨단산업도시로 재도약해야하는 과제를 안겨 주었다. 이를 위해서는 경제의 서비스화를 고려한 제조자 지원서비스의 확대, 저출산 지속에 대응한 노동생산성 증대, 고령화를 감안한 노령인구 지지산업 육성과 함께 신·구도심간 경제력 격차의 해소를 추진해나갈 것이 요구되고 있다.

특히, 산업구조 고도화를 위해서는 부가가치율과 요소소득비율을 감안한 지역차원에서의 고부가가치 산업, 수익성 및 안정성 등을 고려한 기업차원의 성장산업과 함께, 기존 산업정책의 결과인 산업별 입지계수 등을 감안한 차세대 산업을 선정하고 집중 육성할 필요가 있다. 아울러 단계적 산업구조 개선방안 마련과 지역내 거버넌스의 구성, 그리고 이를 통한 충분한 협의가 필요한 실정이다.

제4장 인천의 소득 및 분배구조

제4장에서는 인천의 소득구조와 분배구조를 다루었다.

우선, 소득구조의 파악을 위해 인천의 지역총소득과 총처분가능소득을 타 시·도와 비교하였다. 인천근로자의 25%정도가 외지에 취업하여 벌어온 돈이 인천근로자의 13% 정도에 해당하는 외지인이 인천에서 벌어간 금액과 별 차이가 없다. 2018년 인천의 지역외순수취본원소득이 3조원을 넘지 못하여 울산을 제외하면 특·광역시중 가장 작은 수준이다. 이에 따라 인천의 지역내총생산에 외지에서 벌어들인 지역외순수취본원소득을 더한 지역총소득이 만족스럽지 못하다. 인천 경제의 주변지역 종속과 이에 따른 소득의 역외유출, 인천근로자의 낮은 생산성이 근본적 원인이다.

지역총소득에 경상세, 사회수혜금 등 순수취경상이전소득을 더한 것이 지역의 총처분가능소득이다. 2018년 인천의 순수취경상이전소득 역시 1조원을 넘지 못하여 전국 17개 시·도중 서울, 경기와 울산을 제외하면 가장 낮은 수준이다. 도움을 주는 인천시가 바람직한지, 도움을 받는 인천시가 바람직한지에 대하여는 논란의 여지가 있겠으나 인천의 1인당 개인소득 수준을 감안하면 인천의 순수취경상이전소득은 너무 낮은 수준이다. 이의 해결은 결국 중앙정부의 인천에 대한 교부금 증대에 의존할 수밖에 없다.

아울러, 인천의 분배구조는 지역총소득을 누가(제도별) 무슨 명목(소득계정별)으로 받아갔느냐를 따진 것이다. 분배구조의 특징을 보면 인천의 경우 타 지역에 비해 근로자의 비중이 높아 피용자보수 비중이 높다. 또한 공장 등의 제조업, 발전소 등의 전기·가스업 및 공항과 항만 등 운송업의 비중이 커 대규모 장치·시설의 감가상각에 해당하는 고정자본소모의 비중이 큰 편이다. 한편, 대기업 비중이 크지 않아 인천의 영업잉여가 경쟁시도에 비해 비중이 작다. 아울러, 자금조달의 외지의존이 높은 데다 지방은행이 없어 차입금에 대한 이자지급이 보유자금 운용수익을 상회하는 탓에 늘 순재산소득이 마이너스를 나타내는 특성을 보이고 있나.

제5장 인천의 지출구조

제5장에서는 인천의 지역총생산을 어떻게 처분하는지, 즉 지역내 총생산에 대한 지출구조를 다루었다. 지출은 크게 소비, 투자 및 이출입으로 구분할 것이나 이출입은 소비와 투자지출의 결과 나타나는 지역내총생산의 과부족에 해당하므로 분석은 소비와 투자에 대해 집중하되 이들이 인천 경제에서 차지하는 중요도가 높은 점을 감안하여 각각을 별도의 장으로 나누어 주요 특징과 원인을 살펴보았다.

제5-1장 인천의 지출구조 : 소비구조

인천 소비의 특징은 첫째, 소비자체가 작다는 것이다. 우선 지역내 총생산에서 차지하는 민간소비의 비중이 8대 특·광역시중 5위이다. 이유는 인천의 투자(총자본형성)의 비중이 워낙 높기 때문이다. 제조업 비중이 높은데다 전기·가스업과 운송업의 비중이 높아 이들 부문의 투자로 소비의 여력이 줄어든 때문이기도 하다. 둘째, 정부소비의 비중도 작은 편이다. 전국 17개 시·도중 13위다. 1인당 정부소비규모는 전국 평균의 88% 수준이다. 인천의 정부소비는 인천시의 예산규모에 비례하며, 예산규모를 결정하는 가장 큰 요소는 중앙정부의 교부금이라는 점을 감안하면 결국 인천의 작은 정부소비는 중앙정부의 지원이 적은데 주로 기인한다. 셋째, 민간소비의 대부분을 차지하는 가계소비를 보면 타 시·도에 비해 교통비 등 이동과 관련된 소비가 교육비 등 안정된 가계의 주된 소비에 비해 많다는 점이다. 그만큼 이사가 잦고 출퇴근 거리가 먼 인천 가계가 겪는 소비의 불안정성을 보여준다. 넷째, 인천시민의 외지소비 비율이 전국에서 가장 높다는 점이다. 반면, 외지인의 소비유입은 전국 평균수준에도 미치지 못해 지역소득이 외지 소비로 유출되면서 지역경제의 선순환을 저해하는 요인이 되고 있다.

제5-2장 인천의 지출구조 : 투자구조

같은 지출이지만 소비가 현재를 위한 것이라면 투자는 미래를 위한 것이다. 이에 따라 투자는 지역경제의 잠재성장력을 키우는 역할을 하게 된다. 또한 소비의 비중이 크면 그만큼 투자의 비중이 작게 된다. 인천은 투자비중이 비교적 높은 편이다. 전국 17개 시·도중 11위로 순위는 낮은 편이나 2018년중 33.4%로 전국평균 31.7%에 비해 높다. 특히, 소비비중이 높은 특·광역시 중에서는 공업도시 울산과 새로이 건설 중인 세종시를 제외하면 가장 높다. 투자는 건설투자, 설비투자 및 지식재산생산물투자로 나누어지는데 인천 투자의 내막을 보면 아쉬움이 남는다. 첫째, 산업생산을 위한 비주거용이나 토목 투자보다는 아파트 등의 주거용 투자비중이 높다는 점이다. 둘째, 설비투자에 있어서는 공항·항만의 항공기나 선박 등 운송장비에 대한 투자가 큰 부분을 차지하여 실제 제조업이나 첨단서비스업의 산업현장에서 사용되는 기계류에 대한 투자비중이 상대적으로 낮다는 점이다. 이에 따라 근로자의 자본장비율이 낮아져 결국 근로자의 노동생산성 증가를 제약하는 주요한 원인이 되고 있다. 셋째, 지식재산생산물투자가 미흡하다는 점이다. 지식재산생산물투자는 특히 날로 가속화하는 경제의 서비스화, 제조업의 서비스화, 제품의 서비스화를 뒷받침하기 위해서도 가장 중요한 투자분야이다. 하지만 2000년대 이후 인천의 지식재산생산물투자비중이 낮을 뿐만 아니라 전국 평균과의 격차도 오히려 커지도 있어 우려가 확대되고 있다.

제6장 인천의 1인당 경제지표

제6장에서는 타 시·도의 주민들과 비교해 인천의 시민들의 1인당 생산과 소득 수준이 어느 정도인지를 살펴보았다. 경제적인 면에서 지역이 잘 산다는 것과 지역사람들이 잘사는 것은 별개 문제이다. 그런 점에서 보면 '인천'은 타 시·도에 비해 잘 사는 편이라고 하겠지만 1인당 생산이나 소득을 기준으로 보면 '인천시민'이 타 시·도의 주민들에 비해 잘 산다고 하기는 어렵다.

지역내총생산, 지역총소득 또는 총처분가능소득을 기준으로 하면 인천은 전국 17개 시·도 중 6~7위에 해당하고 8대 특·광역시 중에는 2~3위에 해당한다. 이에 비해 1인당 지역내총생산, 지역총소득이나 총처분가능소득은 전국 시·도의 9~12위, 특·광역시의 4~7위에 해당한다. 더구나 개인의 경제생활과 밀접한 1인당 개인소득, 1인당 민간소비나 이들 둘의 비율인 개인소득·소비 환류율(민간소비/개인소비)을 기준으로 하면 전국 시도의 8~12위, 특·광역시의 6~7위에 해당한다. 특·광역시를 기준으로 하면 인천의 1인당 지표는 거의 최하위 수준인 셈이다. 한마디로 '인천'은 그런대로 잘 사는 편인데 '인천시민'은 전혀 그렇지 못하다.

생산 면에서는 기본적으로 지역의 생산성 증가가 인구 증가를 따라가지 못한 때문이다. 소득 면에서는 1인당 생산성이 낮아 개인의 피용자보수가 낮은데다, 개인부문의 영업이익이 작고, 평균적으로 부채가 많아 재산소득 역시 전국에서 가장 낮은데 따른 것이다. 소비 면에서는 소득이 작은데다 지출 중 주택부문에 대한 투자비중이 상대적으로 높아 이 역시 소비여력을 위축시키는 요인으로 작용한 결과이다.

제7장 인천의 경기변동

제7장에서는 인천 경기변동의 특성과 원인을 살피고자 하였다. 일반적으로 경기변동은 국가적 차원의 문제로 치부하여 지역경제에서는 제대로 다루지 않는 경향이 있다. 그러나 실제에 있어서는 지역경제의 특성에 따라 지역의 경기변동이 전국의 경기변동과 상이한 경우가 많다. 따라서 지역의 기업이나 가계 등 민간 경제주체들의 입장에서도 지역의 경기변동에 능동적으로 대비하기 위해 지역의 경기변동에 대한 이해를 높일 필요가 있다. 특히 우리나라도 이제 지방자치제가 실시된 지 30년에 달하여 지방정부 차원에서의 적극적인 경기대응이 요구되고 있는 것도 주목해야할 대목이다.

인천 경기변동의 특징은 첫째, 변동 폭이 커서 불안정성이 높다는 것이다. 즉 전국에 비해 경기상승기에는 상승 폭이 높고 경기하강기에는 하강 폭이 더 커 전체적으로 경기의 불안정성을 키우고 있다. 둘째, 인천은 경기변동의 변동성과 불가측성이 높다. 경기는 확장, 후퇴, 수축, 회복의 과정을 거치는데 인천의 경우 전국에 비해 더 큰 등락을 보일 뿐 아니라 움직임도 불규칙하여 변동을 예상하기가 어렵다. 셋째, 인천의 경기를 보면 하강기에는 선행하는 반면, 확장기에는 후행하면서 확장국면이 짧은 특징을 보인다. 즉 하강기에는 3~8개월 정도 선행하면서 상승기에는 뒤늦게 급격히 상승하여 확장국면이 짧다는 것이다.

이러한 원인은 우선, 다른 지역에 비해 급격한 산업구조의 변화로 인천의 제조업 비중이 축소되면서 운수업 등 서비스업 비중이 크게 상승하여 경기의 민감도가 커지고 이에 따라 경기의 등락폭이 커진데 따른 것이다. 아울러 하청주문에 의한 중간재 생산비중이 높아 수요처의 경기하강 예상만으로도 실제수요가 감소함에 따라 경기선행성을 높이는데다, 경기 상승 시에는 재고소진 이후 주문이 이어짐에 따라 상승의 후행성을 키우는 한편 상승기간을 단축시키는 때문이다.

제8장 인천의 실물경제 종합

제8장에서는 인천 지역경제의 거시적 흐름을 금액과 비중기준으로 각각 하나의 표로 요약하였다. 생산, 산업, 지출, 배분 및 소득으로 나누어 간단하게 정리하였다. 먼저 산출액에서 차지하는 중간투입과 총부가가치를 통해 인천의 생산성 또는 생산구조를 알 수 있게 하였다. 산업구조는 총생산에서 순생산수입세를 제외한 총부가가치에서 각 산

업이 차지하는 비중을 통해 파악하도록 하였다. 지역내 총생산에 대한 지출을 통해 인천의 지출구조 또는 사전적 의미의 수요구조를 간략하게 보여주었다. 이에 지역외순수취본원소득을 더한 지역총본원소득이 소득계정별로 어떻게 배분되는지, 다시 지역총본원소득에 순수취경상이전소득을 더해 총처분가능소득이 어떻게 형성되었는지를 각각 정리하였다. 2017년과 2018년 계수를 포함하여 연간 증가를 어림할 수 있도록 하였다.

제2편 인천의 일자리경제

제1편에서는 인천의 실물경제를 통해 상품시장을 다루었다. 이어 제2편에서는 사람이 일하는 노동시장으로서 인천의 일자리경제를 점검하였다. 즉 사람과 일자리의 문제를 짚어 보았다. 사람은 인구구조의 문제이고, 일자리는 고용구조의 문제이다. 인구와 고용문제를 차례로 살펴 본 후 마저 풀어야 할 과제가 1인당 소득이다. 인천의 경제문제를 한마디로 요약하면 사람이 느는데 비해 경제는 덜 늘어나 1인당 소득이 바라는 대로 늘지 않기 때문이다.

제9장 인천의 인구구조

제9장에서는 인천 인구구조의 변화와 이에 따른 경제적 영향을 살펴보았다.

우선, 인천의 인구는 전국 평균에 비해 상대적으로 젊은 편이다. 저출산-고령화 속에서도 20세 이상 55세미만의 인구비중이 전국 평균에 비해 높기 때문이다. 즉 경제적인 면에서 한참 일할 연령층의 인구가 많으므로 인구 구성면에서는 유리한 편이다.

그러나 다음과 같은 점에서는 우려를 감추기 어렵다. 첫째, 인천의 인구가 줄어들기 시작했다. 통계청은 2030년 중반에 이르기까지 인천인구가 계속 증가하는 것으로 추계하고 있다. 그러나 실제 인구 변화를 보면 받아들이기 어렵다. 전입자 수에서 전출자 수를 뺀 사회적 증가는 이미 감소가 시작되었고, 출생자 수에서 사망자 수를 뺀 자연적 증가도 곧 감소추세로 전환될 것으로 보이기 때문이다. 둘째, 그런 가운데 고령자 수는 매우 빠른 속도로 증가하고 있다. 베이비부머(1968~1955년생)가 고령화되는 데다 고령인구의 전입도 활발하기 때문이다. 셋째, 신·구도심간 인구구조가 양극화되고 있다. 인천시청이 자리하고 있는 남동구와 경제자유구역이 속해 있는 중구, 연수구 및 서구 지역은 생산가능인구를 중심으로 인구가 증가하고 있다. 이에 비해, 부평구, 계양구, 미추홀구 및 동구 등 구도심지역은 생산가능인구의 감소로 인구가 줄어드는 가운데 고령층 인구가 증가하여 인구 부양비 면에서 신구도심간 양극화 현상이 심화되고 있기 때문이다. 넷째, 인구이동에 따른 신·구도심간 경제력 격차가 확대되고 있다. 구도심 지역의 인구가 신도심 지역으로 옮겨 가면서 특히 구도심 지역의 부유층이 신도심 지역으로 이동하기 때문이다.

인구문제는 경제정책의 가장 궁극적 과제라고 할 분야이다. 지방정부에서도 적정인구와 인구구조에 관한 나름대로의 판단과 이를 구현하기 위한 정책수단의 확보가 필요하다. 그러나 인구구조에 관한 연구와 정책은 아직 불모지이다. 시에서 뿐만 아니라 군·구에서도 거의 신경을 쓰지 못하고 있다. 인천시만의 문제가 아니다. 모든 지방정부의 관심과 대응이 시급한 상황이다.

제10장 인천의 고용구조

제10장에서는 인천 고용구조의 주요 특징을 살펴보았다.

첫째, 다행스러운 일이지만 인천은 경제활동참가율이 예외적으로 높다. 일반적으로 특·광역시 지역은 도 지역에 비해 경제활동참가율이 낮다. 그럼에도 불구하고 인천은 경제활동참가율이 제주를 제외하면 전국에서 가장 높다. 특·광역시중 가장 일자리가 많은 서울도 전국 8위이다. 인천의 경제활동참가율이 높은 것은 임금근로자 비율이 높고 그 중에서도 일용·임시근로자 비중이 높은데다 여성의 경제활동참가율도 높은데 기인한다. 그렇다고 인천의 경제활동참가율이 늘 높은 것은 아니다. 특히 경제위기 등 경기가 침체되는 때는 구직 포기가 타 시·도에 비해 상대적으로 크게 늘어 경제활동참가율이 낮아지기도 한다. 둘째는 실업률도 매우 높은 편이다. 구조적으로 실직을 하더라도 구직포기가 어려운 근로자의 비중이 높은데다 일자리를 찾기 쉽지 않은 노령인구의 급증, 높은 3D업종 집중, 잘 발달되어 있는 교통여건과 상대적으로 저렴한 생활비로 인한 주변 시도 실업자의 전입 등 때문이다. 셋째는 일자리의 질이 상대적으로 낮다는 점이다. 일용·임시근로자 비중이 높은데다 단순노무종사자 비중이 높고 그러면서도 평균 취업시간은 많은데 월평균 임금은 오히려 낮기 때문이다.

이외에 실업률이 높으면서도 고용률이 동시에 높은 점도 특징이다. 이는 경제활동참가율이 높으면 고용률은 높아지는데 기인한다. 고용률은 경제활동참가율과 15세 이상 인구 중 실업자 비율의 합인데, 인천은 인구구성의 특성상 고용률의 대부분을 차지하는데 경제활동참가율이 매우 높기 때문이다. 아울러, 인천 고용구조와 관련, 향후의 고용인구의 충원도 중요한 관심사이다. 현재의 인구구조가 그대로 유지되고 연령대별 일자리 수에도 큰 변화가 없다면 조만간 구인난이 심화될 것으로 전망된다. 그동안 저출산 등의 결과 청장년의 인구가 감소하고 있는데 2020년대 중반에 들어서면 이들 청장년의 인구감소가 현재의 실업자 수보다 클 것으로 보이기 때문이다. 이에 따라 인천은 고용시장에서의 경제활동인구 확충이 향후 주요 관심사가 될 것으로 보인다.

제11장 1인당 지역총소득 결정구조

제11장에서는 인천 지역경제의 가장 근본적인 문제점 즉, 인천의 1인당 지역총소득이 다른 지역에 비해 상대적으로 낮은 원인을 찾아보았다.

1인당 지역총소득을 결정하는 요인은 노동생산성, 취업자비중, 경제활동참가율과 생산가능인구비중으로 분해된다. 각각의 결정요인이 인천의 1인당 지역총소득에 미치는 영향을 평가해보면 경제활동참가율은 매우 양호하다. 반면, 생산가능인구 비중도 미흡하기는 하지만 취업자 비중과 노동생산성이 너무 낮아 인천의 1인당 지역총소득을 낮추는 주요 요인으로 작용하고 있다. 노동생산성은 다시 자본생산성과 근로자의 자본장비율로 분해되는데 특히, 인천은 근로자의 자본장비율이 낮은 것으로 나타났다. 즉, 근로자가 사용하는 생산설비가 없거나 수준이 낮거나 또는 노후화되어 인천 근로자의 노동생산성이 낮다는 것이다.

분석결과를 요약하면 어떻게든 근로자의 취업률을 높이고 생산설비에 대한 투자를 확대하는 것이 결국 인천의 1인당 지역총소득을 올리는 방법이라는 것이다.

제3편 인천의 금융경제

전 편에서 사람과 일자리를 다루었다면 제3편에서는 이들의 흐름을 뒷받침하는 돈의 흐름과 사정에 대하여 살펴보았다. 우선 지역경제 전체의 자금사정을 짚어 보고 민간 경제주체인 가계와 기업의 재무상황과 자금사정을 점검해 보았다.

제12장 인천의 지역금융

제12장의 관심은 과연 인천지역에 돈은 충분한가 하는 것이다. 아

쉽게도 결론은 그렇지 못하다.

우선, 인천지역이 보유하고 있는 예금에 비해 대출이 워낙 많아 인천의 예대율이 전국에서 가장 높다. 예금은행을 기준으로 할 때 2019년말 전국평균 예대율이 112.1%인데 비해 인천은 197.1%이다. 설상가상으로 지역에서 부족한 자금이 은행권을 통해 조달되면 상당액이 비은행권을 통해 지역 외로 빠져나가는 구조이다. 비은행권은 수신액의 대부분을 외지에서 운용할 수밖에 없기 때문이다. 근본적인 이유는 여수신의 흐름에 비해 자산축적이 낮은 지역의 재무구조에 기인하지만, 지역 내 금융권의 발달이 더뎌 지역총생산에 대한 금융부문 여수신의 비율로 대표되는 금융연관비율이 낮은 때문이다. 요약하면 인천은 돈은 잘 돌지만 가진 돈은 부족하다는 것이다. 이의 해소를 위해 지역은행의 설립을 바라기도 하지만 필요충분조건의 만족도가 떨어지는데다 정책당국의 방침과도 상충되어 쉽지 않은 과제로 남아 있다.

제13장 인천의 가계금융

제13장의 관심사항은 인천 가계의 재무상황과 부족시의 자금조달 상황이다.

먼저, 재무상황을 보면 인천의 가구당 평균자산 수준은 2019.3월말 현재 전국 17개 시·도중 9위이다. 8대 특·광역시 중에서는 7위로 광주를 빼면 가장 낮다. 금융자산의 비중이 상대적으로 높고 실물자산의 비중이 낮은 편이다. 금융자산의 비중이 높은 것은 전월세 보증금의 비중이 비교적 높은 편이기 때문이다. 이에 비해 가구당 평균부채 수준은 전국 17개 시·도중 6위, 8대 특·광역시중 4위이다. 평균자산보다 순위가 높은 편이다. 주로 주택과 관련된 담보대출 비중이 높기 때문이다. 그러다보니 자산에서 부채를 뺀 순자산의 순위는 더욱 낮다. 전국 17개 시·도중 11위, 8대 특·광역시 중에서는 인천보다 낮은 곳이 없다. 부채는 많은데 순자산이 작으니 재무건전성도 열악할 수밖에 없다. 부채/자산 비율, 부채/순자산 비율, 금융부채/금융자산 비율이 모두 전국 3~5위의 상위 수준이다. 순자산이 작아도 소득이 크면 희망을 가질 수 있다. 점차 빚을 갚고 재산을 모아가면 나아질 것이기 때문이다. 하지만 인천의 가구당 평균소득은 전국 평균에 미치지 못할 뿐 아니라 수도권의 서울과 경기의 86~89% 수준으로 재무구조 개선여력이 크지 않다. 이른 시일 내의 순조로운 재무구조 개선은 쉽지 않을 전망이다.

한편, 인천의 가계대출 상황을 보면 가계대출이 많은 은행권의 경우 2019년말 현재 총대출에서 가계대출이 차지하는 비중이 49.9%로 전국 17개 시·도중 3위를 차지하고 있다. 인천에서 영업하고 있는 은행들이 가계자금 대출에 그만큼 치중하고 있다는 뜻이다. 특히 은행권의 가계대출 중 주택담보대출 비중은 전국 17개 시·도중 1위를 차지하고 있어 가계의 주택관련대출이 인천가계의 부채수준을 높이는 주된 이유임을 보여주고 있다. 다만, 금융감독당국의 가계대출 억제정책에 따라 2016년 이후 전국과 함께 인천의 가계대출비중도 감소세를 보이고 있다.

제14장 인천의 기업금융

제14장에서는 기업경영분석을 통한 인천기업의 재무상황과 기업에 대한 금융권의 자금지원상황에 대하여 점검하였다.

한국은행의 기업경영분석결과에 의하면 인천 기업은 평균적으로 매출액증가율 등 성장성은 전국평균에 비해 크게 떨어지지는 않는다. 그러나 수익성과 안정성은 상대적으로 부진한 것으로 나타나고 있다. 이는 인천 기업이 차입금 등 외부자금에 대한 의존이 큰 데 따른 것으로, 높은 이자부담은 결국 기업의 수익성을 악화시켜 전반적으로 인천 기업의 재무성과를 낮추는 요인으로 작용하고 있다. 업종별로는 비제조업의 경우 안정성 면을 제외하면 그런대로 경쟁력을 유지하고 있으나 제조업은 수익성과 안정성뿐만 아니라 성장성지표도 전국에 비해 낮아 어려움이 큰 것으로 나타나고 있다.

한편, 인천의 기업에 대한 금융기관 자금지원의 특징을 보면 첫째, 기업에 대한 대출비중이 타 시·도에 비해 낮은 편이다. 특히 은행권의 기업대출 비중은 2019년말 현재 17개 시·도중 15위이다. 은행권의 중소기업대출 비중만으로 보아도 14위로 큰 차이를 보이지 않는다. 둘째, 다행히도 기업대출의 대부분을 차지하고 있는 은행권의 기업대출 비중이 꾸준히 증가하고 있으며, 특히 정부의 가계대출 억제정책으로 은행권의 중소기업 대출비중이 증가하여 2016년부터는 인천의 은행권 중소기업 대출비중이 전국을 상회하고 있다는 점이다. 셋째, 금융기관의 산업별 지원 상황을 보면 지나치게 제조업에 편중되어 있다는 점이다. 그동안의 산업정책이 주로 제조업에 치중되어 왔던 영향으로 2017

년중 인천 제조업의 산업비중은 28.0%, 제조업의 부가가치율이 26.6%임에도 불구하고 제조업에 대한 대출비중은 48.7%를 보이고 있다. 넷째, 자금용도별로 보면 인천의 은행권 대출금의 중소기업대출금중 시설자금 비중은 2019년말 현재 55.8%로 전국 17개 시·도중 2위를 차지하고 있다. 높은 시설자금 대출비중은 인천의 산업시설 투자를 촉진하는 긍정적 효과가 있지만 다른 한편으로는 투자된 시설이 금융기관 대출의 담보로 취득된다는 점에서 지나친 담보위주의 대출관행의 결과로도 해석되어 시정의 필요성도 동시에 제기되고 있다.

결어

정치 vs 정책

정책대안의 제시를 위해서는 문제를 제기하고 현황을 분석하여 문제점을 찾고 그의 해결방안이나 개선방안을 마련하는 과정을 거친다. 이에 비해 정치는 꿈을 제시하면서 그 꿈을 구체화하고 현실의 제약을 뚫고 꿈을 실현시켜나가는 과정일 수 있다. 이에 따라 정치를 하는 사람은 정책대안을 마련하기 위해 문제점을 찾는 과정에서 왜 문제점만 지적하느냐는 말을 하기 쉽다. 심지어는 문제점을 확인하는 과정까지만 보고는 문제가 필연임을 증명한 것으로 판단하여 더 이상 해결방안이 없으리라는 지레짐작에 오히려 일찌감치 해결을 포기하는 모습을 보이기도 한다.

앞의 글에서 문제를 지적하는 것은 여러 장에서 언급하고 있듯이 과제를 도출하고 구체적인 개선방안을 제시하기 위한 것이다. 물론 아직 제대로 된 개선방안을 찾지 못하거나 방향제시에 그치는 경우도 있다. 개선방안이 나오더라도 지나치게 추상적이거나 교과서적이라는 한계를 갖는 경우도 있다. 그러나 이러한 과정 역시 구체적이고 실현가능한 대책을 수립해나가는 과정이다. 실제 정책에 있어서는 현실적인 환경과 자원의 제약, 관계자 이견 등을 고려한 실천적 대안으로 거듭날 필요가 있음이 사실이다. 이를 굳이 언급하는 것은 지금까지의 글에 나타난 문제제기에 지나치게 민감한 거부반응이 자제되기를 바라는 이유에서이다.

글쓴이의 작은 소망

첫째, 이 책이 인천경제론을 풀어나가는 초석으로서 의미를 갖기를 바란다. 이 책에는 만족스럽지 못한 부분이 많을 수밖에 없다. 우선 글쓴이가 경제에 대해 크게 아는 것이 없다. 체계적으로 공부할 기회를 가진 적도 없다. 그저 취미로 지역경제에 관심을 갖는, 아마추어 경제연구자를 자처하는 사람이다. 그러면서도 한번은 여러 분야를 둘러보며 정리를 해보고 싶다는 욕심에 무리를 하였다. 하지만 이렇게 일을 저질러 놓고 혹시라도 다음 일을 할 사람의 디딤돌이 되었으면 좋겠다는 것이 솔직한 바람이다.

둘째, 각각의 장에 대하여 이제부터 본격 논의가 시작되기를 바란다. 바라기는 이 책 각 장의 내용에 대한 비판적인 분석이 추가되고 그러한 논의를 바탕으로 향후 인천경제론의 분석 체계가 보다 공고해지기를 바란다. 그 결과 누군가에 의해 멀지 않은 장래에 인천경제에 관한 경제현황분석, 지역경제이론, 경제정책론이 한데 어우러져 그야말로 실증분석과 이론, 정책이 결합된 진정한 의미의 '인천경제론'이라는 하나의 단행본이 출간되는 날이 오기를 바란다.

　마지막으로 가급적이면 상시적으로 인천경제연구를 위한 거버넌스의 하나로서 연구 및 토론 모임이 생겨 활동하게 되기를 바란다. 오래전부터 가져온 작은 꿈이다. 한 때 비슷한 모임을 운영하였지만 실제 예산이 그렇게 많이 들어가는 것도, 별도의 시설과 장비가 필요한 것도 아닌데 회의운영비 조차 조달하기 어려워 무산된 슬픈 기억을 갖고 있다. 인하대, 인천대, 한국은행 인천본부, 한국무역협회 인천지역본부, 인천지방 중소벤처기업청, 한국산업단지공단 인천지역본부, 인천광역시청, 인천테크노파크, 인천연구원, 인천상공회의소, 경인지방통계청 등을 아우르는 경제전문가들로 인천경제포럼이 결성되어 각 기관의 연구기능 확충을 기반으로 인천의 현황과 문제를 파악하고 이의 해결을 위한 논의가 정기적으로, 체계적으로 이루어지고 그 결과가 공유되는 날이 오기를 바란다.

글. 김하운

서울고와 연세대학교 경제학과를 나오고 동 대학 행정대학원에서 사회복지학을 공
부했다.
한국은행 인천본부장, 인하대학교 경영대학 겸임교수, 인천신용보증재단 이사장을
거쳐 인천광역시 경제특별보좌관 일을 맡고 있다.
2012년 한국은행 정년퇴직 이후 인천사회적은행 (사)함께하는 인천사람들을 설립,
서민들의 자영업 창업 지원과 신용·재무 상담에 힘쓰고 있다.

인천사람도 다시보는
인천경제 이야기

초판 1쇄 인쇄 2020년 6월 15일
초판 1쇄 발행 2020년 6월 25일

지은이 김하운
기   획 인천문화재단 한국근대문학관(총괄: 이현식, 진행: 정지은, 이정원, 임원시)
삽   화 성옥희
윤   문 윤설아
펴낸이 최종숙
펴낸곳 글누림출판사

책임편집 이태곤 | **편집** 문선희 권분옥 임애정 백초혜
디자인 안혜진 최선주 김주화 | **마케팅** 박태훈 안현진

주소 서울시 서초구 동광로46길 6-6(반포4동 577-25) 문창빌딩 2층 (우-06589)
전화 02-3409-2055(대표), 2058(영업), 2060(편집)
팩스 02-3409-2059 | **전자우편** nurim3888@hanmail.net
홈페이지 www.geulnurim.co.kr
블로그 blog.naver.com/geulnurim
북트레블러 post.naver.com/geulnurim
등록번호 제303-2005-000038호(2005.10.5)

정가는 뒤표지에 있습니다.
ISBN 978-89-6327-613-7 04080
     978-89-6327-352-5(세트)

＊잘못된 책은 바꿔 드립니다.

＊이 도서의 국립중앙도서관 출판예정도서목록(CIP)은 서지정보유통지원시스템 홈페이지(http://
  seoji.nl.go.kr)와 국가자료종합목록 구축시스템(http://kolis-net.nl.go.kr)에서 이용하실 수 있습
  니다. (CIP제어번호 : CIP2020023101)